U0639194

本书得到复旦大学马克思主义学院和
复旦大学当代国外马克思主义研究中心资助。

"当代中外马克思主义比较前沿问题研究"丛书

丛书主编：陈学明　韩欲立

对话、融合与超越

当代中外马克思主义比较研究

（第三辑）

陈学明　韩欲立——编

天津出版传媒集团

天津人民出版社

图书在版编目（CIP）数据

对话、融合与超越：当代中外马克思主义比较研究.
第三辑 / 陈学明, 韩欲立编. -- 天津：天津人民出版
社, 2024.7
　　（"当代中外马克思主义比较前沿问题研究"丛书 /
陈学明, 韩欲立主编）
　　ISBN 978-7-201-20374-4

　　Ⅰ. ①对… Ⅱ. ①陈… ②韩… Ⅲ. ①马克思主义—
文集 Ⅳ. ①A81-53

　　中国国家版本馆 CIP 数据核字(2024)第 069960 号

对话、融合与超越：当代中外马克思主义比较研究·第三辑
DUIHUA RONGHE YU CHAOYUE: DANGDAI ZHONGWAI MAKESIZHUYI BIJIAO YANJIU DISANJI

出　　版	天津人民出版社
出 版 人	刘锦泉
地　　址	天津市和平区西康路 35 号康岳大厦
邮政编码	300051
邮购电话	（022）23332469
电子信箱	reader@tjrmcbs.com
责任编辑	王佳欢
装帧设计	明轩文化·王　烨
印　　刷	天津新华印务有限公司
经　　销	新华书店
开　　本	710 毫米×1000 毫米　1/16
印　　张	15.25
插　　页	2
字　　数	190 千字
版次印次	2024 年 7 月第 1 版　2024 年 7 月第 1 次印刷
定　　价	88.00 元

总　序

中国的国外马克思主义研究通常被认为是在改革开放后西方人文社会科学集中涌入我国后,作为西方人文社会科学一个支流而开始对中国当代马克思主义研究产生影响的。我们必须认识到的一个基本事实是,当中国的马克思主义者以译介、评述和批判的方式,开始对流传于国外的马克思主义思潮进行深入研究的时候,就已经开始了一个以中国独特国情和历史经验为基础的、从自发到自觉的马克思主义中国化的建构进程。换句话说,俄国十月革命一声炮响不仅为中国送来了马克思列宁主义,而且也引起了中国人对苏俄和欧洲的马克思主义的强烈兴趣。因此,我们有理由认为国外马克思主义研究在中国已历经了百余年的艰辛探索,百余年探索所取得的重大理论和实践成果,就是以中国化马克思主义命名的具有中国特色、中国风格和中国气派的时代化的马克思主义理论体系。国外马克思主义研究的百年历史探索经验告诉我们,以中国国情、历史经验和文化特征为主体内容,以对话、融合与超越为方法论基础的马克思主义中国化和时代化,是不断开辟马克思主义新境界的关键驱动力,也是当代中国马克思主义学者义不容辞的历史责任。

习近平总书记曾一针见血地指出:"当代世界马克思主义思潮,一个很重要的特点就是他们中很多人对资本主义结构性矛盾以及生产方式矛盾、阶级矛盾、社会矛盾等进行了批判性揭示,对资本主义危机、资本主义演进过程、资本主义新形态及本质进行了深入分析。这些观点有助于我们正确认识资本主义发展趋势和命运,准确把握当代资本主义新变化新特征,加深对当代资本主义变化趋势的理解。对国外马克思主义研究新成果,我们要密切关注和研究,有分析、有鉴别,既不能采取一概排斥的态度,也不能搞全盘照搬。同时,我们要坚持把自己的事情办好,不断发展中国特色社会主义,不断壮大我国综合国力,充分展示我国社会主义制度的优越性。"①习近平总书记同时也指出研究国外马克思主义的根本目的:"学习研究当代世界马克思主义思潮,对我们推进马克思主义中国化,发展21世纪马克思主义、当代中国马克思主义具有积极作用。"②因此,我们既应当在马克思主义发展史中的历时性结构中探讨马克思主义中国化的时代发生,又应当在中国马克思主义与国外马克思主义的共时性结构中考察马克思主义中国化的民族生成。这就要求我们在进行马克思主义中国化的研究时,要不断扩大理论视野,特别是要把当代国外马克思主义思潮的前沿研究成果纳入自己的理论视野之内。与此同时,我们进行西方马克思主义、国外马克思主义研究时,要自觉地把自己的研究成果转化为推进马克思主义中国化的理论资源,与整个马克思主义研究融合在一起。

通过比较分析当代国外马克思主义与当代中国马克思主义产生的历史和文化背景,以及理论形态的异质性,可映现出马克思主义中国化之独特的现实发生与理论生成。我们要对国外马克思主义与中国马克思主义的共同问题域与不同关注点作出深入的比较分析。在这个基础上,从国外马克思主义中提取可以嫁接到马克思主义中国化中的问题式,以此拓展马克思主义中国化的研究域。实际上,如果我们回顾改革开放以来西方马克思主义在中国的传播和研究历史会发现,在一系列重大问题上,中国化马克思主义

---

① 《习近平谈治国理政》(第二卷),外文出版社,2017年,第67页。
② 同上,第65页。

与西方马克思主义产生了理论互动,并在社会主义改革和建设的伟大实践中,将这种理论互动产生的思想成果以中国化和时代化的形式有效转化为中国特色社会主义的改革动力。比如西方马克思主义传入中国的早期是以一种人道主义的马克思主义的面目出现的,西方马克思主义所强调的以人为出发点的思想显然对中国后来提出"以人为本"思想产生了影响;西方市场社会主义理论主张把市场与社会主义结合在一起,后来中国提出推行社会主义市场经济不能不说与市场社会主义在中国的传播相关。此外,我们也知道西方马克思主义是以深入批判当代资本主义的异化的人的存在方式作为开端的,异化理论在中国的传播和研究逐渐凝聚成为中国特色社会主义对于如何克服资本主义异化状况,并积极促成社会主义条件下人的美好生活的实现的深厚理论资源。

综观国外马克思主义思潮的发展历程,尽管他们做出了许多积极贡献,但是由于国外马克思主义的理论探索主要是在资本主义世界展开的,因此在大多数情况下,马克思主义的发展在国外难以找到适宜的实践条件,从正面积极推动马克思主义理论成果向实践的转化,甚至某些以马克思主义为名的国外马克思主义研究者严重脱离了当代资本主义和社会主义发展的现实,对马克思主义的解读走向了唯心主义的极端,成为学院派马克思主义孤芳自赏的观念批判工具。对于这类国外马克思主义研究成果,我们一方面要保持学术上的追踪,另一方面也要明辨是非,站稳真正的马克思主义的立场,在中外马克思主义比较研究中避免被带着走,以致迷失研究马克思主义和实践马克思主义的初心。相对于派别林立的国外马克思主义研究生态来说,中国化马克思主义有着得天独厚的优势,其中最大的优势就是中国的马克思主义研究和实践是在中国特色社会主义制度和中国共产党领导下展开的,这意味着中国的马克思主义研究一方面可以在百家争鸣、百花齐放的世界马克思主义的大环境下自由探索,另一方面这种自由探索由于有共同的理想、信仰和领导，而具有将分歧甚至冲突的价值、观点和思想体系，融合到马克思主义中国化和时代化的宏大愿景和实践中去的基础。

基于以上理由，我们认为中外马克思主义比较研究方兴未艾，它是中国进入新时代以后国外马克思主义研究领域的学者充分撞击理论思维，迸发学术灵感，增进研究共识所形成的新的研究方向和理论生长点。因此，复旦大学马克思主义学院与复旦大学当代国外马克思主义研究中心，联合打造了全国中外马克思主义比较研究学术论坛，作为推进这一目标的学术平台，每年召开一次学术年会，并计划每年出版论文集，以展示中国的马克思主义学者们前沿性的中外马克思主义比较研究的成果。我们坚信，通过凝聚国内中外马克思主义比较研究的学术力量，我们一定能够把国外马克思主义学科研究推进到中外马克思主义对话、融合与超越的新境界，也一定能够把中国化马克思主义推进到世界马克思主义话语体系的中心。

陈学明　韩欲立

2023 年 8 月

编者说明

为深入研究当代世界马克思主义思潮，发挥国外马克思主义研究对于马克思主义理论研究发展的积极作用，2022 年 12 月 17 日，由复旦大学马克思主义学院、复旦大学当代国外马克思主义研究中心主办的"第三届中外马克思主义比较研究论坛"以线上形式顺利召开。来自北京大学、中国人民大学、复旦大学、南京大学、上海交通大学等高校的 25 位专家学者分别作了主题报告，来自全国高校的近千名师生观看了线上会议。

论坛开幕式由复旦大学当代国外马克思主义研究中心教授王凤才主持。复旦大学马克思主义学院院长、马克思主义研究院院长李冉，复旦大学马克思主义学院特聘教授陈学明出席会议并分别作开幕式致辞。

李冉院长在致辞时表示，由复旦大学马克思主义学院和复旦大学当代国外马克思主义研究中心共同举办的"中外马克思主义比较研究论坛"已举办至第三届，该论坛致力于推进中外马克思主义的融通与比较，以深厚的学术水准、浓重的现实情怀、开放的学术交流，对马克思主义理论学科的研究与发展做出了重大贡献。陈学明教授在致辞时指出，发展 21 世纪马克思主义是当今人类的一项进步使命。国外马克思主义研究者应当自觉承担起中外马克思主义融通的学术任务，在发挥国外马克思主义的资源型作用的同时，将中外马克思主义比较和融通研究谱写到马克思主义中国化时代化的宏伟篇章中，紧紧围绕"以中国式现代化全面推进中华民族伟大复兴"的时代主题展开研究，着力于回答人民之问、时代之问、世界之问。

本次论坛的主题报告共分为四个阶段,各位与会专家学者的报告主要有两个方面:第一,以现代性批判为主题,呈现出国外马克思主义学者对资本主义社会各领域展开的细致而详尽的批判,并揭示他们的理论对于马克思主义的继承与发展;第二,以中国式现代化为主题,通过揭示中外马克思主义的不同现实基础,探析国外马克思主义现代性批判理论对中国式现代化的启示意义。

在论坛闭幕式上,复旦大学马克思主义学院教授夏巍进行了总结。夏巍指出,马克思对现代性作出了有原则高度的批判,使得马克思主义成为当代仍不可超越的学说,这是中外马克思主义得以存续的理论前提;现代性状况在各个国家的不同展开形式,使得各国马克思主义者可以依据本国实际发展出多元的马克思主义理论,这是中外马克思主义得以融通与比较的现实前提。我们应同国外马克思主义学者展开对话,阐明中国特色社会主义道路所达到的原则高度,特别是中国式现代化对现代性危机的跨越。

本论文集精心选择了主要参会学者的精彩发言,结集出版,以期充分撞击理论思维,迸发学术灵感,增进研究共识。

目　录

一、21 世纪中外马克思主义比较方法论研究

回到马克思主义经典著作：21世纪国外马克思主义理论创新的重要路径

张 亮[*]

进入 21 世纪，尤其是 2008 年全球金融危机以来，资本主义体系进入内部矛盾活跃期，各种问题、各种危机不断暴露、爆发，这在让新自由主义"历史终结论"破产的同时，也让长期在低谷徘徊的当代国外马克思主义获得了等待已久的复兴发展契机。较之于国外马克思主义在 20 世纪曾经达到的理论高度、学术影响深度和社会影响广度，我们认为，尽管在成果数量上拥有看似繁荣的景观，但 21 世纪国外马克思主义迄今为止的发展尚未实质性地摆脱冷战结束以来的相对衰落。[①]

不过，国外马克思主义阵营始终没有停止探索创新的脚步，这一点令人印象深刻。创新是哲学社会科学发展的永恒主题。只是问题不在于是否需要创新，而在于如何创新。20 世纪 70 年代西方马克思主义逻辑终结之后，当代国外马克思主义曾与后现代主义思潮相呼应，热衷于通过解构与批判、与各种"后-"学嫁接等方式"发展""创新"马克思主义，马克思主义经典著

---

[*] 张亮，南京大学哲学系暨南京大学马克思主义社会理论研究中心教授。

[①] 张亮、孙乐强等：《21 世纪国外马克思主义哲学若干重大问题研究》，人民出版社，2020 年。

作被当作陈旧过时的无用之物丢弃一旁。时间是公正的，能够鉴别玉之真伪、材之优劣，以及道路、方法之行与不行。于是乎，我们欣喜地看到，当代国外马克思主义阵营自觉改进曾经的"时尚之病"，努力回到马克思主义经典著作，希冀从中汲取思想与道义的力量，以科学地批判地认识当代资本主义的新变化新特征新问题，实现真实有力的理论创新。迷途知返，往哲是与。审视 21 世纪国外马克思主义这一重要理论创新路径，不仅有助于我们更好理解把握前者的创新理论，也有助于我们更好校正我们自己的创新道路。

一、重新发现马克思主义经典著作的持久价值

马克思主义尽管诞生在一百七十多年前的 19 世纪 40 年代，但历史和现实都证明它是科学的理论，迄今依然有着强大生命力。不过，随着实践的不断发展，马克思主义总是会展现出自己是普遍性与特殊性的统一，不是一经形成就永恒不变的绝对真理体系，而"是一种历史的产物，它在不同的时代具有完全不同的形式，同时具有完全不同的内容"[①]。每当这种时刻来临，就会有人因为马克思主义不能给当代问题提供直接现成的答案而怀疑马克思主义"过时"了，试图用远离的方式来"坚持""发展"马克思主义。当代国外马克思主义也是因此逐渐远离马克思主义经典著作的。

20 世纪 60 年代以后，以美国为代表的发达资本主义国家出现了一系列新变化新特征，技术及其变革对社会的影响日益显著，社会的经济、技术、政治和文化体系之间的互动关系变得更加复杂、更具民族国家差异，生产方式的决定作用变得不像过去那样直接明显，从而让西方理论家们开始怀疑马克思主义是否依旧适用于当代资本主义。美国社会理论家丹尼尔·贝尔率

---

① 《马克思恩格斯文集》（第九卷），人民出版社，2009 年，第 436 页。

先作出系统回应,认为现代资本主义正在超越 19 世纪的资本主义工业社会,进入"后工业社会",在这种新的社会形态中,以生产方式为核心的经济基础不再具有归根到底的决定性,唯物史观所揭示的"社会发展规律"也不再有效了。最终,贝尔含蓄而不失得意地宣称资本主义胜利了:"后工业的转变意味着工具力量的加强,超越自然的力量,甚至是超越人的力量。……后工业的转变并没有提供'答案'。它只给了新的希望和新的力量、新的制约和新的问题——所不同的是,现在这些新的规模是世界历史上过去从未想象过的。"①随后,哈贝马斯、吉登斯等左派社会理论家也陆续作出回应,或主张"重建历史唯物主义",或推出"历史唯物主义批判三部曲",以改头换面的方式宣称马克思主义尤其是历史唯物主义"过时"了。

面对马克思主义"过时"的现实,20 世纪 80 年代以后,国外马克思主义阵营发生明显分化:有的抱残守缺,坚守传统马克思主义;有的退回学院,反思批判传统马克思主义;有的背离马克思主义立场,向右转;还有的则选择与各种新兴"后-"学相结合,试图在时髦的学术潮流的嫁接中"发展""创新"马克思主义。在这种多元分化中,马克思主义经典著作的光芒被遮蔽、重要性被淡忘。1991 年 12 月 26 日,苏联解体。冷战以美国的胜利突然结束。新自由主义者们狂热地宣称,社会主义失败了,历史已经终结于美国式资本主义!世界社会主义运动陷入空前低潮,国外马克思主义阵营也陷入巨大的迷惘与困境。尽管德里达逆势而上,强调"没有马克思,没有对马克思的记忆,没有马克思的遗产,也就没有将来","不去阅读且反复阅读和讨论马克思——可以说也包括其他一些人——而且是超越学者式的'阅读'和'讨论',将永远都是一个错误,而且越来越成为一个错误,一个理论的、哲学

---

① [美]丹尼尔·贝尔:《后工业社会的来临——对社会预测的一项探索》,高铦等译,新华出版社,1997 年,第 18 页。

的和政治的责任方面的错误"①,但马克思主义经典作家的著作还是黯然失色,被当代国外马克思主义阵营在自觉与不自觉中日益远离。

当代国外马克思主义阵营远离马克思主义经典著作是一个相对缓慢的渐进过程,但重新发现、拥抱马克思主义经典著作则在新千年即将来临的前几年发生了。1997 年,亚洲金融危机爆发,这让包括新自由主义者在内的所有人都意识到,虽然苏联解体了,但当代资本主义并没有摆脱马克思所揭示的内在危机。在此背景下,1998 年,巴黎召开了规模宏大的纪念《共产党宣言》发表 150 周年国际大会。大会组织者之一拉扎尔夫人说:"《宣言》不是一般的书。它不是冰,而是碳,放在锅里能使水沸腾起来。我们为什么不使历史重新沸腾起来呢?"这次大会的召开表明,马克思主义已经艰难地走出苏联解体的阴影,缓慢而坚定地回到西方世界。1999 年,英国广播公司(BBC)举办"千年思想家"大型调查,被人遗忘的马克思不仅成功入围,而且名列第一! 英国自由主义评论家米尔克斯威特不得不承认,尽管马克思是"自由主义的死敌",但他却对资本的全球化作出了成功的预言:"关于这个特定的全球化时代,马克思立即会承认的事情之一是他最后发现的一个悖论:全球化越成功,它给予自己的后坐力就越大。这个过程与冲向沙滩的海浪确实不无相似之处:后浪击碎前浪,更有后浪在后头。"

马克思主义所关注的资本主义的前途与命运问题,依旧具有现实性:"如何克服全球化表面上的坚不可摧与内在的虚弱之间的悖论,依旧是新的21 世纪的最重要挑战。"②既然如此,当代国外马克思主义阵营选择重新回到马克思主义经典,就成为一件自然而然的事情了。进入21 世纪后,"9·11"

---

① 〔法〕德里达:《马克思的幽灵:债务国家、哀悼活动和新国际》,何一译,中国人民大学出版社,1999 年,第 21 页。

② John Micklethwait, Adrian Wooldridge, *A Future Perfect*: *The Challenge and Hidden Promise of Globalization*, New York: Crown Business, 2000, p.343.

事件、2008年全球金融危机、2010年欧洲难民危机、2016年英国脱欧公投、2020年新冠肺炎疫情、2021年美军撤离阿富汗……重大事件一个接着一个发生,新自由主义的"历史终结论"不断遭受打击而最终破产,马克思主义经典著作的持久价值则一次次得到验证,激励当代国外马克思主义阵营更加自觉、更加坚定地回到马克思主义经典著作,从中汲取思想与道义的力量,推进理论创新。

对当代国外马克思主义阵营而言,回到马克思主义经典著作意义深远:第一,它终于克服新自由主义的长期思想钳制,勇毅地突破"历史终结论"幻象,重新开始构想人类社会的非资本主义未来。第二,它终于否定自己曾暗自接受的马克思主义"过时论",再次确认马克思主义就其本质来说是资本主义批判性的自我反思,只要资本主义没有被扬弃,马克思主义就始终具有不可超越的现实性,就此而言,它依旧是19世纪的马克思的同时代人。第三,它终于超越自己曾经的颠顸与自我膨胀,重新回到马克思主义经典著作本身。在这个方面,不同的当代国外马克思主义理论家关注的问题不同,回到的马克思主义经典著作也自然有所不同,但共同的是都努力把握蕴含在马克思主义经典著作中的立场、观点和方法,以科学地批判地分析当代资本主义的某些新变化新特征新问题,让马克思主义"活"在当下、发挥作用于当下。

二、基于马克思主义经典著作的哲学批判再出发

马克思主义哲学是最近一次马克思主义"过时"论的滥觞地,也是当代国外马克思主义阵营重返马克思主义经典著作的登陆点。这当然不是巧合:过去,人们主要是因为资本主义的新变化而怀疑"两个必然",放弃了对唯物史观以及整个马克思主义哲学的信仰信心;现在,资本主义的持续发展让人们越来越清楚地看到,"资本主义制度仍按照以前的方式运行,并没有进行任何改变。在西方马克思主义被边缘化，其原因在于它所对抗的资本主义社会秩序不仅没有丝毫软化，反而变本加厉地愈发无情和极端。马克思主义对资本主义制度的批判也因此愈加中肯"①。也就是说，资本主义的最新发展让人们意识到，马克思主义所揭示的"两个必然"没错，马克思主义哲学依旧是科学地批判地认识资本主义的锐利思想武器！回到马克思主义经典著作，建构21世纪的资本主义哲学批判理论，由此成为当代国外马克思主义者的自觉选择。

值得注意的是，在哲学批判建构中，当代国外马克思主义者回到的马克思主义经典著作主要是一些广为人知的大众名著，如《1844年经济学哲学手稿》《共产党宣言》《资本论》及其手稿，以及《唯物主义和经验批判主义》等，几乎不征引经典作家稀见的手稿、摘录笔记等"秘籍"，从而与国内学界当下言必称MEGA2（《马克思恩格斯全集》历史考订版）的倾向构成巨大反差。他们为什么会如此不"专业"呢？这是因为他们清楚：第一，MEGA2的使用者主要是极少数文献编辑出版专家以及需要解决文献编辑争议的小众学者，不是像他们这样的理论家、一般研究者，也不是阅读他们论著的广大普通读者，更不是他们要与之战斗的马克思主义的反对者。第二，马克思主义基本原理在这些广为人知的大众名著里得到了非常权威、足够充分的阐述，是后世的人们理解马克思主义的主要文献来源，尽管MEGA2提供的文献学信息可能改变人们的某些理解，但这些改变在数量上是很少的，在重要性上是无关宏旨的、相当次要的。第三，在当前历史阶段，他们的工作主要是将可能的左派力量从对马克思主义哲学的遗忘或失望中争取过来，绝非茴香豆的茴字有几种写法这种无甚趣味的文献文本文字考古学。

基于马克思主义经典著作为唯物史观申辩，是当代国外马克思主义者

---

① ［英］特里·伊格尔顿：《马克思为什么是对的》，李杨等译，新星出版社，2011年，第12页。

的一项重要工作。马克思的第一个伟大发现是"他在整个世界史观上实现了变革",其变革的核心就在于从根本上扭转了以往一切历史唯心主义从思想中、从政治变动中寻找历史变动最终原因的观点,"历史破天荒第一次被置于它的真正基础上"①,从而形成了与之根本不同的历史观。20世纪社会主义的成败、资本主义的兴衰直接影响了西方社会对唯物史观的接受。1997年亚洲金融危机后,当代国外马克思主义者开始为唯物史观正名,2008年全球金融危机后则走向高潮,其中影响最大的工作是由英国马克思主义理论家特里·伊格尔顿作出的。早在2003年的《理论之后》中,伊格尔顿已经开始尝试驳斥对马克思主义的某些曲解和质疑,全球金融危机的爆发让他萌生了一个想法,即通过论战去证明"我们所熟悉的反马克思主义论调都是错误的","即便这些论调并非一无是处,也至少是站不住脚的"②,其最终成果就是2011年的《马克思为什么是对的》。

在这本篇幅不大、平实易懂的畅销书中,伊格尔顿对十个有关马克思主义的指控或质疑进行了驳斥,其中三个涉及唯物史观。由于第二国际马克思主义者曾对唯物史观进行了不准确的经济决定论解读,结果谬种流传,西方社会始终有人认为唯物史观是否定个人的自由与个性的世俗版宿命论。针对这一指责,伊格尔顿主要基于对《共产党宣言》的解读,让人们意识到,唯物史观中存在两条相互补充的逻辑:一条是以生产力与生产关系学说为核心的客体性逻辑,强调社会历史过程中的必然性;另一条是以阶级斗争为核心的主体性逻辑,强调人的行动的能动性。对唯物史观而言,承认必然性并不意味着要否定主体性,相反,必然性总是通过主体性得以实现的,因此"没有证据可以表明马克思是一个否定人类自由行动的宿命论者。恰恰相

① 《马克思恩格斯文集》(第三卷),人民出版社,2009年,第457、459页。
② [英]特里·伊格尔顿:《马克思为什么是对的》,李杨等译,新星出版社,2011年,第1页。

反,他是个人自由的明确拥护者,并且一直热衷于讨论人如何超越历史的局限,选择不同的道路"①。那么主张经济基础决定上层建筑学说的唯物史观是不是只关注经济因素而忽视人类经验的复杂性,轻视人类精神和道德方面的力量?伊格尔顿也都基于对相关经典著作的解读,一一作出了有说服力的驳斥。

基于马克思主义经典著作为辩证唯物主义正名,是当代国外马克思主义者颇为引人注目的一项工作。什么是马克思主义哲学?俄国十月革命后,马克思主义阵营对此问题的认识发生了严重分化:苏联马克思主义传统认为,马克思主义哲学是辩证唯物主义与历史唯物主义;而受西方马克思主义影响的绝大多数国外马克思主义流派则倾向于认为,马克思主义哲学就是历史唯物主义,并因此质疑、批判辩证唯物主义。冷战时期,只有阿尔都塞及"结构主义的马克思主义"关注、研究辩证唯物主义,对唯物辩证法的某些理论进行过有影响的论述,其中,阿兰·巴迪欧在 1968 年的《辩证唯物主义(再)开始》一文中,旗帜鲜明地反对萨特的人本主义立场,要求将历史唯物主义置于辩证唯物主义的基础上,宣称只有辩证唯物主义才能为马克思主义开启新的革命方向。② 1988 年,巴迪欧出版《存在与事件》第一卷,开始在数学本体论的基础上建构一种新辩证唯物主义体系。进入 21 世纪后,他继续笔耕不辍,先后出版《存在与事件 2:世界的逻辑》(2006 年)、《存在与事件 3:真理的内在性》(2021 年)等,基本完成其新辩证唯物主义体系的建构,产生很大影响,有力修正了西方世界对辩证唯物主义的刻板化、污名化理解。此外,斯洛文尼亚左派学者齐泽克也一直致力于阐释黑格尔、列宁、毛泽东的辩证法思想,形成了一种拉康化的唯物辩证法学说体系,使得西方世

---

① [英]特里·伊格尔顿:《马克思为什么是对的》,李杨等译,新星出版社,2011 年,第 56 页。

② [法]阿兰·巴迪欧:《辩证唯物主义(再)开始》,蓝江译,《郑州轻工业学院学报》,2018 年第 1 期。

界对辩证唯物主义的认识广度与深度都有所扩大。

基于马克思的异化理论发展数字资本主义时代的数字异化批判,是当代国外马克思主义者正着力推进的一项工作。1999 年,基于当时正迅猛发展的互联网经济,美国学者丹·席勒提出数字资本主义概念,并初步认为数字技术没有改变资本与劳动之间的不平等关系。① 随后,数字资本主义在全球野蛮生长,带来了新机遇新发展,也导致了新问题新挑战。如何认识、评价数字资本主义时代的劳资关系、新的剥削现象? 当代国外马克思主义者不约而同地想到了《1844 年经济学哲学手稿》中的异化劳动理论。大卫·哈维、阿克塞尔·霍耐特等老一代国外马克思主义理论家都曾运用异化劳动理论阐明了自己对现代数字劳动异化的批判性认识,不过更系统的工作还是由年轻一代国外马克思主义者完成的,其中英国马克思主义批判理论家克里斯蒂安·福克斯的表现最为亮眼。2012 年,福克斯携其与文森特·莫斯可共同主编的《马克思归来》文集强势闯入当代国外马克思主义理论场域,进而在《数字劳动与卡尔·马克思》(2014 年)、《社交媒体批判导言》(2014 年)、《社交媒体时代的文化与经济》(2015 年)、《在信息时代读马克思:对〈资本论(第一卷)〉的媒介与传播研究》(2016 年)等论著中,系统阐发了自己对数字劳动、数字异化的批判性认识,引发热烈讨论,推动了传播政治经济学批判的当代发展,提升了异化理论的当代影响力。

三、基于《资本论》及其手稿的政治经济学批判新建构

历史反复证明,创作于 19 世纪的《资本论》及其手稿蕴含着批判资本主义生产方式、揭示资本主义发展规律的科学,无论它们多少次被宣布"过时了",但只要资本主义出现危机,人们就会再一次想起、回到《资本论》及其手

---

① [美]丹·席勒:《数字资本主义》,杨立平译,江西人民出版社,2001 年,第 71 页。

稿,借以反思资本主义的弊端,发展新的资本主义政治经济学批判理论。在20世纪末21世纪初的世纪之交,这一幕再次重现:来自不同流派的当代国外马克思主义者重新研究《资本论》及其手稿,从其中的"机器论片断"、经济危机理论、资本逻辑学说中汲取思想资源,试图在21世纪续写《资本论》,重新建构政治经济学批判。

随着互联网时代的来临,资本主义经济过程中出现了许多新现象新变化,其中非常引人注目的一点就是出现了大量依靠智力劳动赚取高额收入,甚至能够获得大量股权的新工作岗位如程序员、创意阶层等,许多科技精英、创意精英靠知识成果的转化迅速积累巨额财富并跻身富豪之列。新自由主义者认为这些人都是"知本家",他们的大量涌现表明资本主义已经被超越。马克思主义者应当如何看待这些新现象新变化呢? 在2000年的《帝国》一书中,奈格里、哈特指出,意大利马克思主义者们正在基于马克思的"一般智力"概念及"非物质劳动"概念对资本主义生产方式的新变化进行新思考。① 此后,奈格里、拉扎拉托、维尔诺等自治主义马克思主义者基于《1857—1858年经济学手稿》特别是"固定资本和社会生产力的发展"部分即今天所谓的"机器论片断",进行了深入的政治经济学批判建构。在这一手稿中,马克思指出:"自然界没有造出任何机器,没有造出机车、铁路、电报、自动走锭精纺机等等。它们是人的产业劳动的产物,是转化为人的意志驾驭自然界的器官或者说在自然界实现人的意志的器官的自然物质。它们是人的手创造出来的人脑的器官;是对象化的知识力量。固定资本的发展表明,一般社会知识,已经在多么大的程度上变成了直接的生产力,从而社会生活过程的条件本身在多么大的程度上受到一般智力的控制并按照这种

---

① ［美］麦克尔·哈特、［意］安东尼奥·奈格里:《帝国:全球化的政治秩序》,杨建国等译,江苏人民出版社,2008年,第31~32页。

智力得到改造。它表明,社会生产力已经在多么大的程度上,不仅以知识的形式,而且作为社会实践的直接器官,作为实际生活过程的直接器官被生产出来。"①也就是说,马克思预见到,自动化机器体系的到来将使得直接劳动越来越被排斥在生产过程之外,科学知识和技术将成为财富生产至关重要的因素。

从马克思的论述出发,奈格里、维尔诺等阐述了科学技术在财富生产中的重要作用,以及资本追逐科学技术发展的必然性和内在矛盾,进而强调当代劳动形态与马克思时代的劳动形态已经发生重大改变,成为一种非物质形态的劳动,即生产非物质产品的劳动。这种非物质劳动是"生产非物质产品,譬如知识、信息、交往、关系或者情感反应的劳动",或是智力或语言劳动,或是情感劳动。② 据此,他们提出,在科学技术发挥全面支配作用的当代资本主义条件下,非物质劳动打破了生活与生产的界限,实现了资本的全面控制,成为"生命政治的劳动",构成人类生命的全部内容。

博当、韦塞隆、卡芬特其斯等进而基于"非物质劳动"概念提出了认知资本主义概念,认为随着生产的自动化转向和知识在经济增长过程中作用的提升,以知识和智力等为代表的认知劳动已成为当代资本主义劳动的主导形式,"资本和资本的积累规律……推动了知识的积累过程,并使劳动不再是价值的来源,劳动时间也不再是衡量价值的手段。结果呢,交换价值也不再是衡量使用价值的尺度"③。也就是说,他们认为,今天价值创造的主要来源不再是传统的物质劳动,而是来源于以智力、发明和创造等为代表的认知劳动,④认知劳动成为主导劳动形态的时代就是认知资本主义。在认知资本

---

① 《马克思恩格斯全集》(第31卷),人民出版社,1998年,第102页。
② Michael Hardt, Antonio Negri, *Multitude*, New York:The Penguin Press, 2004, p.108.
③ [英]莱姆克等:《马克思与福柯》,陈元等译,华东师范大学出版社,2007年,第162页。
④ Yann Moulier-Boutang, *Cognitive Capitalism*, Cambridge:Polity Press, 2012, p.55.

主义时代，变化的是剩余价值创造的主要来源，不变的则是资本与劳动的权力和统治关系即剥削本身。

1997 年亚洲金融危机爆发后，资本主义经济危机理论在长期沉寂后开始复兴，当代国外马克思主义者自觉回到《资本论》，从利润率下降、过度积累、消费不足等理论视角出发进行深入思考，最终在 2008 年全球金融危机后使之走向全面复兴。罗伯特·布伦纳、热拉尔·迪梅尼尔、多米尼克·莱维等认为，危机是资本主义利润率下降规律造成的结果，强调马克思在《资本论》中对资本主义竞争机制的说明依旧具有科学性。布伦纳赞成马克思将资本主义生产的无政府状态和竞争作为分析支点来解释利润率下降机制，认为资本主义生产走向集中和科学技术应用导致的企业成本短期无法回收，必然出现产能过剩，导致利润率下降。新自由主义力图缓解这一趋势，"降低成本、新自由化以及全球化的措施……或多或少地构成了急切地解决持续普遍的利润率下降问题的尝试。但是，压倒一切的不是恢复经济活力，实际上，这些措施并不能阻止发达资本主义国家的经济再次恶化"①。大卫·哈维基于《资本论》中关于资本积累机制的论述，提出了过度积累危机理论，认为"马克思辩证法的伟大之处在于它指出了市场自由化——自由主义者和新自由主义者的信条——将不会产生一个和谐的国度，其中所有人都会非常富裕。相反，它将产生前所未有的社会不公平。马克思预言，这还将产生严重的和持续增长的不稳定，并最终会带来长期的过度积累危机"②。

为了克服资本主义的内在危机，新自由主义发明了一种新的积累机制即掠夺性积累，力图通过私有化、金融化、危机操控和国家再分配等各种措施破坏原有模式，甚至不惜制造恐慌和资产贬值，在全球范围内掠夺财富，

---

① Robert Brenner, *Economics of Global Turbulence*：*The Advanced Capitalist Economies from long Boom to long Downturn*, *1945 – 2005*, London：Verso, 2006, p. XII.

② David Harvey, *The New Imperialism*, New York：Oxford University Press, 2003, p.142.

但这种掠夺性积累并不可能解决资本主义的积累危机，反而会进一步加剧这种危机。威廉·罗宾逊则强调消费不足是导致 2008 年金融危机爆发的主要原因，生产过剩和有效需求不足是以隐藏的方式在发挥作用，大部分中下层人群之所以会过度借贷消费，原因恰恰在于他们的支付能力不足，而借贷市场之所以会迅速膨胀，根本原因在于资本无限制地追逐利润的逻辑。① 此外，卡多·贝洛菲尔和米夏埃尔·海因里希等立足 MEGA2 最新文献研究成果，重新梳理《资本论》及其手稿，建构出了自己对马克思危机理论的当代阐释。

德国的"新马克思阅读"学派、英美的"新辩证法"学派是 20 世纪六七十年代逐渐形成的两个较小规模的国外马克思主义流派，从形成之初就致力于《资本论》及其手稿研究。进入 21 世纪后，这两个流派都再次回到《资本论》及其手稿，努力在 MEGA2 新文献基础之上重建《资本论》的资本逻辑批判理论。"新马克思阅读"学派以《1857—1858 年经济学手稿·导言》《资本论》第二版跋等经典文献为基础，强调马克思在《资本论》德文第一版"商品"这一章中的论述，重申把握价值形式对于理解《资本论》总体逻辑的重要性。"新辩证法"学派再次强调，必须利用黑格尔《逻辑学》中的概念辩证法来重新解释《资本论》，认为"马克思著作的批判优势不仅在于对剥削在以平等交换为基础的体系中如何可能这一问题的物质性证明，而且在于它穿透了价值形式的结构……价值形式的逻辑在它们自我相关的抽象中就是黑格尔逻辑中思想自我运动在现实中的体现"②。在此判断基础上，"新辩证法"学派试图用所谓"体系辩证法"替代"历史辩证法"，将商品、货币、资本等范

---

① William I. Robinson, "The Great Recession" of 2008 and the Continuing Crisis: A Global Capitalism Perspective, *International Review of Modern Sociology*, Vol. 38, No. 2, 2012.

② ［英］克里斯多夫·阿瑟：《新辩证法与马克思的〈资本论〉》，高飞等译，北京师范大学出版社，2018 年，第 119 页。

畴限制在资本主义这一特殊历史形态中进行分析,继而完成了其对资本增殖逻辑的系统说明。2014年,法国理论家皮凯蒂出版了向马克思致敬的《21世纪资本论》,基于财富分配不平等分析提出了自己的资本逻辑批判理论,在全球范围内产生较大影响。虽然该书无法取代《资本论》成为新时期人们理解当代资本主义的科学指南,但确实有效扩大了《资本论》及马克思主义政治经济学批判的当代影响力。

四、重新发现马克思主义经典著作的政治批判创新潜能

在马克思主义理论体系中,政治批判理论居于体系的最外层,通常是经典作家基于政治经济学批判,以马克思主义哲学为指引,分析、研究具体的政治现象政治问题的成果,易于随着时空条件的变换失去其直接的理论效力。因此,20世纪以来,特别是20世纪60年代以来,国外马克思主义阵营往往更注重引入新的理论、运用新的方法分析大量涌现的新政治现象政治问题,形成新的政治批判理论,对马克思主义经典著作的重视程度相对较低。21世纪以来,当代国外马克思主义阵营日益发现,在其震荡发展的过程中,当代资本主义政治的文明和谐外观不断剥落、野蛮剥削压迫本质重新彰显,马克思主义经典作家当年的一些判断、论述再次显现出它们的当代适用性,这促使当代国外马克思主义者在政治批判理论创新过程中,更多地回到马克思主义经典著作,努力寻找蕴含其中的创新启示。

阶级和阶级斗争是马克思主义人类解放理论的一个核心问题,也是马克思主义思考资本主义政治问题的中心。21世纪以来,资本主义生产方式和劳动方式的变化、全球化造就的新的世界生产格局及其动荡、重新剧烈发作的资本主义经济危机等,推动当代国外马克思主义阵营重新关注阶级问题,构建新形态的阶级理论。奈格里、维尔诺等自治主义马克思主义者回到《资本论》,在传统"阶级主体"概念基础上,把"大众"确立为新的无产阶级、新的革命主体。认知资本主义流派在分析当前西方无产阶级生存境况时，以自治主义马克思主义为中介，同样回到了《资本论》，力图重新分析新的历史条件下资本权力及其对劳动过程的作用，揭示当前资本主义制度中的新型剥削关系。阿甘本生命政治学的阶级意识理论，也从《德意志意识形态》之圣麦克斯这一章中得到某些启示。

国家理论是马克思主义政治学的重要组成部分。20世纪90年代后期，美国加快构建单极霸权秩序，展现出了帝国主义的国家本质，同时，东亚、东南亚建构了一种基本不同于欧美形式的资本主义国家存在方式，这些推动当代国外马克思主义者重新审视资本主义国家的结构功能，推动了马克思主义国家理论的复兴。在"帝国三部曲"（《帝国》《大众》和《大同世界》）中，奈格里和哈特从列宁的帝国主义理论及第二国际理论家的帝国主义理论中得到了重要的理论启示。而在大卫·哈维、艾伦·伍德等人的新帝国主义理论中，列宁、第二国际理论家关于帝国主义的论述以及《资本论》，同样发挥了重要的理论支撑作用。作为当代最重要的马克思主义国家理论家，鲍勃·雅索普在其全球化时代资本主义国家批判理论中，重申了马克思有关世界市场和国家思想的重要价值，阐述了世界范围内的资本积累与不同形态的国家之间以及国家内部的相互依存关系。

空间批判理论是20世纪国外马克思主义的一项重要成就。21世纪以来，空间资本化的发展引发一系列严重的社会问题，推动当代国外马克思主义空间批判理论持续深入展开，并强化了与马克思主义经典著作的理论连接。作为马克思主义空间批判理论的重要创立者，哈维强调："切断我们与马克思之间的联系，就是切掉我们敏锐的嗅觉以满足现代学术流行的肤浅外表。"[1]在21世纪以来的系列新作里，哈维高度关注《资本论》《1857—1858

---

[1]　David Harvey, *Space of Hope*, Edinburgh: Edinburgh University Press, 2000, p. 12.

年经济学手稿》《共产党宣言》等中的资本批判学说,并提出了新的资本空间转化模型。他指出:"一旦投资被嵌入某一特定地域的土地,如果资本不出现贬值,资本就必须在那个地域使用。资本运动在空间上受到限制,而资本则致力于在更大的空间范围内增加流动性。时间消灭空间是资本重塑世界市场空间和时间的重要现象。"①他同时强调:"在全面分析资本在时空中如何运作以及如何再生产时,资本作为运动中的价值不能脱离其第二阶段和第三阶段去理解,它不仅经过市场也通过国家权力来调节。"②索亚、彼得·马尔库塞、麦利菲尔德等年轻一代国外马克思主义空间批判理论家,也都很重视马克思主义经典著作中的空间生产与城市学说。麦利菲尔德就提出:"正是恩格斯开启了都市马克思主义及对形成过程中的现代大都市的现代分析。本杰明,我们城市里的天使,则第一次理解了在现代工业化和城市化过程中现代大都市的纹理、现代性的辩证经验。"③

与20世纪国外马克思主义的其他重要政治批判理论成就不同,生态批判理论在其形成时期就与《1844年经济学哲学手稿》《资本论》等马克思主义经典著作建立了较为自觉紧密的联系。进入21世纪后,生态马克思主义从自然观和政治经济学两个维度深入推进生态批判理论的当代建构,从而将过去关注不够多的《德意志意识形态》《共产党宣言》《哥达纲领批判》等经典著作也纳入自己的理论资源库。

五、简要评论

较之于20世纪,21世纪国外马克思主义的理论创新能力确实有所下降,即便如此,它们依旧值得我们高度重视,因为"当代世界马克思主义思

---

① [美]大卫·哈维:《马克思与〈资本论〉》,周大昕译,中信出版社,2018年,第204页。

② 同上,第233页。

③ Andy Merrifield, *Metromarxism: A Marxist Tale of the City*, New York: Routledge, 2002, p. 2.

潮,一个很重要的特点就是他们中很多人对资本主义结构性矛盾以及生产方式矛盾、阶级矛盾、社会矛盾等进行了批判性揭示,对资本主义危机、资本主义演进过程、资本主义新形态及本质进行了深入分析。这些观点有助于我们正确认识资本主义发展趋势和命运,准确把握当代资本主义新变化新特征,加深对当代资本主义变化趋势的理解"①。研究21世纪国外马克思主义,我们既要关注其创新成果,更要关注其创新机制、创新方法,因为我们研究它们的根本目的还是为了分析、解决中国自己的问题,而中国问题不可能照搬照套国外理论,只能由中国马克思主义者基于中国实际自主探索创新解决。就此而言,21世纪国外马克思主义通过回到马克思主义经典著作实现理论创新的路径,尤其值得我们学习,因为就像习近平总书记指出的那样,国外马克思主义的"结论未必正确,但在研究和考据马克思主义文本上,功课做得还是可以的。相比之下,我们一些研究在这方面的努力就远远不够了"②。

聚焦经典、关注思想,是21世纪国外马克思主义给我们的第一个重要启示。马克思、恩格斯、列宁以及毛泽东等经典作家都是勤奋的思想家,都留下了数量庞大的思想遗产。这些思想遗产大体可以分为四种类型:一是经典作家本人生前的公开出版物,这类文本清晰、稳定地展现了经典作家在特定时间点的思想图景;二是过程性文献,如手稿、准备材料等,这类文本在基本确定的框架中展现了经典作家思想发展更丰富、更生动的细节,更便于观察他们的思想生成过程与机制;三是经典作家的摘录、笔记和批注等自由探索型文本,这类文本往往是高度碎片化的,闪烁着令人着迷的思想星光,但很难确定把握;四是经典作家的书信、电文等。

---

① 习近平:《深刻认识马克思主义时代意义和现实意义 继续推进马克思主义中国化时代化大众化》,《人民日报》,2017年9月30日。

② 习近平:《在哲学社会科学座谈会上的讲话》,人民出版社,2016年,第11页。

近年来，国内马克思主义研究中出现了一种过度关注、畸形崇拜经典作家非公开出版物的"时尚"，仿佛真正的马克思主义就只存在于这些经典作家的同时代人往往不甚了解的"秘籍"中似的。21 世纪国外马克思主义让我们再次确认，四类文本各有各的起源、各有各的意义，但对于完整准确地理解马克思主义基本原理进而实现当代创新发展来说，真正重要的还是经典作家经典性的公开出版物以及少量重要的过程性手稿。皓首穷经，或许能够成为博闻强识的学究，但绝对创造不出振奋人心的思想。

理论联系实际、带着问题意识回到马克思主义经典著作，是 21 世纪国外马克思主义给我们的第二个重要启示。马克思主义经典作家眼界广阔、知识丰富，著作卷帙浩繁，遨游其间，很容易让人在叹服其理论体系和知识体系博大精深的同时，迷失自己前进的方向，感叹"吾生也有涯，而知也无涯。以有涯随无涯，殆已！"回到马克思主义经典著作，怎么才能既入乎其内又出乎其外、不为海量文本所困呢？21 世纪国外马克思主义给我们的重要启示就是理论联系实际，带着问题意识回到马克思主义经典著作。理论联系实际，就容易发现问题、形成问题意识；有了问题意识，就容易缩小范围、深入思考，最终实现重点突破、举一反三，达成理论创新。

站稳当代立场、以开放的心态回到马克思主义经典著作，是 21 世纪国外马克思主义给我们的第三个重要启示。早在 1895 年，恩格斯就指出："马克思的整个世界观不是教义，而是方法。它提供的不是现成的教条，而是进一步研究的出发点和供这种研究使用的方法。"①如今，又一百多年过去了，我们更不能指望马克思主义经典著作中存在着可直接用于当下的真理。不过，21 世纪国外马克思主义让我们再次确信，马克思主义经典著作不是真理，而是通向真理的道路！因此，回到马克思主义经典著作，必须站稳当代

---

① 《马克思恩格斯文集》（第十卷），人民出版社，2009 年，第 691 页。

立场,保持开放的心态,不能采取教条主义的态度。"如果不顾历史条件和现实情况变化,拘泥于马克思主义经典作家在特定历史条件下、针对具体情况作出的某些个别论断和具体行动纲领,我们就会因为思想脱离实际而不能顺利前进,甚至发生失误。什么都用马克思主义经典作家的语录来说话,马克思主义经典作家没有说过的就不能说,这不是马克思主义的态度。同时,根据需要找一大堆语录,什么事都说成是马克思、恩格斯当年说过了,生硬'裁剪'活生生的实践发展和创新,这也不是马克思主义的态度。"①

---

① 习近平:《在哲学社会科学座谈会上的讲话》,人民出版社,2016年,第13页。

二、国外马克思主义现代性批判与中国式现代化比较研究

批判视角下的西方现代性基本精神

罗 骞[*]

在现代社会空间的各个层次上,虽然主体性体现的程度和方式不同,但人都成了自身生命的主宰,不再单向地屈从于外在他者或者某种超验原则的统治。这就是西方现代性的基本精神状况。在我们看来,经由西方发端的现代性精神主要包括世俗性、个体性、创造性、实用性和实证性五个基本方面。人在现代成为主体意味着这些基本精神不同程度的觉醒,从而与前现代的人区别开来。从批判性的角度来看,这五种现代性基本精神的确立,既意味着西方现代解放的伟大成就,也意味着其根本的历史限度。

一、世俗性精神

在西方中世纪,人被看作上帝的子民,上帝意志是世俗生活的根据,生命的价值在于作为神的仆人朝向神所许诺的救赎,走向来世永生。在前现代社会,诸种神学世界观总是将彼岸世界看作本质的世界和一切价值的来源。到了现代,超验的神性世界彻底崩塌了,人认识到在现实世界之外再也没有一个超验的彼岸世界与现实对立,世界就只是这一个世俗的世界。理

---

* 罗骞,中国人民大学哲学院教授。

解生命的思想基础回到了现实大地，不是神而是人本身成为存在的根本。"人的根本就是人本身"这一现代口号，意味着人从超验的神性世界中彻底解放出来。这是人在现代将自身理解为主体的关键步骤。通过这一步骤，人的理性、利益、权利、欲望等被宗教神学束缚的实在属性获得了正当性，人真正拥有了自身的现实，而不是否定自身的存在属性以符合上帝的意志或者某种抽象原则，诸如"存天理，灭人欲"等道德教条。尼采曾经将世俗化的过程称为虚无主义的到来，海德格尔将这一个过程阐释为超验世界的崩塌。他们讲的都是上帝和超验世界在现代失去了根本统治权这一世俗精神的确立过程。没有这种世俗原则的确立，就不可能形成现代意义上的主体性，就没有现代。但是这种世俗性的精神在西方确立的过程中，却伴随着信仰、崇高和伟大事物的消逝，伴随着价值虚无主义的到来。

二、个体性精神

如果说世俗精神在与超验世界相对的意义上确立了人的主体性，使人从大写的他者统治中获得解放的话，个体精神则使人从世俗的小写他者中获得解放，现代主体性进一步落实到个体层面。也就是说，在世俗性确立人而不是神作为存在的根据之后，个体性精神进一步解构了各种"大写的人"，将作为个体的人从家庭、种姓和等级等观念的统治中解放出来，树立为具有独立权益的存在主体。人非但不是为来世活着，也不再为现实的他者活着。每个个体都观念地将自己看作自身存在的根据，世界只是他自身的自我展开和自我实现。个体拥有独立的权利，同时独立地承担义务。这就是现代的个体性精神。现代是个体本位的利己主义和个人主义时代，使主体从以人的依赖为基础的传统社会解放出来，确立了个体的独立性。

当然，所谓个体性精神或者个体性原则，并不是说人事实上脱离于他人而孤立存在，而是说到了现代，个体成为自身生命的出发点和核心，成为存在论意义上的叙事根据。在现代经济理论和政治理论中,作为核心范畴的经济人和政治公民,就是以理论范畴的方式彰显出的现代个体主体性精神。马克思指出,这种个人一方面是封建社会解体的产物,另一方面是16世纪以来新兴生产力的产物。马克思不仅一般地肯定了现代个体主体性的确立,而且指明了这种个体主体性精神同社会历史变迁之间的关联,指明了个人主义和利己主义的社会历史基础,为辩证地理解现代个体主体性精神开启了历史唯物主义的存在论方向。

三、创造性精神

现代人将自己理解为现实的推动者和创造者,而不是被动的存在。现代主体性包含一种创造性精神,现实被理解为由人的实践活动展开的创造过程,而不再是自在的过程或者受某种神秘力量支配的命定论过程。拥有创造性精神的人才是现代人。在创造性意识的主导下,诸如竞争、创新、发展、领跑、开启、展望、奋斗等概念,从宏观叙事到日常生活都成了关键词,并且主导了人们的基本实践活动,规定了生存的价值和意义。人们按照创造性的观念理解生命存在和现实世界本身。那种纯粹外在性和纯粹自在性的概念被彻底瓦解了,人们生活在自我创造带来的自由和束缚当中。以创造性精神和创造性实践为基础,现代是人类依据科技生产和再生产自然与社会,乃至于生产和再生产人类本身的时代。

人类已经生活在越来越远离自在存在的过程之中,现实的自然、社会和生命自身都表现为人类有意识的创造物,受到创造性实践的中介而不再是自然的存在。正是在这种人造世界的意义上,现代的本质有时被阐释为对自然的逃离。虽然仍在自然的物质世界之中,但本质上却超越自然的人化世界,已经成为世界的本质形态。在这一过程中,人既按照人的观念生产物,也按照物的观念生产人本身,人在物化的自我生产中同时实现着物的人化生产,世界正在成为一个物化的"类人世界"。这就是现代创造性精神展开的可能后果,对这种可能后果的反思正是我们今天面临的思想任务。

四、实用性精神

在人尚未被理解为主体的前现代社会,个体的世俗欲望、利益和需要还没有获得正当性,而是被以各种名义遮蔽和隐藏,不是在信仰和仁爱中被征服,就是在感受性的精神超脱中蒸发掉了。在这种社会生活中,虽然也存在着实用性的关系,但实用性并没有成为基本的存在论意识,人们还没有将实用主义当作为人处世的根本原则。到了现代,人将自己理解为现实的主体,随着世俗原则和个体原则的确立,追求和满足自身的物性欲求获得了正当性并且成为生命价值的根据。世俗关系变成了以个体为轴心的功利性关系,实用理性成为现代的基本原则,也成为世俗性和个体性的基本体现。现代是实用成为主义的时代,"有用就是真理"在庸俗的意义上成为现代的基本价值取向。

在现代,工具理性和计算理性代替了超功利的信仰、道德和审美,成为实用理性的内在要求。人们以实用主义精神指引生存实践,作为主体的人将一切存在者都看作实现自身目的的工具、满足自身需求的手段。由此,人与人之间变成了赤裸裸的"现金交易","人的尊严变成了交换价值",人们生活在冰冷的利己主义的打算之中。现代是一个世俗的、个体本位的实用主义时代。一切都在世俗的功利关系中被计算。生存屈从于各种算计,实用性成了时代精神的内在灵魂,理性精神当然也就片面化为工具理性了。

五、实证性精神

与实用性精神相适应的是实证性精神。诸如通常所谓的现代科学理性或技术理性等,本质上就是实证性成了现代的基本原则,现代主体性包含着一种实证精神。在宗教信仰和道德仁爱中,抑或审美的领悟中,人把握对象的对象性意识本质上都不是实证意义的知识,不是认识主体对对象的反映和描述。这些对象性意识以及与之相应的对象化活动都以超越经验的实在性为基本指向,它们以相信、想象、比喻、象征、类比、联想、虚构等方式在实在的物性世界中构建超越实在的意义空间和价值空间,将世界从物性的实在世界提升为超越的属人世界。在超越实在性的信仰、仁爱和领悟中,实证性没有也不可能成为根本原则。相反,思辨、启示和感受具有重要的地位,因此充满了神秘、德性和诗意。

到了现代,人从超验的世界中解放出来,以物性的眼光看待世界并且看待自身,实证精神因此成为现代主体性精神的基本原则。实证性不仅要求实验的认识方式,而且要求有可验证的认识结果。实证科学成了绝对的意识形态。不仅迷信与愚昧在实证性的要求中被瓦解,神圣性、神秘性、趣味性和诗意也不同程度地失去了价值,世界日益被理解为按照必然性原则组织起来的物性世界。意识的本质被规定为实证性的认识,精神也片面化为反映和再现对象的实证能力。行为和认识符合不符合客观规律、科学不科学成为基本的尺度,人被看作能够科学地认识世界并且有效利用科学成果的认识主体。现代是以实证科学为主导的科学主义时代,科学和技术成为构成现代意识形态的核心要素。因此,对工具理性的批判成为西方现代性批判的基本主题。

世俗性、个体性、创造性、实用性和实证性成了西方现代性精神的主导原则。西方现代性的成就和困境在精神层面主要是围绕着这五个方面展开的,现代性批判也主要是检讨和反思这些现代性基本精神及其后果。当然,无论对现代的阐释还是批判,都不能停留于此种精神观念的层面,而是要深入社会历史的存在基础。在我们看来,马克思的资本现代性批判为现代性批判奠定了历史唯物主义的存在论基础。通过对社会经济基础的解剖和批判,历史唯物主义深刻揭示了西方现代性精神产生的历史条件、取得的历史成就,以及本身的历史限度。通过这种辩证的批判,历史唯物主义为我们开启中国式现代化道路和建构人类文明新形态奠定了思想基础,并且指明了扬弃西方现代性的基本方向。

（本文发表于《中国社会科学报》2022 年 9 月 20 日）

西方马克思主义的现代性批判理论
对中国式现代化的资源性意义

胡绪明[*]

一、西方马克思主义现代性批判的理论主题与发展逻辑

在当今流行的各种"现代性话语"谱系中,西方马克思主义理论家聚焦资产阶级的现代性意识形态及其现代形而上学基础展开对资本主义"现代性后果"的病理学分析,并从不同的理论立场创造性地提出"修复"现代性的策略方案。

(一)以卢卡奇为代表的早期西方马克思主义对现代性的物化批判

1. 卢卡奇

以韦伯的合理化概念解释了马克思的商品拜物教理论,认为在现代资本主义社会中,物化是与商品拜物教联系在一起的,是现代资本主义社会中商品形式普遍化的结果。卢卡奇进而将资本主义物化产生的根源归结为资产阶级思想的"二律背反"即理性主义形而上学的二元对立,因而卢卡奇现代性批判体现为物化和现代形而上学批判的双重维度:一方面,他不仅深刻

＊ 胡绪明,上海理工大学中国马克思主义与国外马克思主义比较研究中心教授。

地揭示了资本主义社会中现代劳动之抽象本质，并将这种抽象劳动的根源归结为理性主义形而上学，这就奠定了包括后来的法兰克福学派在内的整个西方马克思主义对工具理性的批判路向；另一方面，他提出通过主客体辩证法来克服理性主义形而上学，重新恢复马克思主义辩证法因素以激活和唤醒无产阶级的阶级意识，通过无产阶级革命最终实现人类的自由与解放。卢卡奇最终诉诸主客体辩证法以扬弃物化，通过无产阶级阶级意识实现人的自由和解放。

2. 柯尔施

就现代性批判的理论主题而言，柯尔施的《马克思主义和哲学》与卢卡奇具有同样的重要性。柯尔施通过对马克思主义实证化的抨击，批判资产阶级的实证主义及其现代性意识形态。柯尔施几乎与卢卡奇一样，都试图通过激活黑格尔哲学中的辩证法因素与马克思主义的直接关联，坚决地抨击第二国际理论家们对马克思主义予以庸俗化、实证主义阐释，就这种批判的内在理论逻辑而言，他也几乎走到了卢卡奇的理论立场，也就是说，他也像卢卡奇一样深刻地洞察到了这种庸俗化地、实证主义地阐释的思想根源在于近代哲学知识论路向——思维与存在、主体与客体、意识与现实之间的二元对立，就这种二元对立的性质来说，它绝非仅仅意味着在本体论上直接构成与物质（存在）的或精神（思维）的简单对立，而毋宁说，它是从属于整个资产阶级的现代性意识形态的。

当然，黑格尔哲学似乎在表面上克服了近代哲学的这种二元对立，但就其哲学性质而言它是近代形而上学的最大的完成者，在这个意义上，它也就一般地从属于现代形而上学及其意识形态的理论架构。当然，柯尔施非常正确地看到了这一点，"庸俗社会主义的主要缺陷在于它相当'不科学地'坚持着一种朴素的现实主义——在这种现实主义中，所谓的常识（即'最坏的形而上学'）和资产阶级社会的标准的实证主义科学二者，都在意识和它的对象之间划了一条明显的分界线"。因此,在现代形而上学的逻辑架构中,一切实证主义注定要从孤立的抽象的经济事实出发从而割断事物之间的有机联系,按照柯尔施的说法就是成为那些"纯粹的科学观察",结果,科学的成了"不科学的",辩证的成了"非辩证的",唯物主义反而沦为"非唯物主义的"。

3. 葛兰西

文化领导权既是权力体系的一个重要方面,也是统治权得以建立和延续的一个重要条件。从这个角度看,国家不仅是政治的,也是伦理的、文化的。作为政治社会与市民社会之间的一种平衡,它既是一种强制性的统治机器,也是规训和陶冶实行强制性统治所需要的思想和手段的领导权。强调"文化领导权"的重要性是葛兰西思想的一个重要主题。按照这种思想,任何一个历史集团,任何一种确立的秩序,其力量不仅在于统治阶级的暴力和国家机器的强制性能力,而且在于被统治者接受了统治阶级的世界观。现代社会中的权力语言正是通过各种有组织的文化事业而越出政治国家的范围,扩展到市民社会,进而渗透到民族共同体的一般"文化精神"之中。西方发达国家资产阶级统治的真正基础就是将其基本价值通过其话语霸权向社会各阶层全面渗透。这种渗透不是自发的,而是通过有组织的文化事业和知识分子来实现的,其目的就是促使民众自觉地认同于资产阶级的政治领导权,使其合法化。这样一来,革命政党所面对的就不仅是资产阶级强制性的国家机器,还包括非强制性的国家机器,后者对抑制革命起了极重要的作用。因此,对革命政党来说,根本问题是确立无产阶级世界观,并使其渗透到被统治者的意识之中,以取代支配着他们的旧观念。葛兰西并非一般地否定"文化领导权",对他来说,需要"解构"的是资产阶级的文化领导权,而不是一般的文化领导权。他毫不含糊地提出,无产阶级应当夺取并建立文化领导权,并在夺取政权之后继续坚持这种领导权。

（二）霍克海默、阿多诺对现代性的工具理性批判

霍克海默和阿多诺将卢卡奇的物化批判思想推进到了以工具理性为批判主题的启蒙精神的反思和批判。一方面，他们衔接了卢卡奇对理性主义形而上学的批判思想，把启蒙理性蜕变为工具理性统治的根源归结为现代形而上学及其二元对立；另一方面，他们又对卢卡奇诉诸主客体统一的辩证法这种解决问题的途径表示不满，认为这会导致工具理性的统治。阿多诺认为，只有通过非同一性的"否定的辩证法"才能彻底瓦解形而上学同一性的强制，在此基础上，他提出只有非同一逻辑的"星丛"才是修复和拯救启蒙理性蜕变为工具理性统治的根本出路。但从总体上看，启蒙现代性批判还是坚持一种现代性的辩证批判立场，他们明确表示绝不放弃启蒙现代性的价值诉求。

（三）交往理性：哈贝马斯对现代性的重建

哈贝马斯继承了由霍克海默和阿多诺开创的法兰克福学派早期"批判理论"启蒙现代性的批判传统，在此基础上进一步认为现代性问题产生于生活世界受到系统世界工具理性的侵袭，即"生活世界的殖民化"。同时他指出，无论是霍克海默和阿多诺的工具理性批判，还是卢卡奇的物化批判，都依然是一种"意识哲学"的批判范式，因为这种"意识哲学"就其本质而言仍旧是一种主体－客体之间反思关系的"认知－工具理性"。因此，要想深刻反思现代文明，彻底批判晚期资本主义社会，真正实现社会合理化，就必须从侧重于主体与客体关系、崇尚主体性的"意识哲学"转向侧重于语言与世界关系、崇尚主体间性的"语言哲学"，从"工具理性"转向"交往理性"，从传统的"批判理论"转向"交往行为理论"。哈贝马斯由此开启以"交往理性"重建现代性的理论路向。

（四）生态学马克思主义对现代性的生态学诊断和批判

第一，现代性问题的生态学诊断：生态学马克思主义理论家认为，马克

思过高估计了资本主义危机的严重性,而低估了资本主义社会本身的再生性和生命力,因而马克思关于资本主义的经济危机理论已经过时了,需要对其资本主义危机理论进行重新解释。在他们看来,尽管当代资本主义社会存在着各种各样的危机,但所有这些危机都与生态环境问题直接相关,也就是说,当代资本主义危机的本质是生态危机。在此基础上,生态学马克思主义深入分析了资本逻辑与生态危机的内在关联,揭示了资本主义制度及其生产方式本身所具有的反生态本质。

第二,现代性的生态学批判,揭示了控制自然的观念、资本逻辑与消费异化是导致生态危机的深层根源。

第三,生态学马克思主义不仅对现代性进行独具特色的生态学批判,而且更为难能可贵的是,它们都从一种激进的生态政治战略立场上努力对未来社会主义发展模式和人类的生活方式提出了自己的设想,这集中体现在生态学马克思主义理论家致力于通过重建历史唯物主义理论,试图通过将生态理性、生态伦理或生态道德与社会主义制度的民主、正义等价值观念结合起来,在生态现代性理念基础上建构生态社会主义,这是生态学马克思主义开展对现代性的"生态学批判"的理论旨趣和政治诉求,从而与西方绿色政治运动具有根本的异质性。

二、西方马克思主义现代性批判理论对中国式现代化的资源性启示

西方马克思主义的现代性批判理论深刻诠释了基于启蒙现代性理念的资本主义工业文明发展模式的内在限度,这对于坚持走中国特色社会主义现代化发展道路,坚持以中国式现代化全面推进中华民族伟大复兴来说具有极为重要的启示意义。

第一,从对待现代性的立场来看,坚持以中国式现代化全面推进中华民族伟大复兴,需要坚持"辩证现代性"的批判立场。相对于马克思资本现代

性批判而言，西方马克思主义在总体上都属于理性主义批判范式，现代性批判始终停留于资本主义社会的意识形态和文化层面；相对于后现代主义来说，西方马克思主义都坚持一种辩证的批判立场，它们与后现代主义以非理性主义解构理性并且最终放弃现代性的立场是根本对立的。我们对西方现代化发展道路（工业文明模式）的边界保持清醒的理论自觉，最大限度地避免西方现代化过程中出现的"现代性后果"。这就要求在历史唯物主义理论视阈中展开对西方马克思主义现代性批判理论内在限度的批判性分析。结论就是，中国式现代化道路，需要坚持辩证现代性的批判立场。

第二，从现代性的生成维度来看，坚持以中国式现代化全面推进中华民族伟大复兴，需要建构"超越型现代性"的现代性话语。中国式现代化是中国现代化历史过程由"学习型现代性"到"反省型现代性"历史演进的结果。以西方现代性为典范实现中华民族"站起来"进而"富起来"，这是自晚清以来"学习型现代性"的核心诉求，并为中国式现代化奠定了必要的物质基础；"反省型现代性"作为对全面学习西方而产生的"现代性后果"的批判性反思，终结了所谓"西方化＝现代化"的现代性叙事。中国式现代化既不是对西方现代性的"拒斥"，也不是简单地"复制""修正"或"重写"，它生成于现代性的"中国书写"并具有中国风格、中国气派的"超越型现代性"。

第三，从现代性的价值维度看，坚持以中国式现代化全面推进中华民族伟大复兴，需要建构"全面现代性"的现代性理念引领现代化实践。这种坚持发展的协调性、系统性、正义性和人民性的现代性在根本上超越了以"富强"为价值诉求实现中国"富起来"的"片面现代性"。新发展理念注重实现更高质量、更有效率、更加公平、更可持续的发展思想，体现了中国正是因为坚持具有协调性、系统性、正义性的现代化道路而"强起来"的；新发展理念坚持以人民为中心的价值导向，突出了"依靠谁发展、为了谁发展"这一发展中的根本性问题，彰显了中国正是因为坚持现代化的人民性立场而"强起来"的。此外,这种"全面现代性"还体现在解决不平衡不充分发展以满足人民对物质文化生活提出更高要求的基础上,全方位满足人民日益增长的对民主、法治、公平、正义、安全、环境等方面的美好生活需要。

第四,从现代性的制度维度看,坚持以中国式现代化全面推进中华民族伟大复兴,需要建构"复杂现代性"的现代性思维统领现代化的总体布局和战略安排。统筹推进"五位一体"的总体布局和协调推进"四个全面"的战略布局,以及在全面建成小康社会基础上,分两步走在 21 世纪中叶建成富强、民主、文明、和谐、美丽的社会主义现代化强国,充分体现了现代化的目标设定、改革路径和推进国家治理体系和治理能力现代化过程中的"复杂现代性"思维而非单一现代性的线性思维。

反启蒙与新文明探索：俄罗斯反思
西方现代化的思想路径

车玉玲*

在当代，"现代性"备受热议，"现代化"作为现代性展开的实践过程，同样受到关注。概括来说，主要源于对"现代性后果"之忧虑与"现代化道路"的反思而展开。在这个问题上，长久以来，学界更多地聚焦于西方理论界的观点，对于我们的近邻俄罗斯思想却缺少研究。即便面临现代性充分展开所带来的系列问题，人们依旧习惯于在西方的话语体系内寻找解决方案。主要原因在于，西方的发展模式——资本现代性的道路已经被想当然地作为具有普世性的全球发展模式。

实际上，无论是在俄罗斯传统的文化思想中，还是在社会实践方面，一直存在着一种尝试，寻找一条不同于西方资本现代性的发展道路，打破西方中心的单极文明形式，建立多元的全球文明形态。虽然俄罗斯的这种尝试经历了来自思想与实践等各个方面的挫折，然而我们依然感受到了这种努力的价值。尤其是近年来，随着以资本为核心的西方现代化道路自身矛盾的日益尖锐：全球环境问题、恐怖主义、金融危机及其西方国家的强权政治

---

* 车玉玲，苏州大学哲学系教授。

等,这些都促使思想家也包括一些政治家们思考,西方的发展道路不应该是唯一的选择。实际上,对于这个问题,马克思晚年已经提出了跳跃"卡夫丁峡谷"的东方道路,而中国特色社会主义道路也已经印证了这一先见的正确性。

那么俄罗斯要往何处去呢? 2020 年 9 月 16 日俄罗斯科学院 A. B. 斯米尔诺夫院士在"俄罗斯哲学的当前任务"的讲座中,明确地谈到了"俄罗斯文明类型的建构"是当前俄罗斯哲学研究中最迫切的任务,因为这将对俄罗斯未来发展道路的建构具有重要意义。在经历了苏联解体的阵痛、新自由主义休克疗法的失败之后,面对当前国内和国际上的困境,俄罗斯又在思考"该往何处?"苏联解体三十多年后的今天,在俄罗斯学界出现了俄罗斯传统文化的复兴,这展示出了一种可能,多极文明的构想可能为建构具有俄罗斯特色的发展道路提供理论支撑。

在俄罗斯的传统思想中,对于西方启蒙运动的批判是它的主题之一,主要集中于对欧洲理性主义文明之弊端的分析,近十年来则拓展到对于西方发达资本主义国家所推行的"普世性价值观"的质疑。在这一思潮中,由"反启蒙"扩大到"反西方普世价值观",并把探讨另外一条不同于西方的发展道路与"新文明"视为当前俄罗斯哲学的使命,尝试着提出不同于西方普世性价值观的"新全球化"秩序。实际上,对于另外一条发展道路的探索,在很多非西方化的国家中也努力进行着,即便西方发达资本主义国家本身也面临着现代性发展的瓶颈而寻找着其他的解决途径。正是在这个意义上,对于西方所谓"普世性"现代化道路的俄罗斯式反思凸显出了当代价值。

一、俄罗斯思想视野中的欧洲文明之弊端

在俄国的文化传统中,斯拉夫主义与西方文明之间的斗争对于俄国的发展道路具有重要影响。自 19 世纪 30 年代末起,以 A. C. 霍米亚科夫(A. C. Хомяков)、И. B. 基列耶夫斯基(И. B. Киреевский)等为代表的"斯拉夫派"展开了对于俄罗斯发展道路与欧洲文明之间差异的探讨。该学派思考的共同性在于直接指向俄罗斯民族的特殊性，强调俄罗斯地域、宗教、文化、习俗等方面的独特性，尝试建构一条独特的发展道路，可以说，这是俄罗斯文化中蕴含之"反骨"的源头。斯拉夫派（славянофилы）这个词最早出现于俄国文学界关于文体的争论上，以此称呼那些维护古教会斯拉夫文体的诗人。自此之后，这个词被赋予了一种更为宽泛的意义。斯拉夫精神不仅体现在哲学与宗教之中，也体现在政治、文化、民族性格等各个方面。"总体来讲，斯拉夫派团体的基本观点是一致的：对于俄国历史发展独特道路的信念，对于保存于人民中间的东正教信仰和村社的劳动组合的信心，对于人类精神因素的强调等。"① 自斯拉夫派产生以来，它和西方派的论战就开始了。以 A. И. 赫尔岑（A. И. Герцен）、В. Г. 别林斯基（В. Г. Белинский）等人为代表的西方派坚持认为，以"自由"和"理性"为核心的西方道路应当是俄国要走的道路。而斯拉夫派则坚定地认为，由于俄国的村社制度和拜占庭文化的独特性，不仅应该开辟出自己的发展道路，还应该为西方文明的困境寻找出路。

在对俄罗斯道路选择的思考中，传统的俄罗斯哲学从斯拉夫文化的母体中脱颖而出。在这前后，涌现出了很多著名的哲学家，主要有 В. С. 索洛维约夫（В. С. Соловьев）、С. Н. 布尔加科夫（С. Н. Булгаков）、С. Л. 弗兰克（С. Л. Франк）、Н. О. 洛斯基（Н. О. Лосский）、Е. Н. 特鲁别茨科伊（Е. Н. Трубецкой）、В. В. 罗扎诺夫（В. В. Розанов）、Д. С. 梅列日科夫斯基（Д. С. Мережковский）、Л. 舍斯托夫（Л. Шестов）、П. А. 弗洛连斯基（П. А. Флоренский）、Н. А. 别尔嘉耶夫（Н. А. Бердяев），等等。人们通常把19世纪末至20世纪初称为俄罗斯文化的白银时期，这是相对于俄国文学史上18世纪90年代至19世纪30年代的黄金时代而言的。不同之处在于，白

---

① 白晓红：《俄国斯拉夫主义》，商务印书馆，2006年，第38页。

银时期的思想家们更多的是哲学家,他们立足东正教文化传统,追求精神的完整性,并以此为依托批判西方理性主义的弊端,寻找俄国的出路与破解西方文明危机的途径。十月革命之后,由于意识形态的原因,白银时期的思想在苏联国内处于沉寂的状态,思想家们大多流亡欧洲,直至苏联解体之后才逐渐复兴。在当代俄罗斯的思想界中,存在着这样一种具有普遍性的观点,具有斯拉夫气质的宗教哲学是俄罗斯传统文化之精粹,这应该是俄罗斯民族与发展的根基。

概言之,在白银时期的俄罗斯思想家看来,欧洲文明的危机主要在于高层文化向低层文化的"坍塌",即文化的低级化,这是欧洲文明的灾难,也是人自身的灾难。П. А. 弗洛连斯基明确表示"这样的文化注定毁灭"①。这一断言代表了"反启蒙"俄罗斯思想家们的基本看法。他们阐释了欧洲文化危机的表现形态。

欧洲文化的悲剧在于普世性与个体之间的矛盾。为了说明欧洲文化何以出现危机这一问题,俄罗斯思想家重新回到了文化的元哲学问题,即文化的一般原则与文化的目的是什么。在文化的不断发展中,文化是伤害了人,还是使人获得了自我实现呢? 在他们看来,文化的目标在于指向人的内在需求与追问人生的意义,而欧洲文化则背离了文化的初衷,走向了向外追求的道路。对此,俄罗斯哲学的当代研究者 B. H. 波鲁斯(B. H. Порус)认为:"在这个矛盾中,一方面是普遍的文化价值,另一方面是人的命运的唯一性和绝无仅有性。这个矛盾体现在人对病态世界的感受里,他受到文化的致命伤害,因为作为个体的他对文化而言仅仅是文化建设的材料。"②可是,西

---

① 转引自[俄]波鲁斯:《俄罗斯哲学与欧洲文化的危机》,张百春译,安徽大学出版社,2017年,第41页。

② [俄]波鲁斯:《俄罗斯哲学与欧洲文化的危机》,张百春译,安徽大学出版社,2017年,第41页。

方文化的共相与普世性如何演变成为损害人自身的手段呢?正是在这里,俄罗斯思想家们回到了文化的本质与基础问题。在他们看来,造成这一结果的原因在于西方文化的基础是错误的,西方文化的普世价值是建立在科学与道德基础上的律令。然而科学的真理和理性至上的道德规范,在关乎人生的根本意义、在面对人生最为根本的痛苦与恐惧之时,无能为力。

换言之,理性能否解决人的全部问题呢?正是在这个问题的回答上,西方文明和俄罗斯思想走向了不同道路。建立在理性基础上的西方文明大厦,被陀思妥耶夫斯基称为"必然性的石墙"。在他看来,在必然性的石墙里,人是无法获得安慰的。因为理性仅仅是人的一部分,意愿、信仰和情感在这个石墙中是没有位置的。对于人来说,即便我们抛开信仰不谈,意愿也具有强大的内在力量,甚至是不可言说的"地下室"。"人的心灵深处存在着不可消除的永恒梦想——按照自己意志生活,哪怕是愚蠢的意志。"[1]为了按照自己的意愿生活,人甚至愿意去撞击石墙。人的意愿不能简单地被划分到理性或者非理性,意愿应该是理性与非理性的复合体。对此,当代德国哲学家赖因哈德·劳特的理解应该更为符合其本意。他认为,在陀思妥耶夫斯基那里,"意志在其动机上既依据无意识的东西,也依据理性的呼唤。意志中心是形成个性中心的自我的一个原有的、不依赖于理性的部分。非常强烈的愿望可以取决于无意识到的东西,它本身从来是完全没有被意识到的;而决定则常常是被意识到的,尽管其动机、一定的倾向等等也可以是未被意识到的"。[2]可见,意愿应该是糅合了理性、非理性、情绪、情感、个性等多方面的复合体,它是更为广阔而强大的力量。然而建立在理性主义基础之上的西方文明用理性的原则与方法去认识人、安慰人,忽略了人的意愿与

---

① Шестов, Л. И., Сочинения в 2 - х томах, Том. 1, МОСКВА: «НАУКА», 1993, с.612.

② [德]劳特:《陀思妥耶夫斯基哲学:系统论述》,沈真等译,广西师范大学出版社,2005 年,第46 页。

情感,形成冰冷的"必然性石墙",结果造成对人的压制与损害。

另外,以理性为基石的西方文化丢掉了对于人来说最重要的东西,即自由。因为意愿是"自由"的表达,在人的存在中占据着重要的位置,代表人的内心深处的强烈冲动。有时与理性一致,有时却是与之相背离的,甚至完全不符合理性的规划,也不符合道德与利益原则,然而却最有力量。俄罗斯思想家对于自由的认识则更多体现在超验领域与神性的世界。别尔嘉耶夫明确地把自由理解为创造,而索洛维约夫提出了"神性自由"。在他们看来,自由高于理性,真正的自由是人身上的"类上帝性的体现"。

这种有别于理性主义的自由观主要包含如下两层含义:第一,自由与信仰直接相关,真正的自由是上帝赐予人的精神特性。换言之,真正的自由是神性自由,它存在于超验的灵性世界。对此,舍斯托夫借用《圣经》中的故事说明了何谓"自由"。在伊甸园中,亚当一诞生就拥有着真正的自由,他不用选择善恶。因为在灵性的信仰领域,以此为引导的行动目标必然是善。"亚当在堕落之前是参与神的全能的,只是在堕落之后才陷入知识的权力之下——在那一刻便失去了最珍贵的上帝的恩赐,即自由。因为自由不在于选择善恶的可能性,如我们现在注定认为的那样。自由是不容许恶进入世界的权力和力量。最自由的存在物——神,不在善恶之间进行选择。"①第二,"自由即创造"。这是俄罗斯宗教哲学家别尔嘉耶夫的观点,比较具有代表性。他认为,自由是人与生俱来的属性,是人之为人的主要表现,也是人与上帝之间相连接的桥梁。上帝创世之后,就把这个世界交给了人。至于把这个世界引入地狱还是走向天堂,那是人自己的创造。在这里,别尔嘉耶夫所说的不是"选择的自由",不是在必然性的认识范围之内的选择,而是创造。这个社会及其善恶都是人所创造出来的结果,他说:"自由是我的独立性和我的

---

① Шестов, Л. И., Сочинения в 2 – х томах, Том. 1, МОСКВА:《НАУКА》, 1993, с.501.

个性的内在决定性，是我的创造性力量，它不是对摆在我面前的善与恶的选择，而是我对善和恶的创造。"①可见，自由不是对于必然的认识，而是创造的能力。在不断自我超越的过程中，人身上的神性将显现出来。换言之，不是上帝创造了人，而是人创造了上帝。这一内在神性显现的过程，就是创造的过程，就是自由。

俄罗斯思想家们对于西方文明批判的根本之处在于：以理性为基础的西方文明体系，由于与超验的世界丧失了关联，就与人的真正本性、人所具有的神性丧失了联系。这样，文化成了外在的力量，用这种外在力量装扮起来的现代人，看起来强大坚定，实则精神空虚。这种文化用普遍的道德价值与共同目标替代了最高价值，并使这些普遍的价值与目标成为新的需要崇拜与牺牲的偶像。因此，这种文化是外在的"伪文化"与"高尚的废话"，成为脱离了真正内容的形式主义。这样的文化不仅令人产生荒诞与虚无之感，而且会产生蔑视与谎言。结果就是，丰富的个体逐渐被同一化，而且这种同一是低层次的，是客体化世界对于主体的同一，是经验世界对于超验世界的覆盖与淹没。

俄罗斯文化的发展过程，是在与西方文化的纠缠中进行的，追随还是对抗，这是贯穿于其中的主题。因此，具有俄罗斯文化代表性的宗教哲学虽然坚守俄罗斯民族的独特性，但是它所思考与试图解决的问题却是西方文化语境与发展道路上的困境。在文化上，当虚无主义尚未在西方蔓延的时候，俄罗斯的思想家们已经开始思考，靠什么来抵抗虚无主义，恢复人的存在的尊严与生命的意义。早在尼采之前，陀思妥耶夫斯基就意识到了这个问题，他的文学作品《白痴》《卡拉马佐夫兄弟》等著作中的一个主题就是人与信仰的关系，及其丧失信仰之后人之存在的无根基状态。"陀思妥耶夫斯基的思

---

① Бердяев, Н. А., Смысл истории, Москва："Мысль". 1990, с. 61.

想对于其以后的俄罗斯宗教哲学产生了深远的影响,舍斯托夫、别尔嘉耶夫、弗兰克等俄罗斯宗教哲学家不仅在自己的作品中多次提到他,同时在思想上存在着共同之处,即抗击虚无主义。"①对此,笔者认为,俄罗斯思想家们比西方人更早地感到了欧洲近代主流文化中隐藏的精神危机,在科学的一路凯歌声中,预见性地指出了外部的物质力量塑造、决定、统治着现代人的存在,文化坍塌为物质世界中的具象,成为没有内容的形式与外在的权威,只见事实的文化造就了"物化的人"。正是在这个意义上,早在19世纪初,俄罗斯思想家就预言了欧洲文化暗夜的来临。白银时期的俄罗斯思想家们对于欧洲文化的这种批判,在物欲横流的当代依旧具有现实性。

二、进步与进化:两种文明对历史的不同理解

由于对文化的不同理解,欧洲文明和反启蒙的俄罗斯思想在理解历史的意义与目标方面有着根本差别,产生了不同的历史观与发展观。两者的差别在于,对于历史中个体的价值、对于历史的意义与目标的不同理解。那么个人与历史的终极目标是一种什么样的关系呢?个人是实现历史目标的工具还是在历史中的每个个体都有其存在的意义与价值?正是在这个意义上,俄罗斯思想家批判了西方文化中的历史观与发展观。1922年别尔嘉耶夫完成了《历史的意义》一书的写作,在这本书里,他系统地提出了具有存在主义色彩的历史观。在此之前的俄罗斯思想家们如陀思妥耶夫斯基、舍斯托夫、布尔加科夫、弗兰克,包括俄裔思想家以赛亚·柏林等都关注过历史的意义与目标。概言之,在他们看来,俄罗斯思想与西方文明历史观一个主要差别在于对"进步"的不同理解,他们区分了"进步"与"进化"的差别,"我

---

① 车玉玲:《遭遇虚无与回到崇高:白银时代的俄罗斯宗教哲学》,中国社会科学出版社,2012年,第6页。

们绝不能把进步观念和进化观念混为一谈"①。这也是俄罗斯思想家对于启蒙运动进行质疑的主要因素之一。

在一定意义上可以说，启蒙精神中蕴含着一个关于进步的梦想，社会不断向着更高的形态跃升，这也是启蒙运动以来具有普世性的价值观。对此，反启蒙的俄罗斯思想家们一直抱着怀疑的态度。在他们看来，启蒙运动以来欧洲文化中的历史观具有实证化的倾向，与自然科学中的进化论具有同质性。别尔嘉耶夫认为，这种历史观假定了一个前提，即"全世界人类历史的任务将在未来得到解决"，为了达到这一理想状态，需要世世代代不断地努力。他说："同这一状态相比，先前的世世代代只是各个环节，只是手段、工具，而不是目的自身。进步把人类的每一代、每一个人，把历史的每一时代，转变为实现最终目的的一种手段和工具。这就是未来人类的完善、强大和幸福——对此，我们当中谁也不会有份。"②在这种进步观念里，存在着这样的一个潜在的前提：不同时代的人是不平等的，某些人生来就是实现他人幸福的工具与手段。如果以善为目的，恶则是被允许的；每个个体都要为历史的终极目标服务，放弃个人的权利甚至个性。

正是在这个意义上，苏联政权确立初期，一些俄罗斯思想家就预测性地指出了这种历史观中蕴含着的强权因素，并认为斯大林主义就是这种历史观的现实产物，政党会以"终极目标"的名义行使专政。1922年夏，苏联政府开始对持不同政见的知识分子进行了有系统的驱逐行动，发生了震惊学界的"哲学船"事件。这些被驱逐的流亡思想家中比较活跃的如弗兰克、洛斯基、别尔嘉耶夫、梅列日科夫斯基等成为俄国流亡哲学的主要代表，他们较早地批判了苏联社会主义，直接指出了进化论历史观的问题。这些俄罗斯

---

① Бердяев, Н. А., Смысл истории, Москва："Мысль". 1990, с.145.

② там же, с.147.

思想家们认为,进化论历史观的根本罪恶在于把个人当作历史的工具。因为任何一个生命个体的存在都应该是平等与被尊重的,不能为了某种"未来的水晶宫"而牺牲当下人的幸福,更不能借助于恐惧与谎言来实现真理。任何未来的完善,都不能赎回以往世代所承受的一切折磨。而且在他们看来,"沿直线进行的尽善尽美的进步,即未来的一代因之比先前的一代站得更高的那种进步,在历史上是没有的,人类幸福的进步也是没有的"①。也就是说,历史的发展与科学的进步是完全不同的,把科学的实证原则应用到人类历史当中,从而使一些世代成为往后世代的工具,这是堂而皇之地对于正义平等的践踏。在他看来,启蒙运动中所倡导的平等,是不具有纵向历史性的,因为每一代在其自身的生活中,都具有意义与目的,都不应该成为工具与手段。别尔嘉耶夫把此称为"经济唯物主义"的历史观,"按照经济唯物主义的观点,历史的主要奥秘就是物质生产的奥秘,是人类生产力的增长"②。

反启蒙的俄罗斯哲学家则认为,任何一个世纪的人们都可以通过自己的方式感悟历史的最高绝对。"所有的人类世代统统都与绝对有关,统统接近神灵,才是正确的。神灵的正义和神灵的真理就在于此。倘若只有那些处于进步之巅的时代才能洞察神灵生活的奥秘,正义将会遭到何等严重的破坏。"③显然,俄罗斯思想家理解的历史奥秘与最高形态并不是经验层面的,历史的奥秘是在历史之外与超越物质本身的,如果只理解为被经济推动的客观规律,则阉割掉了历史的真正含义。历史与存在直接关联,每个存在都能体验到历史的终极价值,真正意义上的"'历史的东西'就其实质而言具有深刻的本体性,而非现象性,它深入某种极内在的原始存在的基础,将我

---

① Бердяев, Н. А., Смысл истории, Москва:"Мысль". 1990, с. 150.

② там же, с. 10.

③ там же, с. 151.

们带入其中并加以理解"①。

历史不是冰冷的必然性的奴役，也不是高高在上的抽象物，历史与个体存在直接相关。那么历史如何进入个体存在或者说个体如何与历史融合为一体呢？别尔嘉耶夫认为，时间是历史的真正奥秘，他把时间分为宇宙时间、历史时间与生存时间三种形式。宇宙时间以地球的晨昏为坐标、按照年月日计算。在宇宙时间里，以不可逆的直线为特征，生命最终都是走向死亡的，它对生命的一切情绪都不感兴趣。历史时间则是以将来为本位的，它虽然包含着记忆与传统，但是却在"将来"里寻找意义与完满，现存的永远是残缺的，唯有将来的完满才能赋予现存以意义。生存时间则与以上两种时间完全不同，它是一种内在的、主观世界的时间，而不是客观世界的时间。生存时间与永恒相关联，它是对宇宙时间和历史时间的突破与战胜。生存时间依赖于人的生存的内部体验，"从客观的观点看的短短的几分钟可能被体验成无限，而且是相对立的两个方向上的无限，痛苦的方向和喜悦与欣喜的方向"②。对于每个个体而言，都可能有过那种体验，生命的某个瞬间成为永恒。别尔嘉耶夫认为，一切创造行为都属于生存时间，历史的启示就在这一瞬间进入个体生命。在生存时间里，从存在深处产生了突破，人与历史获得了同一，感受到了永恒，这是对自然宇宙时间和历史时间的战胜，历史的意义就在于此。这种历史观赋予每个个体以存在的价值与尊严，每个个体都是唯一的，他不作为工具，他就是目的本身，他以自己独特的体验与历史、与永恒相连。

我们发现，由于个人的命运和时代的烙印，白银时期的流亡哲学家们对于启蒙精神中的历史观的理解比较极端与简单化，现实中苏联政权造成的

---

① Бердяев, Н. А., Смысл истории, Москва："Мысль". 1990, c. 15.

② Бердяев, Н. А., О рабстве и свободе человека \ \ О назначении человека, МОСКВА: АСТ；АСТ МОСКВА：ХРАНИТЕЛЬ, 2006, c. 258.

悲剧,并不能完全归结于历史观,其中有着各种复杂因素与政治问题。启蒙精神的历史观在欧洲为什么就没有出现同样的悲剧呢?启蒙精神中的历史观,一直弘扬个体的自由与解放,只不过每个时代的人有着自己的历史命运。但是我们也看到,随着历史的不断进展,现代人的精神生命与这个极大丰富的物质世界并不匹配,甚至更为空虚与羸弱了。问题出在哪里呢?俄罗斯思想家批判了进步式历史观的实证主义倾向,强调真正的历史不是外在于生命的生产史,历史的意义只能在"历史之外"的超验世界中获得,并突出了个体存在与超验领域的价值。虽然这种历史观具有存在主义的色彩,轻视历史中的客观条件,但是他们并不是为了反对而反对,而是为了抗拒资本化与物化的社会对于人的丰富性的吞没,这种存在论的历史观成为俄罗斯思考另一种发展观的理论基础。

三、完整哲学的建构与神人论的生成

在思想界常常有这样的一种情况,批判尖锐而深刻,建构往往苍白无力。尤其是在对于启蒙精神的反思中,西方学者囿于自身文化框架的限制,常常难以提出系统的理论建构而容易走向悲观。在文化上,他者的目光往往更能够切中根本,俄罗斯宗教哲学家不仅指出了西方文明的病症,而且建构了一种完全不同的哲学体系,以此开辟了克服西方现代性之弊端的理论途径。1874 年索洛维约夫在《西方哲学的危机:反对实证主义者》一书中,建构了"完整哲学"的理论体系;1881 年他完成了《神人类讲座》一书,系统地构建了俄罗斯哲学史上"神人类"这一独具俄罗斯特色的范畴,"他结束了俄罗斯没有哲学体系的时代,开创了独特的俄罗斯哲学的时代,从他开始,世界哲学思想史中,出现了一个完全新的、独特的哲学传统——俄罗斯哲学传

统"①。索洛维约夫成为人们公认的继往开来的哲学家,并对 20 世纪的俄罗斯思想产生了深远的影响。

为了理解"完整哲学"与"神人论"思想,首先要明白俄罗斯哲学对于"真正存在"的理解。俄罗斯哲学家也认为真正的存在是具有双重属性的主客统一体。不过,俄罗斯思想对存在中"精神要素"的理解与西方哲学存在着迥异差别。在他们看来,这种精神因素不能通过理性与抽象的推理而获得,而是内在体验,是个体的心灵生活,不具有普遍性。这种内在体验是不能被观察到的,也不能用理性的概念来描述,然而它并不是虚幻与臆想的,而是最为根本的"原初实在"。弗兰克具体解释了原初实在的含义:"这种实在比客观现实更有分量,更加重要。因为我可以在一定程度上对客观现实'闭上眼睛',离开、回避、摆脱它,断绝同它的联系,但是无论如何也不能躲开内在的实在,躲开我自己的'我'的实在;它现在就在而且总是在我里面,它就是我的存在的本质本身。甚至在我没有察觉到它的时候,它那生动而具体的深邃与丰富,也在我里面。"②具体而言,原初实在主要通过向内与向外两个方面表达出来。首先,原初实在内含在人自身之中,是人不断自我超越的本性,它使人远远地超越经验世界的边界与限制,而跃升为价值和意义世界。其次,原初实在向外给予了一切存在者以意义与价值。外部的客观世界,通过原初实在而与我发生关联。原初实在和理性的根本区别在于,原初实在中具有先天的信仰的因素,"认识始于信仰",这是有别于西方理性主义的根本差别。"信仰材料是我们的全部知识从中形成的第一素材。这些第一素材存在于逻辑意识之前,它们形成'不需要理由和证明的生命意识'。这种信仰知识和活知识是与被认识的现实不可分的,这样的信仰是认识过

————————

① [俄]索洛维约夫:《神人类讲座》,张百春译,华夏出版社,1999 年,中译本序言第 1 页。

② Франк, Реальность и человек, Москва: " РЕСПУБЛИКА ", 1997, c. 232.

程的出发点,然后是逻辑推理的工作,最后,在完整的理性中达到认识过程的完成。"①

在这里,信仰是一种广义上的宗教情感,而不单单指对于上帝的信仰,是"真正实在"生发的土壤。在俄罗斯思想家看来,宗教情感是人所具有的一种根本属性,这种属性不仅是上帝得以产生的内在动因,也是人区别于其他动物、人之为人的根本特征。据此,俄罗斯思想家建构了"神人"与"神人类"这一独特的范畴。从广义的角度来说,神人不是神、不是上帝,而是具有神性的人。人的精神属性是使他高出这个世界的根本特征,人与上帝的相遇,恰恰是人与自身的相遇,是对人内心中的神性的唤醒,而不是上帝从外部对于人的拯救与启示。"精神不是人的本质的第二或第三位的组成部分,而是人身上的神的原则。"②这是神人性的秘密,"神人"这一独特的提法,在俄罗斯的思想与文化中具有其存在的根基与土壤。在东正教的教堂中,与西方的天主教相比存在着一个很大的不同,即"圣母崇拜"。就其实质而言,圣母是凡人显示神性的一个范例,在东正教中,每一个凡人都有可能成为神人。对于圣母的崇拜恰恰是对于神人的一种向往与期待,圣母自身是一个普通的凡人,在圣母身上,实现了人性与神性的同一。

俄罗斯思想家一直强调,认识的最终目标不是解释世界与征服自然,而是获得精神的完整性与存在的最高意义。只有这样,才能克服知识的片面化发展和人的存在的客体化。神人的生成是完整哲学的目标,"完整性"与"神性"是建构完整哲学的两个主要维度。索洛维约夫认为,哲学、科学、神学三者的融合才是完整的哲学、完整的知识、与完整的神学。他说:"真正的科学不能没有哲学和神学,同样,真正的哲学也不能没有神学和实证科学,

---

① 徐凤林:《俄罗斯宗教哲学》,北京大学出版社,2006 年,第 18 页。
② Бердяев, Дух и реальность, МОСКВА:АСТ;Харьков:Фолио, 2006, с.244.

真正的神学也不能没有哲学和科学,所以,这些因素中的每一个臻于完满的因素,都必须获得综合的性质,变成完整的知识。"①在这三者之中,任何一方面的单独进步,都不能达到完整的知识。没有哲学与神学因素的科学将成为实证科学,而没有科学与神学因素的哲学则将成为抽象苍白的概念游戏。

对此,俄罗斯思想家常常把问题分出等级序列,并以此来说明何谓真正的哲学。索洛维约夫的思想比较具有代表性,他把人类社会的活动分为三个领域,即实践活动领域、知识活动领域和创造领域,而这三个领域的活动又被分为物质等级、形式等级和绝对等级三个层次。实践活动领域的三个层次依旧是以"物质生产劳动"为核心的经济社会、以"组织劳动中的人"为核心的政治社会、以"善与幸福"为中心的精神社会。前两个社会形态保障了人的物质需求与安全感的需求,最终的目标是精神社会的生成,在那里,才能实现人的完整存在。知识活动领域的三个层次是实证科学、抽象哲学和神学,分别对应着事实世界、一般观念与内在生命。创造领域的三个层次则分别是技艺、高雅艺术和神秘。显然,在人类活动的三个领域中,每个领域的最高等级形态——精神社会、神智学、神秘——都具有精神性,以"人的内在生命秩序与完整"为最终的目标。这种精神性是内在与超验的,它与上帝的神秘相连,这三个领域最高阶段的融合被称为"完整的哲学"与"自由神智学",它是发展的终极目标。如果人类历史在发展的过程中遗忘了这个目标,将陷入物化与虚无的低级存在序列中。因此,只有与这一高级阶段相连,唤醒神圣与神秘在生命存在中的地位,才能生成"神人"。

实际上,很多西方思想家也认识到了西方文明的问题,正如胡塞尔所说,只见事实的科学造成了只见事实的人。但是俄罗斯思想家对这个问题的认识更为具体,弗兰克把知识分为三种类型:思想知识、结果知识与生命

① Соловьев, В. С., *Сочинения в двух томах*. том 2, МОСКВА: «Мысль», 1990, c. 178.

知识,前两种是在理性的范围之内的外在认识,只有生命知识才是内在的精神实在、体验与感受。"问题在于,除了感性和理智的观察之外,我们还有一种原发性的知识类型,可以称之为生命的知识或者知识生命。从这种精神观点看,被我们认识的东西不是来自我们身外,不是某种不同于我们自身的东西,而是和我们的生命本身合二为一体的。"①前两种知识以此为基础,或者说前两种知识只有与生命知识糅合为一个整体,才是发展的最终目标,才能实现人自身的完整性。显然,生命知识是更为根本与重要的精神实在。"对我们来说最重要的和最关键的知识不是思想知识,不是作为对存在的淡漠的外在观察的结果的知识,而是产生于我们自身,由我们在生命经验的深处孕育的知识,也就是我们的全部内在本质参与其中的知识。"②

可以说,原创的俄罗斯哲学具有浓郁的"宗教气质",这正是它的东正教文化母体留下的痕迹,但是俄罗斯哲学却并不是关注于"天国",恰恰相反,从它诞生的那时起,就深切地关注现实问题,俄罗斯该如何选择? 在这种思考中,他们一直把"完整性"与"神人性"当作理论的坐标与历史发展的目的,并表达出了一种傲慢与拯救者的姿态:西方文明已经陷入物化与实证化的外部材料之中,而东方文化消除了个体的自主性与多样性,未来应该属于第三种力量,这种力量的载体就是横跨欧亚的俄罗斯民族文化。在他们看来,尽管西方文明不断取得成功,但是"如此狭隘和渺小的西方文明最新成果,只能满足同样狭隘和渺小的头脑和心灵。只要人类还有宗教情感和哲学求知精神,只要人类还有永恒和理性的意向,那么迄今为止,神秘、纯艺术、神学、形而上学和教会,就仍然不可动摇"③。应该说,俄罗斯哲学敏锐地洞穿了西方文明中的弊病,并给出了新的出路。但是近一百年过去了,俄罗斯依

①② Франк, Реальность и человек, Москва: «РЕСПУБЛИКА», 1997, c. 220.
③ Соловьев, В. С., Сочинения в двух томах. том 2, МОСКВА: «Мысль», 1990, c. 169.

旧在困惑中，还没有建构成熟的民族文明类型。一面反思批判、一面心向往之，忽此忽彼，显示出了俄罗斯文化自身的问题，极端主义与浪漫主义并行。在一定程度上，俄罗斯精神的气质就是一种宗教精神，当他们拥有真正的宗教性时，就会具有惊人的纯洁性和深刻性，可以做出巨大的牺牲；反之，则走向另一个极端，可能做出最可怕的事情。他们的思考虽然是指向实践本身，但是在真正的社会实践中却常常走向或此或彼的极端。

四、多种文明形态理论与社会实践

俄罗斯文化上的矛盾这一特点也投射到了具体的社会实践中。"西方派"与"斯拉夫派"这一思想上的分歧直接在俄罗斯社会实践中以两个极端显示出来，在"全盘西化"与坚守"斯拉夫特色"的两条道路之间切换几乎成为俄罗斯社会历史实践的模式。正如俄罗斯的国徽是双头鹰一样，"左"还是"右"，"东方"还是"西方"。随着苏联社会主义实践与自由主义的失败，近年来，新欧亚主义与新保守主义在俄罗斯兴起，"第三条道路"具有压倒性地获得了共识，如何在俄罗斯走一条既不同于东方也不同于西方的第三条道路，成为理论界与社会各界探讨的焦点。因此，探讨新的文明类型，重新发掘斯拉夫文化中的价值，建构具有俄罗斯特色的文化模式与发展道路，成为俄罗斯当代思想界的热点之一。

实际上，这种选择来源于现实的倒逼，全盘西化在俄罗斯践行的失败使这个民族清醒地认识到，加入西方阵营已经不可能，他们在反复地问一个问题，当俄罗斯已经认同了西方的普遍价值，比如民主、市场经济、人权等，但是为什么西方对俄罗斯还如此仇视呢？[①] 斯米尔诺夫院士明确地说，根本原

---

① ［俄］斯米尔诺夫：《俄罗斯哲学的当前任务》，张百春译，《中国社会科学评价》，2021 年第 1 期。

因在于,"欧洲文明规划自己奢望成为普遍的规划,但实际上,它不是普遍的,因为欧洲文明的规划排除了很多国家。比如,它排斥俄罗斯、伊朗和朝鲜,还有中国……无论它们怎么做,即便它们满足了西方提出的所有条件,按照西方的规则去生活,但西方人或欧洲人照样能找借口说,你们不够文明,你们不符合我们提出的普遍标准"①。从本质上看,不同的文明形态建立在不同的文化逻辑基础上,比如,西方文明是建立在理性主义基础上,但是俄罗斯、伊斯兰、中国等民族对于理性的理解和西方并不一样,因此无法用西方的理性主义文明模式去裁定其他不同的文明类型。这就涉及一个关键的问题,俄罗斯是否有自己的文明类型?综观俄罗斯的思想史和当代思想状况,笔者认为,对于这个问题的回答是肯定的,但是俄罗斯的文明类型到底是何种形态,则依然处于开放的尚未定论的状态,这确实应是俄罗斯哲学的当前任务。因此,回到传统文化中寻找根基,才是传统俄罗斯思想复兴的主要原因。其中,19 世纪 70 年代 Н. Я. 丹尼列夫斯基(Н. Я. Данилевский)在《俄国与欧洲》一书中,已经提出的"多种文明形态"理论再次进入了当代视野,这不仅给俄罗斯社会实践的现实提供了理论支撑,为当代新保守主义与新欧亚主义的理论体系建构提供支撑,而且也为破解西方现代化的困境提供了新的文明模式与行动可能。

在"反启蒙"及其破解西方现代化发展模式的道路上,多种文明形态理论与俄罗斯哲学是从两个不同方面展开的。俄罗斯哲学家一直聚焦于西方文明与西方哲学内在的弊端、矛盾与危机,类似于"内部自省式反思"。而多种文明理论完全从另一角度展开,该理论并不否认西方文明的成就,而是强调文化的多样形态才是人类历史发展的正确方向。另外,它与"斯拉夫派"

---

① [俄]斯米尔诺夫:《俄罗斯哲学的当前任务》,张百春译,《中国社会科学评价》,2021 年第 1 期。

的不同之处在于，斯拉夫主义者依旧是一种文化中心论，强调俄罗斯文化对于全世界的"拯救"，实际上这仍是文化霸权主义的体现，与欧洲中心论的思维模式如出一辙。与此不同，多种文明理论的思维模式倡导建构一种包容、兼顾、多元的各美其美、美美与共的文明有机聚合体。传统的斯拉夫派和西方派之争已经成为过去，当代思想家们形成了一个具有共识性的认识，摒弃传统之争，从当代俄罗斯的具体现实出发，认识俄罗斯民族与文化的独特性，剖析自身的问题，在汲取自身历史教训与他人经验的基础上，寻找具有俄罗斯特色的发展道路。可以说，丹尼列夫斯基的理论与当代俄罗斯的需要恰好吻合，关注本民族的自我意识，重新建立新的民族认同，并指出 21 世纪的俄罗斯该往何处去。

如果人类历史全都沿着一个方向运动与发展，最终会达到一个什么状态？当对这个问题预见性地给出答案时，我们就能理解多种文明形态理论的基本内涵。以丹尼列夫斯基为代表的俄罗斯多种文明形态论者指出，如果所有的文明形态最终都走向同一，当多元的人类文化日益趋同并沿着同一方向发展时，各个民族的独特性，如建筑、习俗、信仰、服饰、生活方式等都趋于同一，不仅将导致人类文明自身的萎缩、单一与退化，而且人类文明众多要素中的任何单一领域突飞猛进式的发展最终将会是一场灾难，并面临这种文明自身的反噬。在当今现代性充分展开之际，可以说，以技术文明为核心的现代性的种种弊端似乎已经证实了这一预见性的智慧。正是在这个意义上，多种文明形态理论强烈抗拒与批判欧洲中心论，并认为自 19 世纪以来"仿欧病"盛行，不仅是俄罗斯的主要问题，也是全球的共同问题。

多种文明理论的基本思想在于，正如自然界是由不同的动植物组成才多姿多彩一样，文明也应该是多形态的。每个民族、每种文化都有其存在的独特与必要性，"进步并不是要所有民族走到一个方向（在这种情况下它很快就会停止），而是走遍所有原野，走遍人类历史活动舞台的所有方向。无论是哪一种文明都不能自夸在某一段历史时间里代表了文明发展的最高点,一种文明虽然可能在特定的方向或领域会达到最高峰,但未必能在文明发展的各个领域均达到最高的发展水平"①。另外,在文明多形态理论中,有一个前提,即不同文明之间是不可通约的,一个民族想要完全地拷贝另一种文明形态,其结果都是邯郸学步,既丧失自己的独特性又无法完全效仿其他,从而降低自己的品格,而成为其他文明发展的原材料。那么如何理解不同文明之间的融合呢? 对此,丹尼列夫斯基使用了植物学中的语言"移植""嫁接"与"借用"三种形式。前两种并不是在文化平等的前提下进行的,"移植"是强势文明对于弱小文明的吞没,而"嫁接"的结果则更可能是喧宾夺主。只有第三种形式"借用"犹如土壤改良一般,使原有文化吸收更多有利于自身成长的养分,更加繁茂。再者,多种文明形态论者并不是历史虚无主义,在他们看来历史还是有目的的,不过这个发展的图表却是散射状的,即整个人类社会在宗教、制度、风俗、工业,政治、艺术等各个领域都发展到其最高状态,而共同编织的图案才是文明的最高阶段。因此,组成这幅图案的经纬越是多样、颜色越是复杂、各个部分越是独立丰满,这一文明的最高形态就越是立体而完美。任何一种文明都不能够自命不凡地自诩为代表"全人类","全人类的文明是不存在的,也不能够存在,因为这是不可能且完全不良的不完备状态"②。基于这一观点,以丹尼列夫斯基为代表的多种文明理论反对任何一种形式的文化霸权,主要是针对欧洲中心论者。在他看来,自 19 世纪开始对于欧洲文明的仿效与谄媚是危险与有害的,重复着西方的思想话语与发展模式,不仅会使多元的民族文化萎缩,丧失掉本民族的内

---

① Данилевский, Н. Я., РОССИЯ И ЕВРОПА: Взгляд на культурные и политические отношения славянского мира к германо-романскому, МОСКВА: Институт русской цивилизации, 2008, с. 135.

② там же, с. 150 – 151.

在力量与生活方式，从而沦为强势文化的附庸，而且使人类文明的发展方向走向了歧途，"应该反对一种文明或文化来统治世界，否则，人类社会就会丧失走向成功和完善的最重要的一个条件——多样化"①。

那么，为什么非哲学科班出身、作为植物学家与文化学家的丹尼列夫斯基的"多种文明理论"被热捧，并成为构建俄罗斯文明类型的主要理论来源呢？笔者认为，这绝不是一种偶然，而是因为该种理论非常契合当代俄罗斯的现实需求，同时又涵盖了俄罗斯传统思想中的"聚合性"(соборность)的价值原则与"人类全体"的(всечеловеческое)范畴。

首先，多种文明理论在文化上结束并超越了西方派与斯拉夫派的传统讨论，这一点正是俄罗斯现实所需要的。一百多年来，截然不同的社会实践道路造成的动荡，不仅重创了俄罗斯的经济，同时也引发文化思潮上的断裂与价值观的重塑。加入西方阵营已不可能，退回传统文化则意味着封闭落后，重塑"新俄罗斯精神"，成为多种思潮、多个政党，乃至于意识形态的共同诉求。

其次，多种文明理论强调了不同文明之间的"不可通约性"，这意味着认同对西方文明普世性的拒绝，同时又提出了多种文明类型共存的文化图景。这延续了19世纪中期 A. C. 霍米亚科夫提出"聚合性"的价值观念。由于俄罗斯的传统价值并不是单一的东正教价值，还包含伊斯兰教传统、萨满教传统、佛教传统，以及一些更小的宗教传统，"聚合"作为一种普遍的原则，是在尊重各个文化传统基础上的一种联合。"聚合性"作为俄罗斯文化传统中的根本价值，在全球化时代则意味着使每种文明都保存自己的特殊性又不互相冲突，这应是建构俄罗斯文明类型的逻辑基础。

---

① Данилевский, Н. Я., РОССИЯ И ЕВРОПА：Взгляд на культурные и политические отношения славянского мира к германо-романскому, МОСКВА：Институт русской цивилизации, 2008, с. 512.

　　最后,"聚合性"的价值原则和"人类全体"的范畴具有内在的一致性,"聚合"不是同化,也不是反抗,而是意味着在平等基础上的联合,每个个体都有份。斯米尔诺夫院士用"全主体性"(всесубъектность)来进一步说明了这个概念的含义。他从俄语与英语的"我"这一语词的使用上来说明"全主体性"的含义。在俄语中,"我"通常用第二格人称表述,这是和英语的一个根本差别。"比如,欧洲人说'我感冒'了,'我'是主语、主体,谓语是'感冒了'。但在俄语里不这样说,在俄语说'我有感冒'。在这里,'我感冒了'中的'感冒'成为主要的,'我'变成次要的,因为'我'变成第二格,而'感冒'是主体(第一格)。"①这个例子表明,俄语的语言习惯"我"通常被降格使用,这意味着主体被分散了、"我"存在的前提是与其他主体共在,与英语中"我"作为一个被强调的大写个体完全不同。语言是存在的展现方式,显然,俄罗斯与西方英语国家对于个体的理解是不同的,俄语中的"我"是与其他的主体建立关系的前提下存在的,而不是把他人理解为"地狱"。这种全主体性原则提出的要求就是每个文明主体都是人类文明的一员,它以其独特的存在方式,成为全球文明的一分子,只有这样,人类文明图景才是最丰富的。丹尼列夫斯基的观点恰恰暗合了俄语语言中的全主体的"共在性"这一内涵。应该说,丹尼列夫斯基的多种文明理论起到了延续传统与承接未来的作用。

　　我们看到,经过了百年剧烈的社会变革之后,俄罗斯民族已经明确,应该提出俄罗斯的文明规划,重塑"新俄罗斯精神",才能真正走出俄罗斯民族"往何处去"的历史困惑,形成新的全球秩序。关键问题在于,建构具有俄罗斯特色的发展道路必须找到俄罗斯文化中的独特逻辑。目前来看,这一问题已经逐渐清晰,但是依旧处在探讨之中。从这一点来说,中华民族无疑是

---

　　① [俄]斯米尔诺夫:《俄罗斯哲学的当前任务》,张百春译,《中国社会科学评价》,2021 年第 1 期。

幸运的，因为我们有着坚定不移的中国智慧与中国道路。在 21 世纪之初，人类文明的走向又到了一个新的十字路口。以资本为核心、以新自由主义为指导的西方现代化道路，在现实中也遭遇了发展的瓶颈，尤其是在 2008 年的全球金融危机和 2020 年抗击新冠肺炎疫情中的失利，已经显示出了它的无能为力。"往何处去"，这已经不是俄罗斯民族的困惑，更是人类文明共同面对的问题。"东方还是西方"已经成为 20 世纪的历史之争，无论是思想界还是现实境况都表明，开启一种新的文明类型，是一种现实发展的迫切需要。事实证明，中国道路已经开启了人类文明新形态，成为开启新文明道路的拓荒者，超越资本现代性的人类文明形态已经开始建构。正是在这个意义上，对于西方现代化道路的俄罗斯式反思，与我们有着不谋而合的映射，在一定程度上，这意味着超越资本现代性的新文明道路已经成为人类历史的应然选择。

（本文发表于《哲学研究》2022 年第 2 期）

资本与非社会的自由

张　寅*

在本性上而非偶然地脱离城邦的人，他要么是一位超人，要么是一个鄙夫；就像荷马所指责的那种人："无族、无法、无家之人"，这种人是卑贱的，具有这种本性的人乃是好战之人，这种人就仿佛棋盘中的孤子。

——亚里士多德《政治学》

本文试图表明，与自古处于主流地位的亚里士多德传统相反，马克思所理解的资本主义经济（几乎）史无前例地展示了一种非社会的自由：当工人不得不听从社会的要求时，资本家却能够或多或少地轻视社会的需求和约束，把社会原本并不想要、并不喜爱的东西强行给予社会；而不论是经济发展还是社会危机，都只是这种非社会自由的可能后果。社会主义必须改造和容纳这种非社会自由，而不是抗拒它。甚至可以说，如果资本主义使资本家——即某种意义上的"无族、无法、无家之人"，或"好战之人"，或"棋盘中的孤子"（αζυξ，原义为"无轭的"）——获得了统治他人的权力，那么社会主义在根本上不过是通过"孤子"的普遍化来实现的对这种统治的废除。

---

* 张寅，复旦大学哲学学院副教授。

我将首先概述常见的资本批判——也是对马克思的常见解读——即一种要求在资本主义经济的巨大发展面前维护社会的立场，并说明其中的不足；其次，我将解释马克思笔下的资本主义如何展示了上述非社会的自由；最后，我将探讨社会主义如何以一种普遍主义的方式容纳这种自由。

一、基于经济与社会之矛盾的资本批判及其不足

赞美资本主义的成就与斥责资本主义的危害都毫不困难。前一个方面体现为经济发展、技术进步、物质享受等，后一个方面则体现为与自然的敌对、与他人的疏远、与意义的隔绝等。按照比较传统的用词，后一个方面意味着人的丧失，也就是人之为人的条件不再得到满足；前一个方面却不足以促成人的恢复，而只是恢复了人的某些残缺的、低级的性质，甚至把人引向了某种非人的、物的道路。于是，资本批判经常力图以人的名义对抗非人，用意义的丰富性对抗贫乏和虚无。在马克思主义和激进思想的发展史上，这种批判方式的首要代表当然是遭到庸俗化的异化理论，而更加晚近的生命政治理论在同样遭到严重的庸俗化之后，似乎又给异化理论穿上了新装。

然而这种批判方式在形式上包含了一个根本的难题。在传统的用词中，人和非人这两者的是非善恶是不会有任何疑问的：人或意义的丰富性是好的，非人或贫乏和虚无是坏的。既然这场对抗应有的胜负早在开场之前就决定了，双方的关系就不是辩证的，而是等级的。从思想史的角度讲，这种批判方式恭顺地使自己成为柏拉图的一个注脚，因为比如《法律篇》提道：

> 每个人都在总共三件事情上作出努力，如果他的努力有一个正确的先后意识作指导，那么他将把金钱放在第三即最低的位置上，他的灵

魂放在最高位置上,他的身体则处在两者之间的某个位置上。①

可见,人与非人的关系在形式上沿袭了灵魂、身体、金钱的等级关系,尽管后来的学者当然可以争论身体更多地偏向人的一边还是非人的一边,等等。在这种不容逆转的关系面前,对资本主义的上述赞美立刻显得尴尬而下流:既然那些成就无法弥补人的丧失,为什么还要如此肯定它们?与许多在这个问题上陷入暧昧的马克思主义者相比,马克思的批评者,如阿伦特彻底坚持了等级的原则,否认了普遍沦为劳动动物的现代人——即丧失了人的条件的人——走向解放的可能性。② 也就是说,以人的名义对抗非人的资本批判难免变成一种有所遮掩的反现代主义。

若要避免像阿伦特那样猛烈攻击现代资本主义,就有必要收起人与非人之类的用词,代之以辩证的表述。也就是说,资本主义的危害不应该被视为人的丧失,而应该被视为某种可以救治的病症,并且救治的办法(或其中的关键部分)恰好隐含在资本主义的成就中。资本主义自己提供了对自己的否定性进行再度否定的因素。例如按照《共产党宣言》,"中世纪的市民靠乡间小道需要几百年才能达到的联合,现代的无产者利用铁路只要几年就可以达到了"③。这意味着铁路虽然本来服务于统治者,却也为反抗者的沟通提供了巨大的便利,或者说它有能力否定由自己造成的否定性。用黑格尔和马克思都以醒目的方式引用过的俗语来讲,"这里是罗陀斯,就在这里跳跃吧!这里有玫瑰花,就在这里跳舞吧!"④由此呈现出的马克思不再是一名质疑现代性的浪漫主义者,而是一名对资本主义进行辩证分析的社会学

---

① [古希腊]柏拉图:《法律篇》,张智仁、何勤华译,上海人民出版社,2001 年,第 155 页。

② [美]阿伦特:《人的境况》,王寅丽译,上海人民出版社,2009 年,第 91 页及以下。

③ 《马克思恩格斯文集》(第二卷),人民出版社,2009 年,第 40 页。

④ 《马克思恩格斯文集》(第二卷),人民出版社,2009 年,第 474 页;[德]黑格尔:《法哲学原理》,邓安庆译,人民出版社,2016 年,第 13 页。

家,甚至社会主义终将取代资本主义的立场都在这样的分析中被或多或少地忽视了。

然而尽管马克思的不少文本的确可以按照这条思路来理解,但这种辩证法的突出代表或许是另一名卡尔,也就是波兰尼。他在 20 世纪 40 年代指出,19 世纪的西方现代社会由一种双向运动支配着:市场的不断扩张以及它所遭遇的反向运动(即把市场的扩张控制在某种确定方向上)。虽然这种反向运动对于保护社会是必不可少的,但归根到底,它是与市场的自我调节不相容的,因此也是与市场体系本身不相容的。①

由于 19 世纪的英国等先进国家流行的是自由放任的经济政策,市场获得了高度自主的地位,在彻底改变世界的同时也造成了严重的社会后果;而试图保护社会的反向运动未能阻止西方在迈入 20 世纪时陷入前所未有的危机和战乱。波兰尼据此认为,在自由市场面前保护社会的努力必须得到更大的重视,以免人和自然被资本主义经济的生产和积累的狂热所践踏和毁灭。至少在 80 年代新自由主义兴起之前,发达国家的基本路线显然参考了这个观点;在新自由主义兴起之后,主流左翼的呼吁似乎大体上也是对这个观点的延续。为了简便起见,我们由此可以说,资本主义的成就是经济的,危害则是社会的,因而需要维护社会的企图来加以匡正,尽管这些企图也会利用资本主义的经济成就。

然而如果说波兰尼本人并不把资本主义中的双向运动视为历史的终结,而是依然在展望某种朝向社会主义的大转型的话,后来的学者就不一定了。例如在哈贝马斯那里,生活世界对系统的制约、对系统的殖民倾向的反抗,明确地继承和拓展了波兰尼所描述的社会对经济的反向运动,但这已经

---

① [英]波兰尼:《大转型:我们时代的政治经济起源》,冯钢、刘阳译,浙江人民出版社,2007年,第112页。

不再是一场有结局的斗争,而是一场永恒之战。① 与此类似,斯蒂格勒担忧的是以牟利为导向的技术进步已经把技术变成了毒药,而一种有效的解毒方式是打破受制于资本的专家对技术的掌控,在更大的社会范围内,尤其是借助非专业爱好者的力量来促进相关知识的共享和交流,尽管这当然建立在先进的通信技术的基础上。② 可见,这些学说的基本形式都是温和化的波兰尼。

这一切对马克思主义而言有三个疑点。首先从文本解读的角度讲,马克思的著名立场是否认经济条件之外的因素具备变革的力量:

> 在考察这些变革时,必须时刻把下面两者区别开来:一种是生产的经济条件方面所发生的物质的、可以用自然科学的精确性指明的变革,一种是人们借以意识到这个冲突并力求把它克服的那些法律的、政治的、宗教的、艺术的或哲学的,简言之,意识形态的形式。③

应该注意到,马克思并没有像庸俗的经济主义那样以为形形色色的意识形态都可以被还原为出于经济的动机。他只是主张社会变革只有从经济的角度才能得到准确的理解,而意识形态没有直接推动变革(即便当事人经常持有相反的看法),只是在变革发生时试图用自己的方式去认识它,并克服由此产生的冲突。例如,当前的法学正在对 AI 驾驶的问题给出自己的认识和解决方案。因此,在经济面前维护社会的努力只能被放在意识形态的一边,而这立刻意味着它们在根本上必须仰仗各种意识形态的资源,即关于善、正

---

① 张润坤:《自由与社会》,复旦大学博士论文,2022 年,第四章。
② 孙妍豪:《论斯蒂格勒的"知识无产化"》,载《当代国外马克思主义评论 17》,人民出版社,2018 年。
③ 《马克思恩格斯文集》(第二卷),人民出版社,2009 年,第 592 页。

当、幸福、公平、规范性等的设想。事实上，相关的理论和实践似乎正是这样做的。人们不论如何评价这种做法，都至少可以看到，这与马克思的风格大相径庭，按照这条思路来阐释马克思也是不合适的。

然后从历史理论的角度讲，基于经济与社会之矛盾的资本批判未能凸显资本主义的独特性。也就是说，这种批判方式似乎可以在作出必要的修改之后适用于一切时代：所有类型的剥削和压迫都倾向于危害人和自然、破坏生活世界，从而激发出保护社会的反向运动；这类运动向来可以利用各种原本服务于统治者的成就，只不过这些成就的性质未必是经济的——毕竟只有资本主义之后才有不可思议的经济发展——而可能是政治、军事、宗教的。于是，我们得到了一种普适的历史哲学，它只是在不同的环境下具体化为不同的变种而已。这样的历史哲学对于马克思无疑是非常陌生的。相反，马克思和他的许多追随者始终把资本主义当作某种前所未有的东西，以至于可以一边把先前的各种社会形态合起来视为同一个共相的诸多殊相，一边把资本主义放在与它们截然不同的位置，同时也把资本主义中的批判和反抗与先前的各种斗争区别开来。例如按照《共产党宣言》："生产的不断变革，一切社会状况不停的动荡，永远的不安定和变动，这就是资产阶级时代不同于过去一切时代的地方。"①因此，资本主义似乎在经济的巨大发展背后包含了某种值得深入探究的特征。

最后从存在论的角度讲，维护社会的努力虽然充满善意——而这在存在论上无关紧要。却把创造新事物和消灭旧事物的力量完全出让给了无情的资本主义经济。更极端地讲，若非资本主义经济在很大程度上采取了唯利是图、无所顾忌的态度，社会的活力似乎就消散了，而所谓的维护社会就变成了维护一种封闭和停滞的气氛。这正是新自由主义兴起之前的景象：

---

① 《马克思恩格斯文集》（第二卷），人民出版社，2009年，第34页。

尽管新自由主义造成了无数苦果，但是之前那种公正和善良的确导致了难以解决的停滞（如今的主流左翼在经济问题上更是毫不掩饰地向新自由主义让步）。可是一旦创造和毁灭的力量被掌握在由资本家控制的势力手中，批判者就很难应对尼采的致命攻击：

> 道德上的奴隶起义开始于怨恨（ressentiment）本身变得具有创造性，并且产生价值的时候；这种怨恨来自这样的存在物，他们不能用行动做出真正的反应，而只会通过想象（imaginär）中的复仇获得补偿。①

也就是说，奴仆尽管对强有力的主人充满嫉妒和怨恨，却由于自己的无能而无法用行动对抗主人，只能发明一堆道德和宗教的价值来谴责主人，消耗主人的活力。在尼采眼中，从犹太教到社会主义和女性解放都不过是怨恨的心灵，它们没有力量决定事物存在与否，所以除了干扰和拖累主人之外一无所长。如果说尼采以反动而深刻的方式嘲笑了维护社会的努力，那么马克思主义能否逃脱这一嘲笑？

二、由资本开辟的非社会自由

早在《1844 年经济学哲学手稿》中，青年马克思就觉察到了创造和毁灭的力量站在经济的一边：

> 工业的历史和工业的已经生成的对象性的存在，是一本打开了的关于人的本质力量的书，是感性地摆在我们面前的人的心理学；……通

---

① ［德］尼采：《论道德的谱系：善恶之彼岸》，谢地坤等译，漓江出版社，2000 年，第 2021 页。"想象"原译"幻想"。

过工业——尽管以异化的形式——形成的自然界,是真正的、人本学的自然界。①

应该注意到,这并不是对费尔巴哈或黑格尔的评述,而是马克思本人的探索。人和自然并没有某种原初的或应有的形象,相反,人的力量和与这一力量对峙的自然都是通过工业或产业的历史才被发现、被改造的,尽管迄今为止的工业一直在造成异化。从那时开始,马克思一直对经济、技术、物质的发展抱有强烈的兴趣,乃至在《资本论》中把资本树立为唯一的主题。这远远不只是为了从中寻找对改善无产者的反向运动有用的因素——否则他理应在《资本论》这样的巨著中更多地探讨工人运动、政治组织等话题——而是为了阐明一种借着资本的外壳降临到世间的全新的活动形式,即我所概括的非社会自由,并指出它在资本的各种形态中的非普遍性。

众所周知,沟通(Verkehr/communication,一般译作"交往")从《德意志意识形态》开始就是马克思和恩格斯的关键词之一。这个概念的重要性当然是通过它自身的否定来体现的:正因为个人之间和共同体之间的沟通时常难以进行或充满误解,沟通及其演变才是一个值得关注的问题。然而以商品流通的形式展开的沟通在前资本主义时代远远没有占据主导地位;只有在资本主义中,商品才不仅无处不在,而且就连亲密关系、文化交流、军政要务等都越来越多地讲一口商品的语言,或者说受到商品拜物教的支配。于是,马克思关于商品流通的一段著名评论实际上获得了极其广泛的适用性:

　　W‑G。商品的第一形态变化或卖。商品价值从商品体跳到金体

---

① 《马克思恩格斯文集》(第一卷),人民出版社,2009年,第192~193页。

上，像我在别处说过的，是商品的惊险的跳跃(salto mortale)。这个跳跃如果不成功，摔坏的不是商品，但一定是商品占有者。[①]

之所以商品的出售或商品向货币的转化是惊险的、可能致命的，是因为市场不一定欢迎这些商品。不过，这个麻烦在古代并不突出，因为在比较简单的经济中，农业和手工业的产品若有多余，几乎肯定可以满足他人的需要——既然是我所需要的，就应该也是别人所需要的。资本主义恰好切断了这种"天然"的同情(sympathy，而休谟、斯密等经典自由主义者非常重视同情)，把一种失败的焦虑注入了一切商品流通，包括劳动力商品的流通和比如亲密关系中隐含的商品流通：我自己觉得不错的产品完全可能不被目标顾客理睬，或者他们即使需要，也可能缺乏购买力，例如广大无产者在经济萧条时的情形。现代的商品仿佛与现代人一样，难免为自己的存在是否有意义而感到困惑和紧张。

然而如果说人在面对意义的焦虑时经常逃遁到由传统背书的意义那里(尽管这些传统在现代的运作方式显然是很不传统的)，商品由于诚实的本性就没有这种幸运。为了避免商品沦为积压的库存，商品所有者仅有的选项是在与其他所有者的竞争中想方设法地预判顾客的偏好，发明招揽顾客的办法，以及在预计到顾客没有购买力时及早减产。因此，焦虑的商品所有者不得不成为大大小小的预言家和发明家，或者至少能够驱使预言家和发明家。到这里为止，工人与资本家是类似的，只不过工人营销的是自己身上的劳动力。

可是对被雇用的工人来说，他们出售自己时的成败似乎不仅关系到单个的雇主，而且关系到看上去更加深层、更加客观的社会性：我是对社会有

---

① 《马克思恩格斯文集》(第五卷)，人民出版社，2009年，第126页。

用的，或者是社会不需要的，等等。倘若工人被多个老板扫地出门，他大概不只是觉得自己被这些特定的人针对了，而是害怕自己被社会抛弃了；若要不被抛弃，他就不得不遵循一系列指令、规训乃至灰色地带的法则。但这种对客观的社会性的"洞察"正是工人难以避免的迷误。相反，资本家越是有实力，就越是洞察到社会性对于他们不过是一个空洞的字眼。在与国家打交道时，资本家不论决定守法还是违法，都不会用自己是否符合社会的需要之类的方式考虑问题。在市场上，资本家则要面对同行的竞争和顾客的挑剔。就前一个方面而言，只有充分的竞争才能迫使卖主接受外部规定的均衡价格（即接受社会的要求），可是成熟的资本主义恰好倾向于提升垄断的程度。例如，沿街的小店主多半是价格的接受者，却算不上资本家；农业部门的竞争一般十分激烈，但这主要发生在低层的农民之间和农场主之间，而高层的农业企业并不面临那样的竞争，甚至容易获取地区的、国际的垄断地位；新兴市场的资本家尽管可能规模不大，但是竞争压力却最轻；技术含量不高的制造业是最接近充分竞争的，但是距离被淘汰并不太远。

简言之，资本家基本上只是与数量有限的对手交战，根本不需要在他们背后设定某种深层的社会性。就如何吸引顾客而言，只有在资本主义最初的年代，人们才会忽视对欲望的发明。相反，青年马克思已经知道，"工业的宦官迎合他人的最下流的念头，充当他和他的需要之间的牵线人，激起他的病态的欲望，默默地盯着他的每一个弱点"①。当代人无疑更加明白，如果说顾客需要的是衣服或云计算（这只是过于平凡的事实命题），那么资本家推出的却是某些式样的衣服或某些功能的云计算——这里的"某些"不只是按照顾客的需求来规定的，而是经常超出他们对需求的认知。在繁荣的时期，资本家甚至可以"闭门造车、出门合辙"，也就是提供各种社会原本并不想

---

① 《马克思恩格斯文集》（第一卷），人民出版社，2009 年，第 224 页。

要、并不喜爱的东西,然后照样获得不少成功,与之伴随的还有对创新的热烈歌颂。

工人的上述误区当然不是由于缺少启蒙等,而是由生存状况导致的:"孤立的工人,'自由'出卖劳动力的工人,在资本主义生产的一定成熟阶段上,是无抵抗地屈服的。"①所谓的社会性不过是耸立在工人头上的那个仿佛全然超越的庞然大物的雅号。如果说黑格尔的法哲学,尤其是对伦理的叙述被有的学者概括为展示了一种注重客观性的社会自由,②那么在马克思看来,资本主义的逐渐成熟却意味着社会性与工人的自由逐渐敌对,或者说社会给工人分派的无非是出卖劳动力的"自由"。这种对社会自由的质疑绝不是退回黑格尔主义之前,而是站在它之后。反之,资本家与国家、竞争对手和顾客的关系却不是被庞然大物压倒,而是更加接近角力或博弈,正如《创世纪》中雅各与上帝摔跤一样。因此,他们可以发挥出强大得多的主动性,可以淡化外部的意见、追随本己的执念——自由的活动只有在能够卸下社会之轭时才会发生。

用一个醒目的例子来讲,当工人被机器摆弄、沦为机器的零件,甚至用砸烂机器的粗暴手段倾泻怒火时,资本家却完全没有那么被动,而是非常关注技术变革。这既可能是为了提高生产率,又可能是为了遏制竞争对手,还可能是为了降低镇压的花费:"可以写出整整一部历史,说明 1830 年以来的许多发明,都只是作为资本对付工人暴动的武器而出现的。"③也就是说,资本家在机器面前保持了"物物而不物于物"的姿态。如果说尼采所塑造的孤高而粗莽的、蔑视社会和群众的主人往往被当作对早已消逝的古典英雄的

----

① 《马克思恩格斯文集》(第五卷),人民出版社,2009 年,第 346 页。

② [美]弗雷德里克·诺伊豪瑟:《黑格尔社会理论的基础》,张寅译,北京师范大学出版社,2020 年,尤其是第四、五章。

③ 《马克思恩格斯文集》(第五卷),人民出版社,2009 年,第 501 页。

浪漫化，那么在马克思那里，时下的资本家恰好接近于那种主人，包括在打击对手、镇压工人时不顾社会的约束。同时，克尔凯郭尔以来的实存主义关于自由的很多叙述虽然看起来是针对一般的、抽象的人，但是或许也构成了对资本家的印象主义描绘。

资本家的非社会自由甚至浮现为一种全新的文化风格。自古的绝大多数统治者不论私下如何，在台面上总是摆出一副正经的模样，仿佛在谨慎地遵守某些公认而悠久的法则；大量的资本家却公开展示自己的离经叛道，炫耀自己对某些公德的蔑视（如果不是蔑视法律的话），把自己性情和言行的脱轨当作绝佳的营销手段，有时简直让人怀疑他们在这些特异、乖张的表演背后其实是一些与围观群众同样无趣的人。早在一百多年前，美国首富、钢铁大王卡内基就自豪地说："我所拥有的生命之祝福已经远远超出了公正（just）的份额"①；另一名安德鲁，即英特尔的创始人格罗夫则把偏执（para-noia）树立为企业家精神的关键成分。如今被流行文化追捧的企业家可以恰好凭借对全体消费者的嘲讽——"你们根本不知道自己想要什么！我比你们更加懂得你们自己！"——成为众人的偶像。因此，当工人主要在各种亚文化中抒发自己对社会性的厌烦和对非社会性的充满幻想的向往时，这些亚文化与其说是某种（不彻底的）反叛和解放，不如说只是跟在资本家的主流文化背后亦步亦趋而已。

然而非社会自由既然借宿在资本的外壳中，就不得不卷入"为积累而积累，为生产而生产"②的无限驱力。马克思详细地证明了这种企图无限扩大的再生产在一切形态中——不管是原始积累，还是由产业资本或金融资本主导的形态——都会造成越来越多的无产者乃至失业者，并引发多种多样

---

① Peter Sloterdijk, *Rage and Time*, New York, N. Y.: Columbia University Press, 2010, p.201.
② 《马克思恩格斯文集》（第五卷），人民出版社，2009 年，第686 页。

的周期性危机。财富的增长、经济的转型并不能解决这个问题,只能转换它的形式,例如通过信用经济把无产者消费能力的缺乏转换为偿债能力的缺乏(相当于把这一期的贫困拖延为下一期偿债时的贫困)。随着全球资本主义的成型和世界大战,扩大再生产进一步在国家之间导致了持续至今的雁行模式,但这在结构上同样不可能实现普遍的富足,而且似乎正在逼近极限。

三、从非社会自由出发的社会主义

认为社会主义强调社会性,看起来符合常识,这大概既是在经济面前维护社会的立场成为主流的原因之一,又是社会必要劳动时间被当作所谓计划经济的基础概念的原因之一。但是思辨哲学的遗产在这里被完全无视了。当黑格尔在《精神现象学》中描绘古希腊伦理或"真正的伦理"时——这当然与现实的历史相去甚远——他并没有停留于浪漫的怀旧,而是无情地阐述了这种实体性伦理的结局:①它只有在与外敌的战争中才能凸显自己的整体性,因为"战争不但让财产、人格(persönlich)的独立性等个别的体系,而且让个别的人格性本身感受到否定性的力量";②这种伦理由此依赖于英勇善战的青年男性,但这样的人恰好充满了个别的人格性,因而反倒动摇了伦理的整体性,尤其是让女性获得了所谓败坏的快乐;③这种伦理最终被由这种个别性主导的新的精神形态所取代,在这个新的形态中,"所有的个体,每一个个体,都作为人格(Person)发挥着效准"①。人们不论如何评价这里的两种精神形态,都可以看到思辨逻辑的进展方式:当某种特殊的力量在旧的总体中取得了决定性的地位进而扰乱这一总体时,对这种力量的抗拒、压

———————

① [德]黑格尔:《精神现象学》,先刚译,人民出版社,2013年,第294~95页。"人格"原译"个人"。

制仅仅意味着在原地打转，只有它的普遍化才是彻底的、把旧的总体送入历史的进展。齐泽克以类似的方式概括了这一点："作为对一切传统的等级制的破坏，激进的否定性有可能把自身接合在一个肯定的秩序中，在其中获取一种新的生命形式的稳定性。"①因此在逻辑上，以普遍主义的方式容纳非社会自由正是一种突破资本主义的进展。

那么在内容上，这种进展的社会主义性质在哪里、有什么特别之处？我们可以在《资本论》对鲁滨逊故事的不无暧昧的评论中找到答案。众所周知，马克思多次用鲁滨逊故事（Robinsonade，实际上指的远远不只是笛福的小说本身，而是 18 世纪和 19 世纪流行的许多模仿作品和由此形成的文化潮流）来嘲讽经典自由主义学者，认为他们错误地把商品所有者的身份赋予了自最初的文明以来的全部劳动者，并把商品买卖当成了亘古以来的一切经济活动的基础。马克思在这个意义上写道：

> 我们这位从破船上抢救出表、账簿、墨水和笔的鲁滨逊，马上就作为一个道地的英国人开始记起账来。……鲁滨逊和构成他自己创造的财富的物之间的全部关系在这里是如此简单明了（einfach und durchsichtig），甚至连麦·维尔特先生用不着费什么脑筋也能了解。②

马克思在这里讲的显然不是任何现实中的经济，而是一个经典自由主义的神话或模型，它的突出特征是孤单的主体与自己的创造物之间——或者说主体与它的外化之间、主体的当下与它的过去之间——并没有错综复杂的、异化的联系，只有简单明了的联系。但正如上一节所述，现实中的资本主义

---

① Slavoj Žižek, Why the Idea and Why Communism? *The Symptom* 12, 2011, https://www.lacan.com/symptom12/why - the.html, 2022.9.5.

② 《马克思恩格斯文集》（第五卷），人民出版社，2009 年，第 94 页。

的商品所有者与他们的商品之间的联系却难免引起困惑和焦虑:他们的认识无法穿透自己的商品,因为完备的认识还需要另一半,即顾客对这些商品的使用价值的评判。只有当鲁滨逊自己充当自己的顾客时,他才能既扮演商品所有者或"道地的英国人",又与产品保持简单明了的联系,但这两个方面在由无数人参与的商品流通中是矛盾的。

然而马克思对鲁滨逊神话的利用并没有到此为止:

> 最后,让我们换一个方面,设想有一个自由人联合体,他们用公共的生产资料进行劳动,并且自觉地把他们许多个人劳动力当作一个社会劳动力来使用。在那里,鲁滨逊的劳动的一切规定又重演了,不过不是在个人身上,而是在社会范围内重演。……在那里,人们同他们的劳动和劳动产品的社会关系,无论在生产上还是在分配上,都仍然(bleiben)是简单明了(durchsichtig einfach)的。[①]

可见,社会主义或自由人联合体明确地回应了上述矛盾:经济主体同劳动和产品这两者的联系必须保持鲁滨逊式的简单明了的特征,但为了在全体的范围内实现这一点,经济主体就不能是商品所有者,只能是自觉地联合起来的劳动者。因此,马克思非但没有简单地在批判之后丢下鲁滨逊的模型,反倒把这个模型的一个核心特征放在了对于社会主义至关重要的位置。这并不是多么怪异的事情,因为经典自由主义关于资本主义的神话完全可能比它对事实的考察更加有用:鉴于马克思所论述和采用的从抽象到具体的方法,当经典自由主义尚未对政治经济学的抽象范畴作出充分的探讨时(例如尚未区分绝对剩余价值与资本主义特有的相对剩余价值),它对事实的叙述

[①] 《马克思恩格斯文集》(第五卷),人民出版社,2009 年,第 96 页。原译没有"仍然"。

必定有所疏漏，或者停留于对现象的归纳；神话反倒成了在科学手段不足时瞥见真理的方式。

可是在资本主义中，如果说正如青年马克思所分析的那样，工人同自己的劳动和产品都是异化的，那么正是享有非社会自由的资本家能够与自己的"劳动"保持简单明了的联系，尽管他们与产品的联系依然受制于上述矛盾。资本家的活动（当然在很大程度上并不是劳动）正因为如上一节所述，无须设定和迎合社会性，而是充满主动性的博弈和创新，所以并没有背弃主体、造成异化，而是始终与主体相切近、始终能够被主体的认识所穿透。鉴于黑格尔对自由的一般界定是主体"在他者中与自身同在（Beisichselbstsein in einem Anderen）"①，马克思所理解的资本家可以说做到了在活动中、尽管不是在产品中与自身同在。因此，非社会自由的普遍化意味着自由人联合体的全体成员都能够在自己的活动中与自身同在。很明显，这种普遍化将导致废除资本家对工人的统治，也将导致非社会自由在资本家身上的那些危害或迷惑工人的体现方式不再可能。至于如何让全体劳动者得以在自己的产品中与自身同在——这牵涉废除人对物的统治——则超出了本文的范围，因为这是一个关于商品和价值如何在社会主义中彻底消亡的问题。

当劳动者不再以为自己头上有某种社会的需要或规律在对自己发号施令时，当劳动者主动地参与到欲望的发明中、而非膜拜或嫉恨少数所谓的天才企业家时，普遍化的非社会自由将引起一些原本在资本家身上很难见到的后果。由于资本家的非社会自由仅仅表现为少数人的特权，他们对社会性的轻视与广大工人对社会性的屈服就不是冲突的，而是互补的。于是在激进的工人眼中，资本家显得是一群刺眼的、另类的他者，工人自己则"同是

① ［美］弗雷德里克·诺伊豪瑟：《黑格尔社会理论的基础》，张寅译，北京师范大学出版社，2020 年，第 24 页。

天涯沦落人",潜在地具有彼此同情和同盟的倾向,或者说共同体的倾向——这样的观点倾向于以一种据说是标准的马克思主义的方式把民族、宗教等因素还原为对阶级立场的意识形态掩饰。正如《精神现象学》的名句所说,"我即我们,我们即我"①。不少马克思主义者赞同这句话,从而实际上把自由人联合体视为一种使"我"与"我们"相互交融的共同体,并把资本家当作一种有待排除的"他们"。这种被共同体主义渗透的立场不仅在形式上与施密特主义难以区分,从而坐实了自由主义不断重复的庸俗想象、即极左与极右相差无几,而且仅仅树立了一种敌对的他者,从而被后现代主义正确地指责为对他者性怀有狭隘的、恐怖的看法。这种共同体主义的误区在于它其实是以工人在现有状况中的屈从地位为蓝本的,仿佛他们的苦难同时也提供了一种希望,而解放就是一边取消苦难(取消资本家对工人的统治)、一边保存希望(保存同情和同盟的倾向)——也就是企图保存那种以必须被取消的东西为前提的东西。这不仅在逻辑上是可疑的,而且会遇到结构上的麻烦:工人的同盟并不必然与充当他者的资本家相敌对,而是可能与充当他者的随便什么角色相敌对。比如在如今的多数发达国家,这个结构性的位置明显更多地是由宗教和民族的他者所占据的。因此,基于共同体的社会主义在理论中低估了意识形态的作用,在实践中则缺乏抵抗排他主义的力量。

相反,倘若非社会自由根本不必然属于资本家,那么劳动者也不需要像形形色色的救赎宗教那样从屈服和苦难中寻找联合的理由。当自由人联合体由诸多"无族、无法、无家"的"孤子"所组成时,它不可能是那种以"我们"为重心的共同体,而是把他者性以一种全新的方式容纳在了集体之内或集体的成员之间。由于社会性不再被当作某种广袤而坚实的根基,劳动者在

---

① [德]黑格尔:《精神现象学》,先刚译,人民出版社,2013年,第117页。

彼此的关联中就无法有效地援引任何超然的共识、律法、最大公约数等，或者说他们除了一个个彼此以外别无所有（如果不考虑自然界的话）。这意味着他们各自的独特性和可变性不再被某种庞然大物反衬为不值一提的东西，而是完全以自身的面貌走上了前台。阿甘本在这个意义上指出：

> 正如正确的人类语词既不是对共同东西（即语言）的占用，又不是关于得体东西的交流，同样，人的面貌既不是通用面孔的个别化，又不是奇异特征的普遍化：它是随便什么（whatever）面貌，其中属于共同性质的东西和得体的东西是绝对无所谓的。①

这里的"随便什么"与日常含义恰好相反，指的不是无关紧要的东西，而是仅仅凭借它自身的各种属性而变得紧要的东西。因此，每一个"随便什么"都在其他"随便什么"面前显示出了最低限度的他者性。进一步讲，正因为这种他者性是个体，所以并没有任何属性被提升到特别的地位；相反，当今流行于发达国家的多元文化主义对性、宗教、民族等少数属性的强调是一种看似进步、其实在原则上相当平庸的做法。因此，由普遍化的非社会自由所带来的对他者性的肯定既有别于基于共同体的社会主义，又有别于自由主义的所谓左派或进步派。

---

① Giorgio Agamben, *The Coming Community*, Minneapolis, M. N.: University of Minnesota Press, 1993, p.18.

三、从数字到生态：21 世纪国外马克思主义前沿问题比较研究

数字的神话，资本的魔法
——从马克思《〈政治经济学批判〉导言》看数字资本主义

蓝　江[*]

本雅明曾在《历史哲学论纲》的开头提到了一个驼背侏儒："有一则故事讲一个机械装置。这机械装置制作得十分精巧，它能和人对弈，且棋艺高超，对手走一步，它就应对一步。对弈时，棋盘放在一张大桌子上，棋盘一端坐着一个身着土耳其服装，口叼水烟壶的木偶。一组镜子让人产生幻觉，误以为桌子每一面都是透明的。实际上，一个驼背侏儒藏在里面。这侏儒精通棋艺，用线牵动木偶的手，指挥它走棋。"[①]尽管本雅明用这个侏儒的形象隐喻马克思的历史唯物主义，但它何尝不是已经被神话化的数字平台背后的形象呢？当我们打开手机和电脑，点开 Uber、Tik Tok、Bilibili、Instagram、Twitter 等应用时，呈现给我们的是一个玄妙莫测的世界，仿佛一只不知名的手牵引着我们走向我们想看、想玩、想购买、想消费的东西，我们将这种神秘的力量归为人工智能、大数据和算法。于是，一种新的拜物教在数字时代里产生了，数字技术和算法成了一种无所不能的存在，是一个不具有神的光环

　*　蓝江，南京大学马克思主义社会理论研究中心教授。
　①　［德］本雅明：《本雅明文选》，陈永国、马海良编译，中国社会科学出版社，1999 年，第 403 页。

的新神，无论这个新神是以救世主的形象出现在我们面前，或者像诸如《西部世界》《黑客帝国》那样控制着所有人类，让人们都处在其掌控之下的令人恐怖的孟菲斯托的形象，都无外乎共享着一种观点：算法和人工智能已经开始掌控着一切，在这种话语模式下，仿佛以人类为中心的人类世已经走向终结，取而代之的是奇点时代的来临。

无论是人工智能，还是大数据与元宇宙，不过是在当下数字技术时代下的浮士德式的神话，将我们的灵魂交付孟菲斯托，最终缔造一个被数字操纵的傀儡，而那个驼背侏儒，那个被掩藏在绚丽的数字外表下的资本主义的内核，却在人们的视野之外。因此，如果要揭示当下数字平台、数字资本主义等技术神话的奥秘，就必须回到那些被今天的神话话语纹理所遮蔽的东西。正如吴冠军教授在其著作《陷入奇点：人类世政治哲学研究》中指出的："人类世政治哲学（亦即，以话语政治为形态的规范性政治哲学）的各种智慧，实际上都是以话语构型（大他者）去填补深渊，以便掩盖黑洞性的奇点。"①也就是说，我们今天看到的是一个二元性的世界，吴冠军教授所谓的话语构型就是那个数字外衣构成的神话世界。而在这个神话世界下面，有一个平台的侏儒，真正操控华丽的数字骑手的就是那个被现实的资本力量掌控的平台，于是我们的问题变成了，如何穿透数字的神话，破除平台资本的魔法。

解开数字神话的奥秘，揭露那个平台下的驼背侏儒的魔法的关键，并不在于将一切原因都归咎于一个抽象和无形的资本，那么这就变成了川剧变脸的情节，我们揭开一张假面具时，下面还掩盖着新的假面具。为了真正理解数字资本主义或平台资本主义的实质，我们需要回到马克思的经典著作，尤其是他《〈政治经济学批判〉导言》中提到的政治经济学方法，只有这样，我们才能在历史唯物主义基础上重新看到数字资本主义神话下的被掩藏的具

① 吴冠军：《陷入奇点：人类世政治哲学研究》，商务印书馆，2022 年，第 254 页。

体的历史实在性。

一、被倒置的逻辑:什么是数字政治经济学批判的起点?

研究数字资本主义或平台资本主义,摆在我们面前的第一个问题是,我们究竟是从直接表现出来的结果入手,例如从本雅明笔下的那个棋艺高超的傀儡入手,还是找到那个傀儡背后的线索。显然,在当下的许多数字资本主义的研究中,或许很多研究更喜欢的是那个作为结果的傀儡。例如,一些研究者很喜欢使用托夫勒在《第三次浪潮》中的概念:"产消者"(prosumer)。这本诞生于四十多年前的未来学著作,的确在一定程度上描绘了今天数字技术高度发达状态下的场景。按照托夫勒的描述:"现在我们要考虑到另一个可能性,很多人可能很快就会在明日的电子住宅中工作,因此消费者所使用的工具也会有重大的改变。我们在家中工作所使用的电子仪器也可以生产自用的货物和服务。在这种情况下,第一次浪潮社会的产消合一者又将重新成为经济活动的中心,不过却是在以高新科技为基础的第三次浪潮时代。"①托夫勒希望未来的生产活动并不会成为普通人的沉重负担,而是在不断进步的技术的加持下,我们今天在消费的同时,也完成了生产。的确,我们今天刷手机、看视频、玩游戏的过程的确被一些研究者成为"玩-工作"(play – work),在他们浏览网页的同时,也生产着有利于大数据联结的数据,于是消费成为生产,而生产进一步促进了消费,这就让诸多普通的数字时代的用户成为理想的产消者。的确,在今天,不少从事数字资本主义研究和数字劳动研究的人,就是沿用着托夫勒的逻辑,简单地认为今天坐在电脑屏幕前或刷着手机的人,就是这样的产消者。而个体似乎可以不依赖于整个大社会的生产、分配、交换、消费的政治经济学结构,可以让那些互联网和智能

---

① [美]阿尔文·托夫勒:《第三次浪潮》,黄明坚译,中信出版集团,2018 年,第 284 页。

平台的用户,在孤独的刷屏和聊天中,完成了一次又一次的社会交往,整个世界都变成他们手指和鼠标点击触碰的世界,一切都在他们轻松的点击之下,完成了在世界上的实践活动,就仿佛在电子游戏《我的世界》(Minecraft)那样的开放世界的沙盒游戏里一样,可以任由那个产消者的主体生产一个独立的世界。

数字世界的事情真的如此简单吗? 正如马克思在《〈政治经济学批判〉导言》开头就对亚当·斯密和大卫·李嘉图的政治经济学预设的原始模型提出了批驳:"被斯密和李嘉图当做出发点的单个的孤立的猎人和渔夫,属于18世纪的缺乏想象力的虚构。这是鲁滨逊一类的故事,这类故事决不像文化史家想象的那样,仅仅表示对过度文明的反动和要回到被误解了的自然生活中去。"①马克思对斯密和李嘉图的批评,并不是说在历史上没有存在过猎人和渔夫,而是他们设想的猎人和渔夫是脱离社会发展史的猎人和渔夫。换言之,当斯密和李嘉图,以及其他政治经济学家开始思考经济学的起源时,他们会抽象出一个可以独立生存,并仅仅依赖于个体自足而理性的方式,在一个荒野中和海滩上谋得生存。马克思洞悉斯密和李嘉图的政治经济学的起源的奥秘在于,他们将一种仅仅在现代市民社会中诞生的独立而理性的个体,直接带入原始自然的想象之中,这样导致的结果是,猎人和渔夫,成为像现代工业资本主义下的自足而理性的个体那样独立生活,而忽略了在原始自然的条件下,猎人和渔夫生存的最基本的条件,那个让他们可以群居在一起的血缘家族和共同体。也就是说,当现代的政治经济学家们以为通过假设一个在原始自然生活的个体的猎人和渔夫时,他们已经将历史发展的结果偷渡到原始社会之中,因为在原始社会里,个体的猎人和渔夫是生活不下去的,那个时代没有交换,也没有足以让个体生存下去的物质储

---

① 《马克思恩格斯选集》(第二卷),人民出版社,2012年,第683页。

备,更没有让他们自足的理性自律。

换言之,所谓的猎人和渔夫不过是现代市民社会向原始自然环境的投影。就像笛福小说中的鲁滨逊是现代市民社会的投影一样。而卢梭的《社会契约论》无非是这样的现实中的鲁滨逊在所谓的"自然状态"下的投影。因此,马克思说道:"卢梭的通过契约来建立的天生独立的主体之间的关系和联系的'社会契约',也不是以这种自然主义为基础的。这是假象,只是大大小小的鲁滨逊一类的故事所造成的美学上的假象。其实,这是对于16世纪以来就作了准备、而在18世纪大踏步走向成熟'市民社会'的预感。"①换言之,斯密和李嘉图的独立自主的猎人和渔夫,以及卢梭笔下订立"社会契约"的鲁滨逊式的个体,都没有在所谓的自然状态下存在过,连同那个自然状态也是他们在当下的市民社会对过去的投影。他们需要这个投影,恰恰是为了论证当下市民社会的合法性,从而找到可以让现实的资本主义持续下去的理论根基。但是一旦这种诞生于现代市民社会的理性个体的模型,投影成为手持弓箭的猎人或拿着鱼叉的渔夫,并将他们作为政治经济学研究的起点,就是本雅明反讽的对象,我们将那个傀儡当成了社会实在,并在傀儡的基础上论证社会实在的合理性,然而真正的历史过程却在这些政治经济学家和政治哲学家的视野之外。

那么对于今天的数字政治经济学研究来说,我们应该从什么样的起点出发呢? 我们可以设想这样的场景,在京东、淘宝或者抖音直播上,我们可以轻易地点击一个购买链接。很快,快递员就会将货物送到我们家门口。整个购物过程非常迅捷,仿佛这个商品出现在我的家门口,是我一个鼠标点击之后,用支付宝或微信支付之后的结果。中间我们除了接触了快递员之外,我们仿佛没有任何社会性的接触,然后我们可以判断,整个交流流程是

---

① 《马克思恩格斯选集》(第二卷),人民出版社,2012年,第683页。

我这个主体完成，而之前还在网页上或屏幕上的商品，就是我作为主体购买实践结果。这样，无论我通过饿了么和美团购买外卖，还是可以通过 12306 或者飞猪购买火车票、机票，用大众点评网、携程网来预订酒店，用滴滴出行来打车，这些数字化的实践为我们塑造了一个数字时代的幻觉，即我们可以在一个人的情况下独自生存很久，即便在荒郊野外，只要有高德地图或百度地图的导航，我也可以轻易地走出迷航的区域。于是，我们看到的一个更具有主体性的鲁滨逊，一个甚至不需要驯服星期五的鲁滨逊，因为只要拥有网络、智能手机、笔记本以及在线支付里面有足够的货币，甚至假设我们没有足够的货币，若我们个人信用良好，也可以使用支付宝的花呗或京东的白条来支付相应的款项。

个体获得了独立自主的感觉，我们唯一所需要做的就是刷刷手机，点击相应的链接，然后所有我们需要的一切都会以最便捷的方式出现在我们面前。在抽象层面上，这是一个更为纯粹的主体，一个更不依赖于外在的帮助和公共关系的主体，我们今天的课程可以通过网课来进行，朋友可以在打网络游戏的时候相互认识。主体变成了小房间里的闪烁着亮光的屏幕前的主体，只有在这个屏幕前，这个主体的幻象才是真实的，也只有在敲击键盘、点击鼠标、滑动屏幕的时候，主体才表现出他那个康德式的羽翼，他们用最公正的眼光审视着世界上最不公平的事件，对美国枪击案、烧烤摊上的治安案件，都能够以主体的方式激昂慷慨地指点江山，那种最美好的道德感和最理性的判断全部在他们的指尖运动中。这是比斯密和李嘉图的猎人和渔夫更为纯粹的政治经济学的表象，在这个表象面前，房间里吃着的外卖、慵懒的身体，都不是最重要的事情，最重要的是透过屏幕他们感受到了前所未有的主体感。

然而一旦我们将这种小房间里，抽离了身体，仅仅依赖于指尖运动的主体作为数字政治经济学的起点就大错特错了。因为在我们看来最简单的事实恰恰是最复杂的结果。正如马克思在对黑格尔的法哲学进行批判时,指出黑格尔的法哲学中的辩证法是一个颠倒的辩证法,"正确的方法被颠倒了。最简单的东西被描绘成最复杂的东西,而最复杂的东西又被描绘成最简单的东西。应当成为出发点的东西变成了神秘的结果,而应当成为合乎理性的结果的东西却成了神秘的出发点"①。当然,对于马克思来说,最简单的东西是市民社会中的生产关系,而黑格尔对之视而不见,反而将市民社会的生产的现实性看作作为绝对观念的国家的在世俗世界的体现,与这个有限的体现相反的是抽象的绝对精神的运动。马克思颠倒了黑格尔的被颠倒过来的辩证法,让抽象的人回到了其市民社会的唯物主义基础,现实的人的生产关系和交往关系才是真实的社会存在。当马克思将德国哲学从天国重新拉回到人间的时候,我们也需要避免在数字资本主义的研究中,重新颠倒为黑格尔式的辩证法。

那么在数字政治经济学研究中,什么是最简单的东西,什么又是最复杂的东西呢?最简单的东西仍然是生产,比如,我在网络上购买的蛋糕,一定是某个真实的蛋糕店生产出来的,这个蛋糕不可能是从虚空中变出来的,即便我们为此支付了货币。我购买的商品,仍然属于一种现实的生产活动的一部分,制造蛋糕的店家依然需要采购鸡蛋、面粉、蜂蜜,他需要在真实的市场上购买原料,购买机器,这些并没有真正离开传统的政治经济学分析的视野。正如马克思在《资本论》中指出:"商品世界的这种拜物教性质,像以上分析已经表明的,是来源于生产商品的劳动所特有的社会性质。"②生产的一般规律仍然是适用于当代的数字政治经济学分析的,这便是我们最简单的东西。

---

① 《马克思恩格斯全集》(第3卷),人民出版社,2002年,第52页。
② 《马克思恩格斯全集》(第44卷),人民出版社,2001年,第90页。

然而真正问题的在于，这些最简单的事实却在我们的视野之外，因为在数字界面上极为便利的操作，以及迅捷的快递业务，让背后的生产和物流过程变得似乎不值一提，让点击屏幕的我们以为和那个出现在我们面前的商品有着最"直接"的关系，这种被当成"直接"关系的过程，恰恰是马克思所说的最复杂的东西。一方面，它不仅需要平台向背后的厂家发出订货的指令，厂家进行生产，将生产出来的货物交给物流，物流在传感器的监控之下（让买家时时刻刻可以看到他购买的货物到了哪个地点），最后才出现在买家的面前。其中支付宝和微信支付的也不是真正的货币，这些只是一种由于信用而产生的等同于货币的数字等价物而已，在一定的程度上，支付宝和微信，以及更神秘的比特币，实际上就是"密码保障＋信用＋数据记录"的数据形式而已。但是它之所以能够应用，恰恰与数字技术和密码技术的发展密切相关，与5G通信技术、物流技术、遥感技术等一系列新技术的发展密切相关，这种手指点击运动和出现在我们面前的商品之间的"直接关系"是一系列生产关系、社会关系、技术发展的结果。

简言之，这个看起来十分简单的东西是社会历史发展到一定阶段的产物，它拥有非常复杂的社会条件和技术条件，但在抽象的人和手指点击面前，这些复杂的社会条件和技术条件全部被遮蔽了，我们只看到了抽象主体存在的事实，而忽略了让其成为简单事实的历史条件。这就像庸俗的政治经济学家永远无法理解那些鲁滨逊式的抽象的人的出现一定与马克思提出的高度发展的技术条件和复杂的社会交往关系的条件密切相关。我们的起点不应该是这种依赖于高度发展的技术条件和社会前提的抽象的人，而是现实的可能的物质生产条件，我们不能只看到数字的神话，更需要在神话背后找寻到那个被遮蔽的历史线索。只有这样，我们才能进入真正的数字政治经济学批判之中。

二、一般数据：数字条件下的生产一般

在《德意志意识形态》中，马克思和恩格斯强调了德国古典哲学中从天国到人间的人的解放在方向上根本是错误的，而正确的历史唯物主义的方式在于从此岸世界的现实生活方式出发，去找到通向未来社会的现实道路，在这个意义上，马克思和恩格斯对于青年黑格尔派和费尔巴哈的唯物主义都进行了批判。他们毫不留情地指出："那么'人'的'解放'也并没有前进一步；只有在现实的世界中并使用现实的手段才能实现真正的解放；没有蒸汽机和珍妮走锭精纺机就不能消灭奴隶制；没有改良的农业就不能消灭农奴制；当人们还不能使自己吃喝住穿在质和量方面得到充分保证的时候，人们就根本不能获得解放。'解放'是一种历史活动，不是思想活动，'解放'是由历史的关系，是由工业状况、商业状况、农业状况、交往状况促成的。"①马克思和恩格斯的意思十分明确，人的解放，包括今天在数字时代的解放，从来不是什么内在的自我意识和观念的问题，正如马克思和恩格斯指出没有蒸汽机和珍妮走锭精纺机的发明，就不可能消灭依附于农场主的奴隶制。当然，今天当现代化的自动化技术、数控技术、物流技术，将人们从繁重的工厂里和闷热的车间里解放出来的时候，当人们可以在家办公，更具有随意性的时候，其实背后隐藏的是历史发展的动力学，即通过数字技术和人类生产关系的变化，产生了数字资本主义的历史一般条件。而这个历史一般条件，塑造了在小房间里或者在格子间里刷单，拼命敲击键盘的我们，也是那个可以在赛博空间遨游的我们，无论我们显得如何失去实在世界的重量，但仍然有一根历史现实性的线索在拖拽着我们，这个线索就是生产一般。

什么是生产一般？如果我们顺着马克思的《〈政治经济学批判〉导言》继

---

① 《马克思恩格斯选集》（第一卷），人民出版社，2012 年，第 154 页。

续读下去，我们会读到这样一段话：

> 因此，说到生产，总是指在一定社会发展阶段上的生产——社会个人的生产。因而，好像只要一说到生产，我们或者就要把历史发展过程在它的各个阶段上一一加以研究，或者一开始就要声明，我们指的是某个一定的历史时代，例如，是现代资产阶级生产——这种生产事实上是我们研究的本题。可是，生产的一切时代有某些共同标志，共同规定。生产一般是一个抽象，但是只要它真正把共同点提出来，定下来，免得我们重复，它就是一个合理的抽象。不过，这个一般，或者说，经过比较而抽出来的共同点，本身就是有许多组成部分的、分为不同规定的东西。其中有些属于一切时代，另一些是几个时代共有的。[有些]规定是最新时代和最古时代共有的。没有它们，任何生产都无从设想；但是，如果说最发达的语言和最不发达的语言共同具有一些规律和规定，那么，构成语言发展的恰恰是有别于这个一般和共同点的差别。对生产一般适用的种种规定所以要抽出来，也正是为了不致因为有了统一（主体是人，客体是自然，这总是一样的，这里已经出现了统一）而忘记本质的差别。①

"生产一般"是马克思在《资本论》及其手稿中常常会用到的一个概念，这种概念的使用也体现在它的其他概念中，如劳动一般、资本一般。不过，马克思在这里将历史唯物主义的性质赋予了生产一般概念。正如马克思所说："生产的一切世代有某些共同标志，共同规定"，而生产一般只是对共同标志、共同规定的抽象。那么最重要的并不是从唯名论角度来说明"生产一

---

① 《马克思恩格斯选集》（第二卷），人民出版社，2012 年，第 685 页。

般"的语义学含义,而是需要将它放置在一定的历史空间,让其属于某个具体的历史时代,以及在这个历史时代下,生产一般所塑造出社会关系、个体存在样态,以及与之对应的伦理学、政治学、社会学、哲学、政治经济学的观念。也正是在这个意义上,马克思强调:"如果没有生产一般,也就没有一般的生产。"①而马克思对黑格尔的批判也正是基于这一点,黑格尔虽然在《法哲学原理》中曾引述过亚当·斯密等英国政治经济学家的著作,但是黑格尔的问题是,他仅仅将斯密的政治经济学看作一种有限性的知性原理,而不是通向绝对观念的途径。这种途径,黑格尔只留给了哲学和逻辑学。黑格尔没有理解新兴的政治经济学与当时西欧,尤其是英国的工商业市民社会和大机器制造之间的关系。所以美国马克思主义思想家弗里德里克·詹姆逊(Fredric Jameson)也曾指出黑格尔哲学中的这个缺憾:"尽管黑格尔熟悉亚当·斯密和新兴的政治经济学,但他对工作和劳动的概念——我特别将其描述为一种手工业意识形态——没有预见到工业生产或工厂制度的原创性。"②换言之,在詹姆逊看来,黑格尔关心斯密和英国古典政治经济学,关心劳动概念,只是将其看作一种观念的体现,他只希望透过观念的力量去影响工业劳动,而看不到真正作用于劳动的恰恰是马克思提到的现代工业制度下的生产一般。在这个意义上,所谓的现代人实际上是被现代工业制度的生产一般生产出来的,自由、平等、博爱不过是为了装点仍然在工厂中扭曲着身体、适应着工业生产节奏的工人阶级的观念性外衣,人类命运是在生产一般的历史过程中书写的。正如齐泽克指出:"工人个人事实上沦为为机器服务的器官或工厂系统的附属品。"③

---

① 《马克思恩格斯选集》(第二卷),人民出版社,2012 年,第 685 页。

② Fredric Jameson, *The Hegel Variations*, London: Verso, 2010, p. 68.

③ Slovaj Žižek, *Absolute Recoil: Towards a New Foundation of Dialectial Materialism*, London: Verso, 2014, p. 30.

因此，在分析了现代数字化条件下抽象个体的形成离不开现实的历史条件，即数字政治经济学批判下的生产一般之后，我们就需要回答一个问题，什么是数字资本主义时代的生产一般？如果沿着马克思的历史唯物主义的逻辑，所谓的生产一般，是一种共同标志和共同规定的抽象。在马克思的时代，19 世纪的工业生产当然是将不同的人还原成同样的劳动力，无论之前是放羊的羊倌，还是制陶作坊的学徒，或者烘焙作坊的面包师，一旦他们被抛入到自由出卖劳动力的工业都市之中时，他们身体上拥有了一个共同的标志：劳动力，而这种劳动力又被一种共同的量来衡量，这个共同的量就是工资。

换到今天的情境，无论是在 Tik Tok、Instagram、Facebook 上上传视频和照片，在 Uber、滴滴出行等应用上打车，在 Bilibili、YouTube 等视频网站上刷视频，还是在 Steam、Ubisoft 等游戏平台上下载游戏，这些数字时代的活动中有什么共性？什么是这个时代的共同标志和共同规定？在所有这些行为中，有一个共同的行为是我们可以首先想到的，即进入这些界面，无论我们只是普通用户用来浏览和消费，还是专业的司机、做外卖的饭店，还是发直播、短视频的 UP 主，都有一个工作要做，需要注册一个用户名，而且需要将这个用户名绑定一个实体可查的链接，例如在注册用户名的时候，有时候需要一个手机号码、银行卡号、社保号码、电子邮箱、身份证号等。也就是说，通过这些号码，在一个数字世界的用户和现实的使用者之间建立一个实在关联，而在这个实在关联的背后，意味着我们现实使用者变成了数字化的用户。我们不再以实在身体介入和生产，而是在数字化的用户背后参与数字空间生活的每一个环节，无论是点外卖还是购物，无论是玩游戏还是看视频，无论是聊天还是刷朋友圈，我们进行这些活动的一个前提是，我们必须有个数字化的用户名，将我们变成数字世界之中的合法存在。这就像在《德意志意识形态》中马克思和恩格斯提到的"全部人类历史的第一个前提无疑是有生命的个人的存在"①一样,今天数字化世界的全部历史的第一个前提无疑是有经过注册、有密码保护的数字化用户的存在。尽管用户的存在仍然在一定程度上以有生命的个人存在为前提。

经过注册、有密码保护的数字用户仅仅只是问题的第一步。马克思继续为我们指出,在工业资本主义的生产一般的条件下,"人和人之间的社会关系可以说是颠倒地表现出来的,就是说,表现为物和物之间的社会关系"②。马克思的这句话影响到后来西方马克思主义的奠基者卢卡奇,成为他在撰写《历史与阶级意识》中关于"物化问题"讨论的一个重要的切入点。马克思的这句话对于今天的数字世界也是非常有启发意义的。马克思批判地指出,一个英国人(大卫·李嘉图)将现实的身体变成帽子的时候,就是通过物的关系替代了人与人之间的现实关系,我们只看到了被货币标价的商品,而看不到商品背后的资本主义的生产一般和生产关系的逻辑。当然,马克思还说,有一个德国人(黑格尔)又把李嘉图的帽子变成了观念,是对德国古典哲学彻底的反讽。马克思其实表明德国人引以为傲的观念论哲学,并不是站在德国的地基上,而是在西欧发达的资本主义工业生产基础上。不过对于我们今天来说,我们已经不再担心德国唯心主义观念的魔咒,但我们却在经历另一个魔法,即李嘉图的帽子正在变成数据和流量,在数字空间中完成了浏览和交换。我们在淘宝、京东、亚马逊等网络平台上看到的不是商品直接在商店里的现实展示,而是一张图片或一段视频,即便如新东方的董宇辉那样的带货高手,他也不能将最实体的货物展现给我们看。也就是说,任何实际商品,李嘉图笔下的帽子,只有经过数字化,变成数据和流量才能在数字空间和数字平台下存在,我们点击的是图片和链接,收获的是需要支

① 《马克思恩格斯选集》(第一卷),人民出版社,2012年,第146页。
② 《马克思恩格斯全集》(第31卷),人民出版社,1998年,第426页。

付的二维码和支付密码的链接,最后等待着物流公司在几天之后将货物呈现在我们面前。我惊奇地发现,那个最实体的物,恰恰是最后出现的,而之前在数字交易和关联中,我们不知道它在何方,甚至它可能都没有生产出来,只是作为一个图片和视频存在于网络连接的页面上。

换言之,实体的商品在数字空间中一开始是缺席的,只有在整个交易流程最后,它才以填补这个实体空缺的真实物出现。一切都表现得如此流畅,以至于我们把整个过程当成了实体过程,而在此前,无论是我们浏览网络,点击打开页面,看介绍,甚至通过淘宝旺旺与卖家沟通,一切都是数字的。我们陷入了一个缺席的实在物的数字交换之中,在这个过程之中,最后出现的实在的商品物是非常重要的,但更重要的是,取代实体商品出场的数字链接和数字交换。在这个背景下,我们今天的人与人的关系不仅是被物与物的关系所取代,"物质性的外衣已经被剥除,数字化的形式第一次以最为赤裸的方式成为架构人与人之间关系的利器,我们不仅仅被还原为物,在这个物的外壳破裂之后,我们还进一步被还原为数值关系"①。面对这种状况,我们必须发明一种新的概念来形容数字条件下的生产一般,这个概念就是"一般数据"。

和生产一般一样,一般数据并不是在某些哲学家的头脑中生成的概念,而是对我们最一般生活方式和生产方式的抽象。我们所说的一般数据,并不是这一个或那一个具体数据,而是构成我们生产、交换、消费、分配最一般的状况。不仅我们的消费生活受到一般数据的支配,在现实的生产中,每一个员工也被编号,被人按照业绩数据进行排列打分,办公室里有在岗或不在岗的监控数据,不仅所有的劳动者、消费者,连同那些曾经不被数据化的物

---

① 蓝江:《一般数据、虚体与数字资本:历史唯物主义视域下的数字资本主义批判》,江苏人民出版社,2022 年,第 12 页。

也被纳入巨大的数字化体系之中,一切坚固的东西都烟消云散了,一切神圣的东西都遭到了亵渎。那么在今天,在数字条件下的生产一般之下,一切坚固的东西都变成了数据,一切神圣的东西也都变成了数据。毫无疑问,面对一般数据,理解数字资本主义下的生产一般,成为数字政治经济学批判的责无旁贷的使命。

三、作为驼背侏儒的数字生产:数字资本主义背后的奥秘

一天,以色列宗教学者大卫·弗拉瑟(David Flusser)正在思考古希腊语"信仰"(pistis)的含义,他低头思索,在雅典城里随意地走着,无意间他撞到了一面墙,他抬头看到那面墙上嵌着一个牌匾,上面写着"信托银行"(trapeza tēs pisteos)。在弗拉瑟看来,这是一个隐喻,在对神的信仰和对资本的信托之间似乎存在着神秘的联系。正如他早年写过的一篇文章《作为宗教的资本主义》(Capitalism as Religion),已经意识到在资本主义制度中存在的不仅仅是一种实体的货币,而是一种抽象的信仰,一种拜物教式的信仰。正如基督教将自己的希望托付于上帝的时候,资本主义的投机商和掮客、信贷用户和金融大鳄,甚至那些普通的购买股票、基金、债券、外汇的用户,正将自己的希望托付给新的信仰,即信贷的信仰。在此,本雅明用一种末世论的强调提醒着金融资本主义下的人们说道:"上帝没有死,他已经被纳入人类的命运之中。"[①]

在金融资本主义时代,上帝没有死亡,它已经化身为货币,今天的教堂被世俗王国所祛魅,反而那些高耸入云的金融大厦和银行正在取代中世纪教堂的地位。资本家都用一种非实体的方式构成资本主义的帝国,从表面

---

① Walter Benjamin, "Capitalism as Religion", trans. Rodney Livingstone, in *Selected Writings*, *Volume 1: 1913 - 1926*, ed. Marcus Bullock and Michael W. Jennings Cambridge, MA: The Belknap Press of Harvard University Press, 1996, p. 289.

上看，他们依赖于一个抽象的货币，在本雅明看来，他们依赖于一个更为抽象的东西，那个隐藏在货币背后的资本，已经操纵着这些资本家的贪婪的目光。难怪在后来的阿甘本看来，"资本主义是一种宗教，在这种宗教中，崇拜者从任何对象中解放出来，从任何罪恶中解放出来（从而从任何救赎中解放出来），因此，从信仰的角度来看，资本主义没有对象：它相信纯粹的信仰事实，相信纯粹的信用，也就是相信金钱。因此，资本主义是一种宗教，其中信仰——信用——被取代了上帝。换句话说，由于信贷的纯粹形式是货币，它是一种宗教，其中上帝就是货币。这意味着，银行——它只不过是生产和管理货币的机器——已经取代了教会的位置；而且，通过管理信贷，它操纵和管理信仰——稀缺的、不确定的信任——而我们的时代仍然对自己有信心"①。

金融资本主义的出现，不仅仅意味着银行业和金融业崛起，并占据了之前产业资本所具有的中心地位，而且在金融和产业背后，都藏着一个驼背的侏儒，那些烟雾缭绕的曼彻斯特工厂的烟囱，曼哈顿上鳞次栉比的摩天大楼，都是那个敞露在桌子外面的穿着土耳其服装的傀儡。我们需要理解的不是傀儡，不是夸耀资本主义创造了多么神奇的魔法，而是需要理解在这些魔法背后所隐藏的驼背侏儒。因为驼背侏儒从来不在表面上，从来不在资本主义为我们讲述规范性叙事的时候，我们理解的资本主义绝不是在它无法良性运行的时候，而是在它遇到障碍，无法继续施放其魔法的时候，它才能露出它隐藏的獠牙。正如阿甘本认定，当尼克松宣布美元与黄金脱钩是资本主义崩溃的征兆一样，那个操纵着傀儡的驼背侏儒，也只有当他在某一步没有成功地指挥傀儡走出一招好棋的时候，才能发现他的真实存在。当然，尼克松宣布脱离黄金兑换机制，在一定程度上不仅仅宣布的与黄金脱

---

① Giorgio Agamben, *Creation and Anarchy*, trans. Adam Kotsko, Stanford: Stanford University Press, 2019, pp.66 – 67.

钩,也意味着我们看到了原来在经济学中颠扑不破的原理,竟然被资本主义自己废黜了。因为资本主义宣布了那个在美元和黄金之间的关联性,从来都是虚假的关联,真正控制资本主义的命脉的操纵线仍然在资本的侏儒手里,也正因为如此,在所谓的美元危机之后,我们看到了美元仍然依附于石油和美债,利用美元潮汐在全世界收割财富的周期。进入 21 世纪之后,美元的傀儡仍然健在,但那个驼背侏儒的线索也越来越明显地暴露在我们面前。

而本雅明和阿甘本一个直接的问题是,一旦美元及其金融工具脱离了直接生产一般,是否能够仍然支撑着金融帝国主义的大厦? 本雅明和阿甘本错误地将这种理论归为了信仰。在这种观念的支配下,他们转向了一种神秘主义,其实,他们仍然在资本主义施魅的魔法之中,不能自拔。真正的问题并不在于尼克松宣布美元与黄金兑换体制的脱钩,而是脱钩之后,大量的美国实体生产部分,被转移到了海外,这并不意味着美国不需要实体的生产一般,而是说它不需要在本国的空间范围内继续运作这些实体工业的生产,将高污染、劳动力密集,以及阶级冲突带来的风险推向第三世界国家。而资本主义国家之所以敢于将这些产业生产部分转移到第三世界国家,恰恰在于他们控制了轴线,当在二战之后的布雷顿森林体系中,美元成为世界货币,而任何国际贸易都不得不选择锚定美元时,那些被转移到国外的产业部分,事实上仍然受控于华尔街上的金融大鳄们,他们操纵着手里的美元和金融轴线,让世界经济的命脉也随着他们的贪婪一起运转。

尽管本雅明和阿甘本为我们讲述的是金融资本主义的拜物教的状况,但是马克思的《〈政治经济学批判〉导言》仍然为我们提供找到傀儡背后的驼背侏儒的线索。有趣的是,在《〈政治经济学批判〉导言》中,马克思也提到了基督教的信仰。马克思说:“基督教只有在它的自我批判在一定程度上,可说是在可能范围内完成时,才有助于对早期神话作客观的理解。同样,资产阶级经济学只有在资产阶级社会的自我批判已经开始时,才能理解封建的、古代的和东方的经济。在资产阶级经济学没有用编造神话的办法把自己同过去的经济完全等同起来时，它对于以前的经济，特别是它曾经还不得不与之直接斗争的封建经济的批判，是与基督教对异教的批判或者新教对旧教的批判相似的。"①相对于本雅明和阿甘本，马克思更加直接地指出了资本主义之所以良序运行，恰恰在于其外表上的神话系统，当美元与黄金的脱钩的时候，表面上维持的是一种信用的体系，但事实上是一场投机的赌局，而这场赌局已经被染上了资本主义浪漫的玫瑰色彩，让普通人沉醉于其中。换言之，资本主义经济学的良序运行，当然依赖于其"编造的神话"，在这种神话之下，一切外在于资本主义的力量不过是这种神话的不成熟的样态，这就是马克思所谓的"人体解剖对于猴体解剖是一把钥匙"②的原因所在。因为资本主义不断在神话中建构了以自己为顶点的时间和空间的螺旋式金字塔结构的时候，自然外在于资本主义框架一切他乡和过去，都无非是这种神话的装饰品，这些装饰品指向了神话的中心，但那个中心的驼背侏儒我们却看不到他的存在。

在进入数字资本主义的条件下时，这种神话得到了进一步延伸。我们可以借此来探索数字资本主义的神话，这种神话认为，数字经济代表着一种虚拟经济，是与实体经济相对立的经济形式。在这个意义上，神话的杜撰者们跟我们讲述着各个数字经济时代的概念，例如知识经济、信息经济、元宇宙经济等，在这里面有知识共享、数字共享、人工智能、算法治理等一系列范畴，仿佛我们一旦抛弃了实体经济，进入虚拟经济的层面上，我们将会过上前所未有的生活。但是真正的问题在于，数字经济只是实体经济的一个外衣，而不是对其取代，就像我们前文谈到了在互联网上订蛋糕，那个蛋糕仍

---

① 《马克思恩格斯选集》（第二卷），人民出版社，2012 年，第 706 页。
② 同上，第 705 页。

然是实体生产的,无论数字经济为我们画下了多么大的饼,实体经济仍然支撑着数字经济和虚拟经济,任何虚拟经济中的东西都无法真正取代实体的消费,只要我们身体仍然需要吃饭、喝水、出行、住宿,那么实体经济就仍然会发挥作用。

如果我们理解了这个问题,就不难发现,实体经济和数字经济根本不是一个二元对立的结构,也不存在谁取代谁的问题,即便在美国那样的构架,它的实体经济大量外移,但在全球范围内来看,美国等发达国家的服务业和金融,他们的消费仍然需要大量的第三世界的实体经济来支撑。同理,数字经济的基础仍然是实体经济。当然,数字资本、数字经济是一个新事物,但绝对不是在取代实体经济意义上的新事物。它的新意在于,通过大数据和数字化控制,自动化流程和数字物流管理,将不同的试图全世界各地的实体生产部门统一在一个大的数字逻辑之下,谁掌握了这些核心的数字逻辑,谁就掌握了全球经济的命脉。换言之,在未来世界的关于数字化和通信技术、自动驾驶和人工智能的竞争中,与其说是在某个具体产业上的竞争,不如说是谁掌握了一般数据和数字控制的轴心,谁就成为那个驼背侏儒。而在今天,控制着这些数据中心和算法的就是平台资本,从扎克伯格到贝佐斯、从比尔·盖茨到埃隆·马斯克,当我们以为他们是数字产业的新媒体的资本家时,我们都犯下了一个错误,因为那些数字外表,Google、Twitter、苹果手机不过是用来控制的外壳,而在这些外壳下面,包括在特斯拉之类的自动驾驶技术下面掩藏的是这些技术已经通过数字控制的轴线,延伸到所有的生产部分,从第三世界的粮食生产供应到中东国家的石油,从东南亚的服装生产到韩国的半导体,实际上每一个环节都已经成为这些大平台的数据控制的对象。它们不纯粹是数字经济,而是通过数字控制工具控制一般数据,从而控制了全球性的生产一般的平台。当马斯克、库克、贝佐斯、扎克伯格等人在聚光灯下为我们讲述他们的数字帝国的奇迹的时候,实际上,支撑他们神话的是每一个具体的生产、交换、消费、分配的部门。

此时此刻，我们耳边再一次盘桓着马克思的教诲："人体解剖对猴体解剖是一把钥匙。"当扎克伯格、盖茨、贝佐斯、库克等人的数字资本主义的帝国在畅想未来社会的神话的时候，必然意味着他们的资本已经将吸血的吸管深入到了每一个国家，每一个生产部分，甚至每一笔金融投资的内部，滋养着这个最复杂的资本主义的形态的奢华的外表。如果没有这种滋养，或许数字资本主义华丽的外表会迅速萎缩。这就不难理解，当2022年上半年美联储宣布连续几次加息之后，那个由中本聪宣布的去中心化的不以任何国家的货币为支撑的比特币开始一路狂泻，因为比特币和其他区块链的货币都是一种需要靠汲取工业生产一般的数字神话，他们需要一般数据和生产一般的支撑，让这个信仰可以维持更多的信徒，就像弗拉瑟遇到的信托银行与古希腊语中的信仰含义一样。本雅明的精妙的傀儡，如果没有隐藏在下面的驼背侏儒，再华丽也无法下出精妙的棋招。同理，没有产业上的工业生产，没有控制生产的一般数据，数字资本的神话无论多么美妙，终归还会走向破灭。透过马克思的《〈政治经济学批判〉导言》，透过人体解剖的钥匙，我们似乎看到了资本控制的生产一般仍然是支配着资本主义生产、交换、分配、消费奥秘的侏儒，但是这个侏儒不再是以往那个侏儒，今天的生产一般已经被数字技术套上了一般数据的羁轭，让数字资本可以在更大的空间范围内控制着全球的生产。如果仍然还有人迷信于这种数字神话，我们只好模仿马克思的口气，对他们说："这里是罗陀斯，就在这里跳跃吧！"①

---

① 《马克思恩格斯选集》（第二卷），人民出版社，2012年，第163页。

数字劳动的政治哲学叙事

——从马克思到西方左翼的资本主义批判

刘卓红　　郭晓晴*

马克思指出:"对社会主义的人来说,整个所谓世界历史不外是人通过人的劳动而诞生的过程,是自然界对人来说的生成过程。"[①]"劳动所具有的创造价值的特性"[②],是主体生产力利用客体生产力改造自然生产力,并最终生产出满足人类所需要的、具备使用价值的劳动产品的过程。然而劳动却在资本主义社会呈现出与其自身应有本质相悖的现象:劳动使主客体分离,人在劳动中失去自我,成为劳动的工具,劳动变成使人所应有的本性被丧失、成为异于自身的一种活动。在大数据时代,数字技术全方位进入人们的生活,成为控制人们活动的关键因素;劳动数字化形态的出现,使资本主义劳动具有了更广阔的寻利空间和更隐匿的剥削性的特点;数字劳动虽然有了新的变化,但依旧延续和表达马克思关于资本逻辑下劳动异化的四重基本规定的思想。不仅如此,异化超出物质生产领域,全面进入非物质领域,

---

　　* 刘卓红,华南师范大学马克思主义学院教授。郭晓晴,华南师范大学马克思主义学院博士研究生。

　　① 《马克思恩格斯全集》(第3卷),人民出版社,2002年,第310页。

　　② 《马克思恩格斯选集》(第一卷),人民出版社,2012年,第319页。

成为资本主义制度自身不可治愈的"毒瘤"。正如哈维所指出的:"异化几乎无处不在……客观异化理论以及对其主观后果的理解成为打开未来进步政治大门的关键。"①

近年来,以欧美为代表的西方左翼对资本主义出现的新情况和新问题给予了回应,尤其表现出对马克思的资本主义批判理论的高度关注。无论是大数据时代下的数字技术、劳动形态,还是数据资本化、科技意识形态等问题,西方左翼都进行了批判性的诊断,对马克思开展异化劳动的政治经济学批判给予了极大的关注。他们以此为切入点,对资本主义的经济和政治等问题展开了全景式的政治哲学批判,其中,西方左翼提出的不少观点与马克思当年对资本主义异化劳动的批判既存有共同的指向,又具有现实的分野。正如阿伦特所言:"马克思所产生的影响及其科学工作的根底里的东西是什么? 要回答这个问题,很难找到合适的说辞,真要说的话,恐怕是他的政治哲学。"②无疑,从政治哲学切入展开对资本主义的批判,成为西方左翼资本主义批判理论的范式。西方左翼从政治哲学的层面考察数字劳动并展开批判,是深度把握当代资本主义因数字技术的出现引发劳动、资本和社会制度产生明显变化的应有之维,也是他们尝试通过理论批判,消解资本主义异化现象与剥削逻辑的应势之需。

一、从生产劳动异化到数字劳动异化:剥削与失范

从异化劳动切入展开对资本主义的批判,是当年马克思论述所有经济问题的基础。步入大数据时代,数字经济高歌猛进,数字技术正在以超乎想

① Harvey D.,Universal Alienation,*TripleC*:*Communication*,*Capitalism & Critique*,Vol. 16,No. 2,2018,p.424.

② [美]汉娜·阿伦特:《马克思与西方政治思想传统》,孙传钊译,江苏人民出版社,2007 年,第 81 页。

象的速度重塑人类社会,主体的生存形式与生产资料的投入方式,在表现形式上都具有了崭新的样态,一切社会元素均被纳入数字化轨道。因此,在数字资本主义条件下要重新定义劳动、把握劳动异化形式的新变化,全景式地思考因数字技术造成因劳动异化形式变化导致剥削与失范的变化,成为西方左翼首先关注的问题。

(一)劳动主体的异化

马克思在《1844 年经济学哲学手稿》(以下简称《手稿》)中借用黑格尔的异化概念解释资本主义私有制下的劳动,从劳动行为、劳动产品、劳动自身和劳动中人与人的关系这四重关系对劳动异化展开了批判。马克思认为,因为劳动发生了异化,使原本属于主体自身的劳动变成了异己的、控制和反对主体的社会力量。异化劳动是资本主义最典型的本质特征,在数字世界与物理空间相重叠的今天,资本主义异化劳动的本质没有改变,仍旧是主体失去自我、新的劳动形式全面受控于资本剥削,导致社会一般关系全面异化的活动,"它存在于生产工作中,存在于家庭消费中,并且主导着政治和日常生活的大部分"[1]。

数字资本主义形态下的劳动由非物质劳动者所组成的"知产阶级"一跃成为再生产领域中的劳动主体,他们所从事的非物质劳动成为维系资本主义体系正常运作的重要组成部分。拉扎拉托 1996 年在《非物质劳动》一文中率先提出了"非物质劳动"的概念,后经哈特和奈格里增添了"情感劳动"的内涵给予补充,"如思想、形象、交流形式、影响或社会关系等"[2]。在哈特和奈格里看来,所谓"非物质劳动",一方面指投入知识、信息、情感等要素创

① Harvey D., Universal Alienation, *TripleC*: *Communication*, *Capitalism & Critique*, Vol. 16, No. 2, 2018, p. 424.

② Hardt M., Immaterial Labor and Artistic Production, *Rethinking Marxism*, Vol. 17, No. 2, 2005, p. 176.

造出非物质性产品的过程，属于经济学的范畴；另一方面则指代创造出物质财富之外的社会关系和社会生活，属于"生命政治"的范畴。在大数据时代，"非物质劳动"的出现使传统的雇佣劳动向基于无酬劳动的互联网平台经济模式的转变，平台作为资本表现的舞台更显出日益强大的力量。在 ICT 技术（Information and Communications Technology）的新兴实践中，平台资本获得了财富增值和权力布展的双重特性。这样一来，在虚幻、真空的平台之中，"数字经济成了价值以及无酬文化、情感劳动的重要试验田"[1]，劳动者在为经济发展持续创造动能的同时，也逐渐减缓了"能够进行理论化和进行慎思的智力能力"[2]，主体因失去自我的不自由被无限地扩大了。

此外，数字劳动作为剥削与"愉悦"共存的生产性活动，也是诱发人们心理异化的导火索。长期生活在"信息茧房"的个体更容易丧失主体意识，产生抑郁症、焦虑症、过劳症、注意力涣散、社恐等社会病症；"内卷"等"自我优化"状况被学界称之为"自我剥削"现象，表面看来是劳动者为了实现虚假的自我完善而"勤勉"劳作，实质上则是心甘情愿地接受资本的压榨和掌控，就像韩炳哲所言"自我剥削的主体和被他人剥削的奴隶一样没有自由"[3]。西方加速主义者罗萨在《新异化的诞生：社会加速批判理论大纲》中也提出类似的看法。他借用吕柏的时间概念，认为在竞争因素的驱动下，现代西方社会"当下时态的萎缩"[4]，资本家在想方设法攫取劳动时间、推动整个社会经济运行的同时，必然会"缩小现在"，挤压劳动者的生存自由。显然，在大数据时代，数字劳动的背后依旧是赤裸裸的资本逻辑和剥削逻辑。表面上看，

---

① Terranova T., Free Labor: Producing Culture for the Digital Economy, *Social Text*, Vol. 18, No. 2, 2000, p. 38.

② ［法］贝尔纳·斯蒂格勒：《南京课程：在人类纪时代阅读马克思和恩格斯——从〈德意志意识形态〉到〈自然辩证法〉》，张福公译，南京大学出版社，2019 年，第 59 页。

③ ［德］韩炳哲：《爱欲之死》，宋娀译，中信出版集团，2019 年，第 40 页。

④ ［德］哈特穆特·罗萨：《新异化的诞生：社会加速批判理论大纲》，郑作彧译，上海人民出版社，2018 年，第 17 页。

技术的加速带来空间、时间、制度的变革，为人类释放出更多的自由；但实际上，数字技术带来的所谓自由却构成新的奴役机制，资本的剥削渗透在非物质领域的各个方面，呈现无序的失范状态。

（二）劳动结果的异化

马克思在《手稿》中指出劳动异化可能导致的四种结果："对工人来说，劳动的外在性表现在：这种劳动不是他自己的，而是别人的；劳动不属于他；他在劳动中也不属于他自己，而是属于别人。"[①]显然，在资本主义私有制下，劳动不属于工人本身，劳动是异于工人而存在的，即便在大数据时代下，劳动异化的状况依然如故：包括生产活动在内的各种社会活动都受到技术的制约、掌控；生产资料从原先由货币和市场所决定转而被算法、被平台所操控；网络平台悄无声息地实施收集大众潜在的数据、售卖给商家、向消费者精准投放相应需求的广告和产品数据的收集方式，达到主宰市场和控制人的目的。从根本上说，这种以剥夺主体意识，侵占主体自由为目标的新型方式，就是异化在大数据时代的典型表现之一。

加拿大韦仕敦大学的科莫教授十分关注全球化背景下的资本主义生产。他认为："涉及工人'降格'产生的系统追逐剩余价值的过程，产生了另一种异化形式——过程异化。"[②]这意味着数字劳动导致的异化不断扩大并侵蚀社会的机体，已经从生产领域的物化走向了非物质领域的数字化，使当年马克思批判的生产异化劳动成为当今的数字异化劳动。数字化形态下的劳动产生"异变"，不仅更新了资本主义的生产和积累方式，更打破了传统的劳动模式、劳动界限和劳动环境，触发了劳动力市场的不稳定运作。劳动者成为资本的"无力工具"，与机器上可随时替换的小部件毫无二致，变得更加

---

① 《马克思恩格斯选集》（第一卷），人民出版社，2012 年，第 54 页。

② Comor E., Digital Prosumption and Alienation, *Ephemera：Theory & Politics in Organization*, Vol. 10, No. 3/4, 2010, p. 442.

"流众化"。从表面看来，数字劳动背后隐藏着的资本逻辑和剥削逻辑似乎淡化了不同类型的劳工的剥削，但从根本上说，数字资本试图将"个人消费"转化为"生产性消费"，将人在非物质领域的自主活动也转化为创造价值和剩余价值的活动，哪怕只是处在不劳作的存在状态，也可能会被掠走仅有的"剩余存在"价值。因此，数字劳动未改变资本主义劳动的资本剥削本质，反而使资本对劳动的剥削成为更加隐蔽的形式。

在西方左翼眼中，当年马克思所言"工人在他的产品中的外化……意味着他给予对象的生命是作为敌对的和相异的东西同他相对立"①的现象被无限地扩大了，算法控制裂缝中的"流众"，也就是不稳定的无产阶级，存在着"挣脱枷锁"的革命潜能，他们是"新的危险阶层"②。奈格里认为，在新经济模式的压迫下，异化的无限扩大所导致的社会失范现象，必然会招致以"诸众"为主体的对抗和斗争，因此提出"劳动共同性"的抽象概念，集中探讨了创造"财富共有"和实现"诸众民主"的可能性。事实上，奈格里对数字劳动异化批判的观点仅仅停留在抽象的思考层面，并没有提及克服和解决新异化形式的有效方法。福斯特则从劳动和实践的角度出发，重点关注帝国主义、金融化发展，以及由此带来的现实问题。他意识到像经济危机、生态危机等社会问题的出现同样是劳动异化的产物，是由资本逻辑造成的，必须加以重视。在哈维眼中，异化是资本主义经济攸关一切的核心问题，存在于资本主义社会劳动的全过程。他在《资本社会的 17 个矛盾》中，揭露了"纯粹的资本生产"与"再生产"之间的矛盾，指出当下资本获利的途径已经转向"食利者主义"这一现实，并作出资本主义的核心矛盾——异化终将把资本主义引向灭亡的预判。

---

① 《马克思恩格斯选集》（第一卷），人民出版社，2012 年，第 52 页。
② Standing G，The Precariat，*Contexts*，Vol. 13，No. 4，2014，p. 11.

二、劳动权力到数字权力：支配与掌控

数字劳动引发资本的数字化，数字权力也相伴而生。技术理性与数字资本在大数据时代的合谋，意味着资本借助垄断性平台，不仅获得了系统化的延展能力，更重塑了当代的劳动关系，开启了全面剥削和掌控劳动者的异化统治，使数字权力在约束人们行为选择的同时，更可以左右政治和经济的发展趋势。

（一）对劳动价值论的深化

劳动价值论作为阐明剩余价值来源的重要理论，是我们从学理角度理解数字劳动的基础。马克思在论述劳动价值论时，用了"抽象劳动""具体劳动""私人劳动""社会劳动""生产性劳动"和"异化劳动"等术语，深刻揭示了劳动应是人类的本质活动，是经济支配的具体表现，"是人和自然之间的物质变换即人类生活得以实现的永恒的自然必然性"[1]。然而西方左翼对此持不同的看法。齐泽克强调要"批判地忠诚于"马克思的劳动价值论，认为抽象劳动只有在交换之中才拥有价值关系的理解，实际上是将马克思的思想等同于李嘉图的经济学。相较于齐泽克，斯威齐对马克思劳动价值论和剩余价值学说给予充分肯定并赋予了许多原创性的解释。在他眼中，"不存在可以替代马克思劳动价值论的理论"[2]。毋庸置疑，马克思当年分析资本主义生产方式时所运用的基本原理和科学方法论，在今天仍被许多西方左翼视为圭臬。他们持续聚焦以劳动、剥削、阶级、全球性奴役等为核心的经典"老命题"，探究数字资本主义社会究竟发生了何种"新变化"，在一定程度上强化了马克思主义劳动价值论对现实的强大解释力。

---

① 《马克思恩格斯全集》（第44卷），人民出版社，2001年，第56页。
② ［美］约翰·B.福斯特、蔡希：《纪念保罗·斯威齐（下）》，《国外理论动态》，2004年第12期。

在大数据时代,数字资本将它的剥削范围延伸到非物质领域,乃至"玩""休闲消遣""自由时间""社会关系""情感活动"等都归属于数字劳动的范围,各种数字劳动方式都在创造着价值,形成"产消合一"和"玩工"的新表征。"产消合一"是未来学家托夫勒针对这一现象率先提出的概念,意为生产和消费的合一,而不是简单聚焦于某一方面。也有西方学者就这一主题进行发问:当这种合一表现出的自由和人性化选择的出现,是否就意味着"异化"的终结? 从中不难看出,"产消合一"揭示了数字劳动所具有的全员劳动的特性。数字劳动范围的加大实质上加剧了劳动异化的成分,提出异化终结的想法只能是一种幻想。科技、通信技术与资本的合谋意味着劳动者不仅在雇佣劳动中创造价值,而且跃出了生产领域,在非物质劳动中成为创造价值的"机器"。库克里奇在《不稳定的玩工:游戏模组爱好者和数字游戏产业》一书中,就游戏模组爱好者对游戏产业的技术、研发、营销、推广等方面做出的贡献,提出了"玩劳动"和"玩工"的概念,即提出在大数据时代下的劳动生产者将 play 与 labor 结合起来,使"玩"成了一种价值生成方式,"随着人们越来越重视创造性的劳动形式,工作和休闲时间之间的界限也变得模糊"[1]。必须看到,强化对非劳动时间这一"补集"的掌控,是资本在无形之中扩充其价值增值的途径,劳动卷入"非经济"的剥夺性积累进程,使"玩"等系列活动背后隐匿的"霸权"仍旧是由资本逻辑主导的活动,是"智识劳动者"在非物质劳动中,通过无偿参与非物质劳动使资本增殖的过程。资本肆虐整个非物质劳动领域,让不平等进入人们生活的每个角落,资本权力的无域扩充,充分彰显资本在大数据时代下的霸权地位。

(二)对互利非剥削论的驳斥

劳动是创造价值的源泉,马克思把劳动和价值之间的关系看作分析资

---

① Kücklich J., Fellow M. C., Play and Playability as Key Concepts in New Media Studies, *STeM Centre*, *Dublin City University*, 2004, p. 2.

本主义社会的关键。马克思一方面强调劳动创造了人自身,将人与动物的生命活动区分开来,赋予了人之所以为人的属性;另一方面又剥离开了市民社会中的存在主体和政治领域的法权主体,论述了人多层面的社会存在状况。当数字化生存成为一个客观事实,剥削作为一种社会关系往往隐藏在资本主义"和谐、繁荣"的假象背后。20世纪极具反叛性的思想家福柯,为我们理解资本逻辑主导下人的生存方式,提出了一种新的政治哲学思考构境,即"全景敞视"的权力-空间模型。这一模型的提出揭示出资本在微观空间领域行使着权力运作和改善机制的功能,即"资本需求的不是一种超越的权力,而是建立在内化层面上的控制机制"①。按照福柯的观点,以往人们是主动获取信息,在当下,信息不请自来。各种广告铺天盖地,硬生生地挤压我们的生存空间,景观化趋向愈演愈烈,数据正在以"全景敞视"的方式掌控大众,以非强制的"内在牧领"影响人们的生活方式,使大众落入"数字的全景监狱"②。资本的运作规律囚禁着我们所有人,我们只能做资本想要我们做的事情,无论是数字与资本之间关联的"函数算法",还是新自由主义思潮下的"主动操控",都暴露出主体自愿被奴役、被束缚,劳动者屈从于技术而不为所知。显然,在西方左翼看来,数字对人的操控使人陷入资本掌控的陷阱之中而无法自拔。

赫斯蒙德夫提出了"创造性劳动不受剥削"③的论点。他提出在"脸书""推特""谷歌"上经用户创造出来的是具有文化性质而无劳动报酬的工作的看法,实际上对劳动剥削概念的理解存在着误区。他没有看到创造性的再生产劳动其实亦是属于超过生产要素而产生机会成本的剩余,在经济学中,

---

① [美]麦克尔·哈特、[意]安东尼奥·奈格里:《帝国:全球化的政治秩序》,杨建国、范一亭译,江苏人民出版社,2008年,第316页。

② [德]韩炳哲:《精神政治学》,关玉红译,中信出版集团,2019年,第52页。

③ David Hesmondhalgh, Normativity and Social Justice in the Analysis of Creative Labour, *Journal for Cultural Research*, Vol. 14, No. 3, 2010, p. 242.

这既是"经济租"和"创租"的来源,也是剥削的方式。福克斯对数字劳动的理解是建立在对人类学意义上的"工作"与社会历史意义上的"劳动"两者的区分之上,他将数字劳动定义为异化了的数字工作,并揭示了商业大众传媒获利的秘密——在"定向广告的基础上对用户劳动的剥削以及个人数据的商品化"。① 在经济全球化下,非物质劳动的寻利活动并没有使资本压榨的范围减少,反而却以更隐蔽的方式谋取更多的财富,"我们整个生活都被资本笼罩,资本的价值创造来自整个社会的劳动,因此所有的社会和生活的关系都被纳入到生产关系之中"②。生产资料与劳动能力的社会化程度大幅提升,也并未改变资本主义制度下的劳动"异化"的现象,只要资本主义私有制一天不被消灭,劳动就无法回归其自身,就无法实现劳动向属于人类自由自觉活动的回归。

(三)与意识形态的强化黏合

最早使用"意识形态"一词的是法国哲学家特拉西,他在 18 世纪使用"意识形态"的哲学术语描述"观念科学",解释了必然出现的观念原则与维系社会秩序之间的关系。马克思和恩格斯在继《神圣家族》之后共同写作了《德意志意识形态》,阐明了社会存在与社会意识之间的辩证关系,清算了马克思之前的唯心主义哲学。恩格斯在致梅林的书信中批驳了巴尔特之流的歪曲和攻击,就意识形态对社会历史发展的作用进行详细阐述:"一种历史因素一旦被其他的、归根到底是经济的原因造成了,它也就起作用,就能够对他的环境,甚至对产生它的原因发生反作用。"③巴迪欧在谈及意识形态问题时,称意识形态的话语的单位是"观念",是包含了哲学中的"非存在性的

---

① Fuchs C., Sevignani S., What Is Digital Labour? What Is Digital Work? What's Their Difference? And Why Do These Questions Matter for Understanding Social Media?, *TripleC: Communication, Capitalism & Critique*, Vol. 11, No. 2, 2013, p. 254.

② 张一兵:《照亮世界的马克思》,上海人民出版社,2018 年,第 100 页。

③ 《马克思恩格斯选集》(第四卷),人民出版社,2012 年,第 644 页。

对象"。巴迪欧直击资本主义,认为当今世界需要哲学,哲学存在的意义是为了思索更多的可能性,通过哲学唤醒主体意识,打碎资本统治的幻境,相反,对资产阶级意识形态的屈从和妥协是他所不能容忍的。齐泽克则站在西方马克思主义思想轨迹的制高点,走出了一条对资本主义意识形态展开批判之新路。他提出"幻象意识形态的理论",公开声称资本主义意识形态不仅具有"犬儒主义"讥诮嘲讽、玩世不恭的特点,更以一种多元和隐性的方式强化对整个社会的控制,"正是它的存在暗示出了参与者对其本质的非知"①,这无疑是齐泽克实施的一种意识形态策略。

当科学技术发展到一定的程度,文化软实力和政治强实力也会随之发生改变,成为影响国家之间博弈的重要力量。"脸书""推特""谷歌""软件工程""硬件装配"这些数字劳动方式不可避免地掺杂一些"政治魅力",这是资本主义发展进程中具有阶段性的明显标识。在当代法国左翼思想家德波看来,马克思所描述的资本主义工业社会是一个与现实物质生产割裂的、颠倒的景观世界,是"对应于一种异化的具体制造"②,随着异化产品的积累,现代景观社会的持续在场,衍生出了一种兼具数字化形态的、"在直接的暴力之外将潜在地具有政治的、批判的和创造性能力的人类归属于思想和行动的边缘的所有方法和手段"③。西方左翼认为,在资本主义制度下的生产关系是建立在一种美其名曰"不言自明"的、相互默认的社会契约之上的,看似披上了"数字自由""数字民主"的合法外衣,实质却是更隐蔽了资本的剥削方式与剥削手段,使劳动乃至文化等无条件服从于资本逻辑。正如阿尔都塞在《意识形态和意识形态国家机器》中所说的,强制性的国家与意识形

---

① [斯洛文尼亚]斯拉沃热·齐泽克:《意识形态的崇高客体》,季广茂译,中央编译出版,2002年,第28页。

② [法]居伊·德波:《景观社会》,张新木译,南京大学出版社,2017年,第14页。

③ 同上,序言第15页。

态之间的唇齿和谐从未建立起来过。

如今,一般智力和非物质劳动成为直接生产力,社会成员的自由时间转化为商品,资本权力向政治和文化领域转移和扩张,积极地推动世界走向一个精神政治的强权时代。在斯蒂格勒看来,"数字网络是一种绝对的、彻底的、集体式的、精神个性化的新过程的技术,这种过程有能力吸收所有其他个性化的技术……使得一切都被吸收和重新配置"①。不言而喻,在大数据时代下的网络主体利用数字构序来增加"生命的负熵",但同时也产生了一定程度的"熵增"。当劳动被数字资本高度掌控并对政治和思想领域起着主宰作用之时,即当资本权力溢出经济领域延伸至意识形态领域、出现资本权力政治化时,其必然结果就是资本对社会乃至人类的破坏力愈大、愈严重。

三、自由资本、垄断资本到数字资本:外显与内隐

"资本"一词源于拉丁语"caput",其中蕴含着"资金""生息""增殖"的意思。资本是历史积累的成果,是定义时代的要素,也是现代社会中主导一切的力量。资本开创了资本主义社会,发动了对自然界的掠夺,并形成了人与人之间新型的生产关系。在大数据时代,数字资本作为去中心和去地域的一股强大力量,是全球化时代下操纵资本主义经济机制的主导力量。

(一)资本的多重形式变换

商品与资本的关系是划分资本主义社会发展阶段的重要依据。资本将整个客观世界纳入它的运行轨道,受资本所掌控,是资本"使人和人之间除了赤裸裸的利害关系,除了冷酷无情的'现金交易',就再也没有任何别的联系了"②。资本在历史中经历了从自由资本到垄断资本再到现时的数字资本

① Stiegler B., Roberts B., Gilbert J., et al, Bernard Stiegler: a Rational Theory of Miracles: on Pharmacology and Transindividuation, *New Formations*, Vol. 77, No. 1, 2012, p. 173.

② 《马克思恩格斯选集》(第一卷),人民出版社,2012年,第403页。

的变换,而人类对资本的认识也经历了从理解资本、超越资本再到力图驯服资本的三个发展阶段。显然,数字经济急遽发展,使以数字化信息和知识为主要生产要素的数字资本,成为资本发展的新样态。从本质上看,无论是在组成还是功能方面,数字资本都与马克思概括出的资本流通公式的演进理路相一致。当数据具备了资本的属性,资本家便会依靠对大众数据资源和核心平台技术的垄断,建构起有利于自身的"数字资本新秩序"。当代资本主义"剥夺性积累的全部新的机制已经开启",①资本试图从一切领域展示其强大的"主体"价值,尤其强调对劳动过程和虚拟空间的掌控,人们已经成为数字人,身后跟着长长的"信息尾巴",其中包括个人偏好、喜好、位置数据、社交圈信息等隐私数据,都是资本增殖的"蓄水池"。在数字神话的框架内,为保证社会良性运转,所有与资本控制之间连接的领域被打通。平台作为数据资本化的重要载体,它在获得海量数据的同时,也掌握了游戏规则,成为资本实施"霸权式"治理的现实。

奈格里和哈特通过重读《资本论》,从中寻找解读新型世界帝国的答案。他们借用马克思对资本主义批判的观点并融合了斯宾诺莎哲学,提出新帝国主义超越了列宁当年提出的帝国主义,是垄断资本主义的更高级形态。新帝国主义凭借数字技术和利用网络平台等先进技术手段实现利润的最大化,资本的剥削涉及智力创造性、文化创新力、资本金融化、危机制造等人类活动的全部范围。此时,资本起到消除一切对抗和差异的作用,"资本向世界不知疲倦地进军,去创造生产和流通的单一文化与经济制度的网络和路径"②,把一切原本不属于自己的东西强行并入并加以控制,使其成为自身的

① [英]大卫·哈维:《新帝国主义》,初立忠、沈晓雷译,社会科学文献出版社,2009年,第120页。
② [美]麦克尔·哈特、[意]安东尼奥·奈格里:《帝国:全球化的政治秩序》,杨建国、范一亭译,江苏人民出版社,2008年,第316页。

一部分。伍德在《资本的帝国》中认为，"资本主义的'纯经济'剥削模式，即生活的日益商品化、由市场的非人格化'规则'所决定的社会规范，创造出一种正式从政治领域分离出来的经济"①，资本呈现对社会经济、政治和文化的全面统治，正全方位地重塑人们的生活。

(二)扩张使资本由形式吸纳向实质吸纳转换

资本的出现开创了人类历史的新阶段。资本积累成为维系资本主义经济体系的根本方式。马克思认为，在资本主义发展初期，劳动与资本之间的关系仅表现在物质生产领域，属于经济学范畴。西方左翼认为，随着社会经济高速发展带来资本权力向各个领域的扩张，劳动与资本的关系就不单是一种经济现象，不仅仅属于经济学范畴，而是转变为经济–政治学范畴。正如哈特和奈格里所说："发达的资本主义剥削工厂已经渗透到工厂外墙，重新定义了所有的社会关系。"②资本超出生产劳动领域蔓延至社会的各个领域，资本无处不在。金融资本的崛起带来资本权力的扩张，整个社会被纳入资本的统治范围，"从肌肉、语言、情感、代码到图像、社会智力、社会关系，以及劳动的认知和协作要素等"③。这一现象印证了马克思当年在《资本论》中提到的，"科学和技术使执行职能的资本具有一种不以它的一定量为转移的扩张能力"④。

大数据时代下，平台经济的发展扩展了新的剩余价值增长渠道。生产关系不再局限于单一的、资本家与工人之间的雇佣关系，而是超出雇佣劳动之外的，包含着非劳动时间的价值创造，使闲暇时间都变成资本牟利的工具

---

① ［加］埃伦·M. 伍德：《资本的帝国》，王恒杰、宋兴无译，上海译文出版社，2006年，第2页。

② Fuchs C., Universal Alienation, Formal and Real Subsumption of Society Under Capital, Ongoing Primitive Accumulation by Dispossession: Reflections on the Marx@ 200 – Contributions by David Harvey and Michael Hardt/Toni Negri, TripleC: Communication, Capitalism& Critique, Vol. 16, No. 2, 2018, p. 459.

③ Ibid., p. 457.

④ 《马克思恩格斯全集》(第44卷)，人民出版社，2001年，第699页。

和资源,这是资本对劳动总体吸纳的重要表现。

一方面,数字劳动的出现不仅极大丰富了劳动的概念,拓展了劳动的范围,而且明确标示数字劳动的核心指向就是生产资料的数字化,以及劳动的对象、产品和报酬同样是以数字的方式来表达,正是由于非物质劳动重要地位的迅速上升,使"与之密切相关的非物质财产的重要性同样也在提升,这种非物质财产就是非物质劳动创造的财产而已"①。数字劳动彻底打破了传统劳动模式,它从生产领域扩展到非物质劳动领域,资本的影响力、掌控力被无限扩大。具体表现为:互联网平台打着"共享"的名义收集数据,实质上是数字经济"独享"行使"霸权"的真实表现,是个体在时空维度下所有生活的不断商品化;数字资本对一般智力和无酬劳动的剥削成为创造价值的新途径,无尽地攫取和霸占劳动者的剩余价值,正是数字资本贪婪本性的集中表现。表面看来,"知产阶级"在自由权利方面拥有更多的自主权,然而实际上却是资本把人的地位"降低到无声的齿轮上",虽能够发言但却不起实质性作用。诚如马克思所言,在"资本和雇佣劳动之间的关系在形式上也就越是充分,从而劳动对资本的形式上的从属也就越是充分"②。

另一方面,社交媒体的发展也使得受众者在与他人的社会交往活动中获得了自我肯定,就像"朋友圈点赞""微博转发评论"等行为带来自我认知的加深。正是数字技术所造成的网络镜像与真实现实之间界限模糊,极易使人陷入虚假的意识形态怪圈,正是这一转变,使资本完成对社会的侵蚀由当年马克思批判的"形式吸纳"转变为"实质吸纳"。③

---

① Hardt M., Immaterial labor and artistic production, *Rethinking Marxism*, Vol. 17, No. 2, 2005, p. 176.

② 《马克思恩格斯全集》(第37卷),人民出版社,2019年,第285页。

③ "形式吸纳"和"实质吸纳"是《帝国》一书中的核心概念,是哈特和奈格里对马克思在《1861—1863年经济学手稿》中用于描述劳动对资本从形式上的从属到实质上的从属转变两个概念的提取和运用。

（三）关于资本未来的正义预设和展望

当代马克思主义经济学家斯威齐和巴兰在合著的《垄断资本：论美国的经济和社会秩序》一书中，以区别于马克思"剩余价值"的"经济剩余"概念为中心线索，以美国为样本，分析了垄断金融资本在 20 世纪中后期呈现出的爆炸与停滞新特点，揭示了当代垄断资本主义发展停滞和自行崩溃的必然性。不否认在垄断资本主义经济体系运行的具体分析上，斯威齐和巴兰相较于马克思和列宁的论述更为细致，但也有不少持社会主义观点的西方学者对"经济剩余"这一概念进行抨击，认为它是漏掉了公共消费、公共投资、私人投资以及租金、利息、地租的部分，是试图修正马克思主义的非科学提法。拉克劳与墨菲认为"不受资本主义生产关系渗透的个人生活或集体生活是不存在的"①，主张建立起以领导权理论为核心的激进民主话语体系。应该看到，拉克劳和墨菲激进、多元的思考背离了唯物史观，不但否认了生产力的核心地位，而且还解构了经济范畴在划定阶级时所占有的基础性地位。

当人们认识到劳动异化，进而转向提出克服异化之时，问题才真正开始。马克思深刻揭示了资本主义生产方式的矛盾是资本主义自身无法克服的，一针见血地指出，只有在共产主义条件下，异化才能被真正终结，劳动只"有表现本身的真正个性的积极力量才得到自由"②。消灭私有制进入共产主义社会是一个漫长的历史过程，"自由王国只是在必要性和外在目的规定要做的劳动终止的地方才开始；因而按照事物的本性来说，它存在于真正物质生产领域的彼岸"③。齐泽克谈及《帝国》一书时，认为哈特和奈格里所描

① ［英］恩斯特·拉克劳、查特尔·墨菲：《领导权与社会主义的策略——走向激进民主政治》，尹树广、鉴传今译，黑龙江人民出版社，2003 年，第 160 页。
② 黎澍：《马克思恩格斯列宁斯大林论历史人物评价问题》，人民出版社，1981 年，第 51 页。
③ 《马克思恩格斯全集》（第 46 卷），人民出版社，2003 年，第 928 页。

述的政治斗争方式"没有从根本上分析目前全球社会经济进程将如何(如果有的话)为这些激进措施创造所需空间"①,要想破局,当前最重要的问题是找到激进的革命性主体,也就是重构出比马克思笔下的"工人阶级"更为彻底的"新无产阶级",激发他们的革命潜能。此外,他主张更要回到列宁,"运用列宁纯粹的政治立场和反对经济分裂坚决的态度"②来战斗。巴迪欧在谈及共产主义理念时,诉诸"纯粹的、永恒的平等"观念来批判资本主义社会的形式平等,这种所谓的"平等"原则与当年马克思所提倡的平等理念大相径庭。马克思从实践的思维出发,强调社会成员在社会生产关系中地位平等,这种平等绝非单一只包括政治地位和经济地位上的平等。巴迪欧还提出,发展生产力的另一个目标就是减少必要劳动时间、促进个人的全面发展,只有在共产主义社会"自由人联合体"中,才能真正通过劳动克服人间劳苦,使每个人获得自由全面的发展。只有到了共产主义阶段,雇佣劳动作为强制性的劳作才能成为多余,那种"盗窃他人的劳动时间"③的资本劳动才能转化为"有意识""有目的""社会性"的自由自主的劳动,从而实现劳动向人类自身的复归。

　　数字劳动带来资本生产关系和社会领域等全面变化的事实,证明马克思当年对资本主义异化劳动批判的思想依然闪耀着真理的光芒。无论是劳动价值论、剩余价值论、社会再生产理论,还是对资本主义历史的剖析,无一不印证马克思对未来社会的正确预判。"随着时间的推移,旧资本总有一天也会从头到尾地更新,会脱皮,并且同样会以技术上更加完善的形态再生出来。"④正如英国马克思主义学者福克斯所说的,数字劳动的出现颠覆了人们

　　① Žižek S., Have Michael Hardt and Antonio Negri Rewritten the Communist Manifesto for the Twenty - first Century?,*Rethinking Marxism*, Vol. 13, No. 3 - 4, 2001, p. 193.

　　② Ibid., p. 195.

　　③ 孙承叔:《真正的马克思:〈资本论〉三大手稿的当代意义》,人民出版社,2009 年,第 28 页。

　　④ 《马克思恩格斯全集》(第 44 卷),人民出版社,2001 年,第 724 页。

对传统劳动的认知,它在加剧资本积累和扩张的同时,深化了劳动剥削和阶级划分的内涵,使社会经济和政治结构不可避免地出现被重构的结果。

只有在对马克思与西方左翼思想关联的把握中才能更好地理解大数据时代下,数字技术对劳动带来的巨大影响,理解由于数字劳动的出现而引发资本主义出现的新问题。西方左翼从政治哲学的角度对当今资本主义展开批判能切中要害,体现出资本主义社会治理的方案尽管局限在理论层面的释读,却能清晰展示出对资本主义的批判包含着许多合理之处。他们运用马克思的政治哲学,把大数据时代下的数字劳动与数字资本作为批判的重点,通过揭露数字劳动的本质,找到消除当今资本主义全面异化的途径和方式。西方左翼运用社会病理式的研究方式对数字资本主义社会作"病理分析",为我们今天深入开展对数字化资本主义的研究,真实全面地把握大数据时代下数字劳动等相关理论问题的研究,提供了可资借鉴的启示。

西方左翼学者对全球数字治理危机的揭示
与人类数字文明新愿景

宋建丽[*]

一、数字鸿沟对全球治理的平等化进程构成挑战

当数字技术与资本主义制度相结合,成为资本积累的工具,以及资本主义生存和发展必不可少的动力,人类所经历和正在经历的,就是丹·席勒所言的数字资本主义,其典型特征体现为"信息网络以一种前所未有的方式与规模渗透到资本主义经济文化的方方面面"[①]。

有西方学者认为,数字技术可以超越资本主义旧的结构性不平等,引发资源共享和共同创造的革命,甚至断言数字技术将造就"无摩擦的资本主义"(friction – free capitalism)。果真如此吗? 显然不是,事实是,数字技术不仅没有造就"无摩擦的资本主义",而且数字技术运用中所造成的数字鸿沟,对全球治理的平等化进程构成严峻挑战。许多西方左翼学者从批判性的视角,对数字资本主义的剥削和不平等问题进行了富有启发性的探讨,并由此

　＊　宋建丽,天津大学马克思主义学院教授。
　①　［美］丹·席勒:《数字资本主义》,杨立平译,江西人民出版社,2001 年,第 5 页。

得出结论:数字化技术带来的社会空间均衡化发展的可能性,并不意味着社会不平等和分化已经消失,而是变得越发严重。

在克里斯蒂安·福克斯看来,跨国数字资本造就了一个剥削全球数字劳动的不正义的世界。福克斯揭示了"生产性消费者"(互联网商品用户)如何既作为消费者,同时又通过分享作品、投票、评价等在线参与方式,为互联网公司提供无偿劳动,而这种免费的"自由"劳动,很容易遮蔽资本与劳动之间的不平等关系。在他看来,跨国数字资本充分使用前资本主义的各种生产方式,以及占主导地位的资本主义生产方式,加速且加强对各种形式的数字劳动者的剥削,在国际范围获得最大化的利润,进而造就了一个剥削全球数字劳动的不正义的世界。[1]

丹·席勒也指出,数字资本主义带来了激进的社会和技术变革,但并没有减轻,反而可能增加不平等和资本的统治。20 世纪 70 年代,资本主义再次爆发系统性危机,发展信息技术相关产业,作为一种对世界商业体系系统性危机的反应,被引入大多数发达国家的市场经济中。[2] 当人们寄希望于信息与通信产业的数字化转型,能够帮助资本主义摆脱危机时,丹·席勒的分析为我们提供了一个令人沮丧的答案:数字化不仅不会减缓资本主义经济危机,缩小经济不平等的差距,减少劳动剥削,相反,数字资本主义日益呈现出"数字化衰退"的趋势,即"资本延长使用雇佣劳动,资本寻找商品化的新场所并时常遭遇挑战,变化无常的资本危机,以及甚嚣尘上的金融投机行为催生了经济萧条与衰退"[3]。正如席勒所言,在一定程度上可以说,互联网的最重要成就,就是使资本主义的矛盾现代化。数字网络深深地嵌入 2008 年

---

① [英]克里斯蒂安·福克斯:《数字劳动和卡尔·马克思》,周延云译,人民出版社,2020 年,第 267 页。

② Herbert Shiller, *Information amd Crisis Economy*, Norwood, N. J.: Ablex. 1984, p. 2.

③ [美]丹·席勒:《数字化衰退:信息技术与经济危机》,吴畅畅译,中国传媒大学出版社,2017年,第 9 页。

的危机,以及此后持续至今的停滞综合征中。①

数字网络对 2008 年以及之后持续至今的停滞危机的嵌入式影响,具体表现为市场体系的进一步深化。无所不在的计算机网络,与现存的资本主义相结合,大大拓宽了市场的有效范围。因特网以及与之密不可分的整个电信系统,构成了跨国化经济活动的首要特征。在拓展市场有效范围的同时,电脑网络空间正在使爱德华·赫尔曼所谓的"市场深化"成为可能。这种深化指的是家庭娱乐与教育的商业化,网络正在扩大资本主义经济中的社会与文化范围,这在以前从未发生过。席勒说他之所以称这一新时代为数字资本主义,原因就在于此。席勒通过三个密切相关的领域来追溯这些变化,这三个领域分别为:市场、技术、教育。席勒指出,在新自由主义或以市场为导向的政策影响下,电信系统已被赋予一种全新的社会目的。这种剧变增强了跨国公司的实力,同时也加剧了现有的社会不平等现象。电脑网络为在全球范围内,尤其是在某些特权群体中培养与深化用户至上主义,提供了一些特别灵活的手段。数字资本主义已经将教育作为一种牟利手段,将某些最敏感的社会学校教育过程置于一种独有的市场逻辑之下。②

此外,就因特网及其促进与巩固的数字资本主义而言,在美国自由流通政策、美国公司控制全球信息市场和资本跨国化需求之间,存在一种直接而广泛的关系。信息自由流通被视为美国政治经济利益的原动力,然而在其背后,却隐藏着无耻的自我扩张的企图,其背后是巨大的消费经济,是为美国二战后的全球扩张运动作辩护。自由加剧不平等,从而成为一种压制。因特网扮演着新自由主义政策变革先导的作用,对弱小主权国家构成威胁,

---

① [美]丹·席勒:《信息资本主义的兴起与扩张:网络与尼克松时代》,翟秀凤译,北京大学出版社,2018 年,第 185 页。
② [美]丹·席勒:《数字资本主义》,杨立平译,江西人民出版社,2001 年,引言,第 12 ~ 13 页。

而且伴随市场发展进程，势必会不断加大资本侵犯国家主权的广度与深度。① 跨国网络化生产对全球劳动市场及世界劳动分工有着深刻影响，农民与一般贫困人口的需求被忽略，社会需求服从于原则性冷漠，电信服务的不平等现象加剧，体现为网络服务的不均衡性、全球电信服务的不平等性、电信接入方面的阶层性分化，公共服务福利主义，日益被新的市场逻辑所取代，电信行业的公共服务特征，受到新自由主义全球扩张的攻击。②

从长远来看，日趋严重的社会不平等现象带来的种种问题，丝毫没有好转的迹象。我们很难认为社会富裕程度的差异，是上个历史阶段的残留。这种差异显然是由数字资本主义本身所造成的。互联网的发展，完全是由强大的政治和经济力量所驱动，而不是人类新建的一个更自由、更美好、更民主的另类天地。许多人欢呼互联网是一场消除中介、消除独裁、解除监控的全新革命，任何人的声音都将以同等的音量向世界传播。于是，世界陷入了商业"欣快症"和"预言狂热症"之中。但是未来的人类必将清醒过来：互联网的到来，我们将再度陷入新的樊笼之中。今天，我们纷纷入网，以此为时尚、为新潮。未来，我们又得重新寻找新的方向，试图挣脱这张可怕的"网"。控制与反控制，实质上就是整部人类的历史。由此可见，数字资本主义代表了一种"更纯"、更为普通的形式，它没有消除，反而会增加市场制度的不稳定性及种种弊端：不平等与以强削弱。③

席勒曾直言，大数据背后存在权力落差，信息过剩的表象背后是"信息赤字"，受利润最大化原则的驱使，原本可以用来造福人类的信息技术仅仅成为盈利的工具，信息产业显然无助于资本主义走出危机。他说，也许互联网是一场重新由强者操纵并制定规则的游戏，但是我们唯一的选择就是：面

① ［美］丹·席勒：《数字资本主义》，杨立平译，江西人民出版社，2001 年，第 95～117 页。
② 同上，第 57～78 页。
③ 同上，第 275～292 页。

对这个新的全球化工具,我们只有积极参与,把握有利趋势,主动占据一席之地,并通过自己的努力去影响和修正规则。①

从全球范围看,数字帝国主义正在不断加剧全球不平等。以美国为主导的新帝国主义以数字技术为基础,以金融资本为主宰,通过支配核心技术和网络处理器,实现经济霸权。虽然在实现方式上,表现出不同于过往的新特征,但数字帝国主义掠夺全世界剩余价值的目的没有改变。数据霸权对经济社会和国际政治经济格局产生巨大影响。美国作为典型的数字帝国主义,长期大量投入数字平台和数据库等数字化基础设施建设,通过数字寡头对全世界进行数字商品和资本输出,以此瓜分全球产业链。一些左翼学者注意到,知识垄断已经成为数字帝国主义掠夺全世界财富的全新手段。在层级化分工的国际产业链中,只有处在金字塔顶端、掌握核心数字技术的垄断者,才能掌握利润分配的话语权,身处各国代工厂的一线劳工则遭受多重盘剥,由他们创造的财富,绝大部分流入美国等帝国主义的顶端知识企业。②

麦克尔·哈特指出,数字化劳动具有超越不平衡发展之物理边界的趋势,不平等和数字化鸿沟弥散在众多断裂点上,带来新型的分化,比如各国中的数字化技术的友好者和不友好者、年轻群体和老年群体、精英阶层和弱势群体之间。如果"第一世界"与"第三世界"、中心与边缘、北方与南方曾经真正沿国境线区分开来,而今它们清楚地互相融合,将不平等和限制散布在众多断裂的界线上。不同的国家和地区,含有被认为是第一与第三世界、中心与边缘、北方与南方所属的不同部分。不平等发展的地理分布,以及划分与等级的界线,将不再出现在稳固的国界线或国际分界线上,而是出现在流动的国以下的和超国家的边界。数字化技术带来的社会空间均衡化发展的

---

① [美]丹·席勒:《数字资本主义》,杨立平译,江西人民出版社,2001年,第290页。
② [以色列]尤瓦尔·赫拉利:《反思数字化时代资本主义批判范式》,中国社会科学网,2021年12月28日。

可能性，并不意味着社会不平等和分化已经消失，而是变得越发严重。数字化帝国的形成，可以将极端不平等的两端，压缩在同一个空间场域，从而创造出大资本对弱势群体的极端盘剥。不妨更加准确地说，中心与边缘、北方与南方不再决定着某种国际秩序，而是相互间走得更近了。帝国的特征在于极端不平等的人群的紧密接触，从而创造出一个永久的社会危险局面。①

总而言之，资本主义条件下的数字化，已经成为一个阶级斗争的场所。无论资本主义条件下的数字技术呈现了何种人类美好生活的前景，唯一不可改变的事实就是：在资本主义条件下，所有的技术增长都从属于利润逻辑，所有的技术进步都被资本用来扩展剥削条件，并服务于跨越全球的资本主义的普遍化。正是出于这个理由，资本主义条件下的数字化，已经成为一个阶级斗争的场所。也就是说，在资本主义条件下，数字化并不意味着多元和平等，并不意味着已经消除了阶级对立和剥削；相反，数字技术与资本的联姻，使得数字化体现为资本占用劳动产品，并将其转变为私人积累工具的过程，这个过程一方面被自然化为一种不可避免的技术发展的后果，另一方面被用来作为一种在全球范围延展资本主义制度的手段而反对工人阶级。

如此看来，认为数字资本主义是一种"无摩擦的经济"（friction – free economy）的观点是值得质疑的。因为这一观点认为，资本和劳动之间的经济冲突将被取代，阶级差异不再重要，资本将会从日常生活的几乎所有方面提取巨大的利润，而不必剥削劳动。一些数字化狂热者甚至用世代逻辑取代阶级逻辑。他们指出，人们往往会担心信息富裕和信息贫穷之间的划分、拥有和不拥有之间的划分、第一世界和第三世界的划分，但是真正的文化区分将会是世代的区分。在这种论述中，世代取代了阶级，换句话说，根据世代

---

① ［美］迈克尔·哈特、［意］安东尼奥·奈格里：《帝国：全球化的政治秩序》，杨建国、范一亭译，江苏人民出版社，2008年，第318～320页。

的逻辑,资本最终"获得其正确"并成功消除所有社会不平等只是一个时间的问题。在这幅图景中,生产方式丧失物质形态,并由此似乎消除了私人所有制的阶级对抗,工业体系的垂直等级制似乎已经被水平的数字化交换网络所取代,换句话说,似乎传统的所有权关系已经终结。然而尽管我们可能在观念层面取消所有权,在现实的物质世界中,我们却无时无刻地处于数字化时代的社会分工之中。有产者和无产者,被连接的和未被连接的,到处都存在巨大的数字不平等的鸿沟。位于数字资本主义核心的,仍然是一种根本性的不平等的所有权关系,这里的所有权不是体现在对物的个人性拥有和消费,而仍然是体现为生产资料所有权。拥有并控制生产资料的人,和那些一无所有只能出卖其劳动力的人之间的划分,仍然构成资本私人积累之可能性的基础,工人所拥有的"自由",仍然只是在市场上"自由"交换劳动力的自由。①

综上所述,伴随数字化技术的普及和资本的全球流动,新的社会不平等出现,互联网的剥削倾向加剧,数据所有权与数据掌控权之间的"数字化鸿沟"日益加深。结构性的数字不平等,造成社会财富向统治阶级流动,弱势群体不仅面临巨大挑战,而且由于掌握数字化技术能力的限制,而被剥夺了一系列基本需求。此外,数字化鸿沟还可能催生不同形式的权力,从而引发社会的不确定性和焦虑。简言之,数字化技术的普及虽然可能会带来社会空间的均衡化发展,但这种可能性并不意味着社会不平等和分化已经消失,在资本主义条件下,它已经变得越发严重。数字化帝国的形成,甚至可以将极端不平等的两端压缩在同一个空间场域,从而创造出大资本对弱势群体的盘剥。②

---

① Rob Wilkie , The Spirit Technological , in The *Digital Condition*: *Class and Culture in the Information Network* , Fordham University Press. 2011 , pp. 10 – 18.

② 宋建丽:《数字资本主义的意识形态批判》,《中国社会科学报》,2021 年 3 月 23 日。

二、意识工业生产与隐形控制对全球治理的民主化进程构成挑战

斯迈思的意识工业生产与隐形控制，揭示了网络技术的民主潜能幻象，揭示了大数据实证主义的意识形态特征，及其对全球数字治理的民主化进程所构成的挑战。斯迈思把数字劳动上升为意识工业来加以理解。根据斯迈思的论述，基于光谱（频谱）的无线技术的发展，能够克服将工作场所与娱乐场所分开的时空障碍，人们能够随时随地平等地获取网络，并通过网络获取任何需要的数据和信息。网络的繁荣与民主假象，遮蔽了交换价值是基于使用价值的事实，这一点通过斯迈思的"意识工业"和"受众商品"概念能够得到较好的理解。所谓"意识工业"，在斯迈思那里，主要是指一种强调生产性接合的通信能力和对意识本身进行全面管理的联合体系，意识工业的操作，拥有不断演化的技术和物质基础，经由对信息与通信技术（ICTs）的资本主义运用所创造。意识工业的生产能够一般而言地再生产工资关系，通过强迫消费者返回工作，以便消费通过自愿而不断扩展的大量商品，而且经常是无意识地、不知不觉地接受更多新的和新奇的需要。在斯迈思的论述中，作为商品的受众至关重要。在商业广播模式中，受众参与到消费的必要劳动中，并对商业信息作出反应。通过提供这种免费的服务，受众向自己以及他人推销商品和服务，从而为媒体资本主义工作。[①] 在此过程中，受众为广告商所付出的免费劳动，从总体上确保了商品的销售和消费，但由于这种免费劳动隐藏在娱乐、闲暇的表象背后，因此受众对网络技术之民主潜能的幻想就很容易遮蔽一个事实：在传播资本主义中，讯息的交换价值压倒了使用价值。

---

① Dallas Smythe, *Dependency Road*: *Communications*, *Capitalism*, *Consciousness and Canada*, Norwood, N. J.; Ablex. 1981, p. 9.

换言之,伴随数字网络技术对我们生活的不断媒介化,一种隐形的数字监控已经悄然植入人们的日常生活,不但处于这种隐形数字监控中的个体沦为无偿的文化劳动力,而且人与人之间的社会关系,也日益面临沦为资本循环工具的危险。伴随个人信息的经济效应的不断提升,移动数字媒体带来了各种形式的有偿和无偿数字劳动力。数字和网络媒介所生产出的爆炸式的个人化信息,在使网络具有前所未有的能量的同时,也使得网络最基本的特征即匿名性发生改变。由海量个人数据释放出的信息洪流,促使人们在线上和线下的身份相融合,个人化和普遍化连接相互并存,这不仅带来了个人数据在质量和数量上成指数倍数的增长,而且也使得这些数据被用户和位置(主要是通过流动服务)自动索引成为可能。简言之,数字媒体正在把社会关系中的个体,转变成信息循环过程中的无数节点,数据的个人化和普遍化,共同促使日益扩大的信息循环,成为资本矢量扩张和强化的来源。①

如果说斯迈思重在揭示意识工业生产及隐形的数字监控,那么从法国社会学家米歇尔·福柯的惩戒社会,到哲学家吉尔·德勒兹的"控制社会",则揭示了一种"被解析"的存在与"被掌控"的未来。在他们看来,对于民众的纪律化控制,已经不再是建立在机构的基础之上,而是建立在对活动的身体、情绪和资本流动的持续不断的监视的基础之上,从信息上被解读,成为"被解析"的对象。民众的感觉、资金流动将会被以几乎令人察觉不到的、非常微粒化的方式操控,并且通过精妙的、不断数字化的激励系统引向人的愿望、企业的利润和政治利益集中的地方。影响我们生活的将不再是守则规定,而是由观察、监视、预测、评价、引诱和劝告所组成的一个多面复合体。核心词从规训变为掌控,控制施加者的初衷就是掌控未来,他们意图从我们

---

① [瑞典]福克斯、[加]莫斯可主编:《马克思归来》(上),传播驿站工作坊译校,华东师范大学出版社,2016年,第186~187页。

的行为模式中,预测我们下一步将要做什么,并对我们施加影响。商人想要知道这种模式,从而让我们更多地去购买商品;政治家想要了解这种模式,从而将我们引向他们的政治议程。被观察者与观察者、数据提供者与数据提取者之间的这种不对称,或许是微粒社会中最大的问题。①

随着平台经济的兴起,监控用户数据、预测和调整用户行为,已经成为"21 世纪众多最为成功公司的主要利润来源"。肖沙娜·朱伯夫在 2019 年出版的《监控资本主义时代》一书中,最先提出和使用了"监控资本主义"概念。所谓"监控资本主义",指的是一种新的资本主义运作模式,其主要特征是无偿占有用户隐私和信息资源,并将之作为生产资料。不仅如此,网络空间中活动的个体,成为数据提取的肉身来源,处于无处不在的网络监控之下,成为持续服务于资本获利的肉身工具。数字技术和智能终端设备的普及,社交媒体的广泛应用,使得个体活动、身体状况乃至情感波动,都日益处于韩炳哲所说的"透明社会"之中。如果说福柯曾以全景监狱来描述现代社会对个体的规训,那么"目前,我们并没有经历全景监狱的终结,而是一个全新的、非透视的全景监狱的开始。21 世纪的数字化全景监狱是非透视性的,它已经不再从中心点出发,以全能的专制目光进行监视"②。在韩炳哲看来,超交际构成透明社会中人际交往的特征,个体在其中通过自我展示和自我揭露,参与到"透明社会"的建造和运营之中。当人们不再基于外部强迫,而是出于自发需求去暴露自己的时候,当泄露个人私密领域的担忧和恐惧,让位于展示自己的需求之时,监控社会便趋于完美。③ 如果说朱伯夫、福斯特等通过"监控资本主义",表达了对自由市场秩序遭到破坏、社会民主遭到威

---

① ［德］克里斯多夫·库克里克:《微粒社会》,黄昆、夏柯译,中信出版社,2018 年,第 119～127 页。

② ［德］韩炳哲:《透明社会》,吴琼译,中信出版集团,2019 年,第 77～78 页。

③ 同上,第 79 页。

胁、个体生存遭遇危机等一系列数字化病症的关切,那么韩炳哲的"透明社会",则进一步揭示了从"被监控"走向"自愿展示"这一更加深层的数字化心理依赖。无论怎样,数字化时代的资本主义,似乎并没能提供基于平等、信任的民主愿景,因为信任只在"知"与"不知"之间才有可能存在,而"透明"是一种消除了所有"不知"的状态,因此它没有为信任留下任何的空间。至此,意义发生反转,越是透明,越是不信任,高度透明的社会,恰恰是一个高度不信任的社会,是一个道德基础脆弱不堪的社会。由于信任日渐消失,社会便更加愈益依赖于监控。此外,透明社会完全遵循绩效社会的逻辑,"彻底照亮"意味着"极尽剥削"。①

正如著名社会学家加里·马克斯所写的那样:这种新形式的控制象征着,操控比强制更好,计算机芯片比监狱的高墙更好,远程的、不可见的过滤器比手铐和管制服更好。因此,微粒社会中的民主和公正,将不只是通过对选战和选民的解析而被改造,也可以通过行政机构正在采用的那些以程序算法为基础的预测机制被改造。而在此过程中,控制权的分布是极其不对称的。公民将会被评测,但他们不能反过来去评测那些评测他们的机构。数字化事物本身的这种矛盾,也会给民主蒙上一层迷雾。这种矛盾将会挑战法治国家的制度,使其陷入最危险的境地。②

由此可见,数字化时代的治理悖论就表现在:高度不透明的数字化机器,正在创造着无可辩驳的透明;数字化时代的治理难题体现为:我们怎样才能在将程序变得透明、对审查开放的同时,又不忽视公司和国家对于保密的正当诉求。我们需要弄清楚,数字化是如何一路让看不见的现象得以显现的。与此同时,不断被谈到的,还有神秘的电脑和冷酷的程序。它们被认

---

① [德]韩炳哲:《透明社会》,吴琼译,中信出版集团,2019 年,第 79~83 页。
② [德]克里斯多夫·库克里克:《微粒社会》,黄昆、夏柯译,中信出版社,2018 年,第 151 页。

为是一种"幽灵般的存在"，一些信息技术专家甚至喜欢称它们为"无法触及的、复杂的和难于理解的"，这让它们更加难以掌控。于是微粒社会的核心中存在着这样一个悖论：那些高度不透明的数字化机器，正在创造着无法辩驳的透明。这样的对立也让我们的制度不堪重负。国家陷入压力，一方面要保护民众，使之不为数字化耀眼的光芒所伤；另一方面又要将光芒照进机器的黑暗当中。这正是微粒社会中国家的一项艰巨任务。这个既不透明又透明的悖论，会使我们在思考智能机器及其内在的算法时，陷入一种独特的混乱。一方面有人称，它们将决定我们的生活，控制我们的行为。由此，一种新的、几乎无法控制的权力笼罩了地球，它关系着我们存在的所有方面，统治着、影响着我们的同时，规训着我们，而这一切正是源于它对我们无情的透视和计算。另一方面，我们却无力地站在程序的对面，因为我们不懂它们。我们面对的是"看不见的机器"，它们摆脱了我们的控制，所以我们需要经历的，是一个"不可见的世纪"。根据这样的解释，数字化的机器拥有了大得无边的权力，而且是完全虚无的。它们看穿一切，但自己是无法被看穿的，以前的人们称呼这样的存在为：神。

哲学家温迪·楚指出，程序将会成为一切"不可见的却又有着巨大影响力的事物"的"强有力的隐喻"，"从基因密码到市场的'看不见的手'，从意识形态到文化"。与此相应，有关电脑的类比也在被广泛地使用。据说，我们的基因密码也是数字化的，正如电脑代码一般。还有作者认为，我们的文化也是可以再编程的，我们的大脑就是一台由神经元构成的电脑，进化就是对我们的"编程"，而基因密码每天都在被不断写入："我们才是机器人，不断被写入新的基因，却对此茫然无知。"一切都是电脑，人也不例外。但首先，这种想法是错误的；其次，我们也不愿接受这样的想法。它其实把一些最为世俗的东西神化了。但是电脑并不神秘，恰恰相反：原则上它比人容易看穿，因为我们能对它的每个计算步骤的源头进行追溯。这在实践中绝非易事,在原理上却是可行的。假设我们要决定由谁享受一份社会福利,同时确保没有社会群体受到亏待,要是由人来决定,虽然出于好意,但他们可能还是会作出非常不公正的选择,因为他们受着深深固化且无意识的偏见的蛊惑。与此相对,程序隐瞒不了它的标准。我们可以核查是否所有数据都已输入;运行数据测试;为了理解运算过程,还可以删除数据或是输入其他数据。这可绝不简单:在搞懂程序的过程中,理论和实践上都存在着很多障碍。但程序的所有决定在原则上都比人更规矩,而且可以追根溯源。

对电脑的神秘幻想,掩盖了这个简单的事实。程序在隐秘中运行的原因,不在于它们不可理解,而在于它们被隐藏了。它们被秘密地隐藏起来,程序的所有"谜团"都在于此。那些编写它们的机构,从脸谱网到德国大型电商 Zalando,从银行到大学,从社会福利部门到特工组织,将它们视作企业或是国家机密,像保护金矿一样保护着它们。程序的不透明正是这种保密的结果。我们不知道它们在干什么,因此我们有正当理由对数字化感到巨大的不快。我们被看穿了,却又无法回看过去。但这种不透明是人为制造的,是权力的表达而非程序的本质。看清这一点至关重要:我们必须停止将程序神化为"有魔法的力量",因为这样我们只是正中了那些用不透明来为程序掩护的人的下怀。相应地,问题来了,我们怎样才能在将程序变得透明、对审查开放的同时,又不忽视公司和国家对于保密的正当诉求。这是微粒社会的关键问题之一,因为它直接涉及微粒社会的权力结构。①

总而言之,大数据实证主义正在导致数字化治理的"去政治化"。在今日政治舞台上,伴随政府监视与大工业相结合的"监视工业复合体"的出现,权力精英的介入管控,监视技术意识形态化,资本和权力融为一体。在这种

---

① [德]克里斯多夫·库克里克:《微粒社会》,黄昆、夏柯译,中信出版社,2018 年,第 179 ~ 181 页。

监视性意识形态背后，起支撑作用的是大数据实证主义。所谓大数据实证主义，即认为数据能够解决一切的意识形态幻象。在这种意识形态幻象支配之下，数字化治理和大数据治理被"去政治化"，似乎治理的任务可以"实证性地"推论得出，而无须从作为主体的人类行为者得出。沿用卢卡奇物化批判的逻辑，大数据实证主义倾向于把一切都简化为"可计算"的量，并由此导致人类行为的物化。对技术能够解决一切的理念和逻辑的批判，在法兰克福批判理论传统中早已存在，霍克海默称之为工具理性，马尔库塞称之为技术合理性。大数据的兴起，在工具理性、技术合理性批判之外增添了一个新的维度，即大数据意识形态批判，它指向的是数字资本主义时代的如下观念：大数据能够控制、解决和克服资本主义的经济和政治危机。然而作为工具理性的强化，大数据实证主义不但不能克服，反而加深了二元主义、决定论和线性逻辑，并产生了新的支配和剥削。大数据实证主义向日常生活领域渗透，进一步造成数据殖民。除政治领域之外，数字实证主义也渗透到日常生活领域。传感器的小型化和相对低廉的成本意味着它们可以安装在几乎任何地方，从而允许分散式网络收集人们日常生活所产生的数据。互联网用户在社交媒体网络上花费的时间、创造的数据，都成为被资本用于行为分析的免费数据。

简言之，网络传媒与技术、文化和意识形态一起，建构着人类交往和日常生活新样态，社会生活越来越被数据或利用数据的平台过度地介入，数字资本主义条件下的劳动，通过数字信息和通信技术，与日常生活深刻联系在一起。从 20 世纪 70 年代开始，葛兰西的文化霸权理论，由斯图亚特·霍尔和伯明翰学派扩展为一个完整的媒体和文化研究流派。霍尔认为，文化不仅受到意识形态的影响，而且受到技术的影响。他认为，互联网技术的普及，使得移动电话、高速宽带连接成为生活必需品，新闻信息、观点、意见和评论经由互联网广泛传播。在这种数字技术泛生活化的过程中，意识形态不但没有消失,其支配和统治的逻辑反而更加深刻地根植于文化和社会之中,成为一种隐形的规范,塑造着人们的信仰体系。①

除此之外,数字全球化背景下,数字帝国主义对全球数字信息的监控和掠取,严重威胁着各个国家的政治和文化安全。特别是美国经常以网络民主为借口,通过平台垄断和人工智能,推荐、传播美国的价值观,肆意干涉别国内政。另外,为维护和强化数字霸权地位,数字帝国主义还不惜动用国家力量发起贸易战、科技战,以此打压竞争对手。② 军事工业借助网络化,不断加强对全球政治经济格局的掌控。监控资本主义从胚胎开始,就注定不仅仅局限于经济领域。从棱镜门及其他泄密事件看,互联网巨头与美国军方、国家安全局之间有着紧密的合作关系,资本主义国家事实上构建了"军工-数字复合体""政府-公司监控复合体"的公共和私人监控网络体系。军事工业借助网络化,加强对全球政治经济格局的掌控。在第二次世界大战结束后,为实现对社会主义阵营的"钳制",树立世界政治与经济霸权,美国在世界范围内到处驻扎军队,进行军事干预,逐步组建起一个由军队、军工企业和政府组成的"军事工业复合体"。美国的军事化战略并非旨在维护世界和平,而是为了进一步加强对全球的控制。要实现这一目标,其军事工业发展的核心,就必须聚焦在信息与传播技术上。美国遍布全球的军事行动,不仅要求完善的信息传播基础设施的支撑,而且还要求迅速精准的情报获取能力和战争宣传。这种军事化与网络化互相促进的过程,使得"数字资本主义被视为一种永久性的、普遍军事化的社会形态"③。

总之,数字资本主义的崛起,使剥削、不平等、支配、商品化等传统危机

---

① 宋建丽:《数字资本主义的意识形态批判》,《中国社会科学报》,2021 年 3 月 23 日。

② [以色列]尤瓦尔·赫拉利:《反思数字化时代资本主义批判范式》,中国社会科学网,2021年 12 月 28 日。

③ [美]丹·席勒:《数字化衰退:信息技术与经济危机》,吴畅畅译,中国传媒大学出版社,2017年,第 51 页。

在信息时代继续存在。赫伯特·席勒提出"信息地缘政治"概念，强调信息对于实体空间的影响与控制。他认为，算法对网络空间地缘政治的影响，主要体现在算法权力带来的数字鸿沟和国际信息操纵两方面。数字鸿沟在算法的加持下，使发展中国家与发达国家在网络空间中的差异愈加明显。大型互联网平台的跨国运行，使其算法也实现了国际化传播，当算法成为收集展示信息的关键引擎后，操纵他国舆论就成为可能。通过算法操控，发达国家得以在社交媒体网络故意散布误导信息，使用算法、自动化和大数据分析等方式操纵公众舆论，形成互联网时代的"计算宣传"。各国的网络媒体平台，在网络空间这个除"陆海空天"之外的第五空间，形成了多"极点"，在众多"极点"的影响聚合下，形成了新的国际规则体系，构建了不同的网络文化，形成了网络地缘政治中的新型国际关系。

三、全球数字治理与人类数字文明新愿景

随着全球化的深入发展，数字经济发展不平衡，新的数字治理规则尚未建立，制度供给严重缺失，传统的全球治理机制受到冲击，多边机制治理乏力，秩序不合理等问题日益凸显，保护主义、单边主义思潮抬头，传统的全球治理体系已无法适应数字全球化时代的发展要求，治理赤字呈现加剧趋势。在数字平台监管、人工智能伦理等诸多重要议题上，全球数字治理内在困境愈发凸显，全球治理体系面临碎片化风险。①

首先，数字贫困引发治理赤字。由于生产力发展不均衡，科技实力相差悬殊，人们的素质和能力参差不齐，不同国家、地区的不同个体，接触数字技术的机会是不均等的，使用数字技术产品的能力是不平等的，与数字技术相融合的程度是不相同的，由此产生了收入的不平等、地位的不平等以及未来

---

① 《全球数字治理白皮书（2020年）》，中国信息通信研究院发布。

预期的不平等,"数字鸿沟"已经是不争的事实。这一切与既有的贫富分化、地区差距、城乡差异等叠加在一起,催生了大量的"数字穷困地区"和"数字穷人"。再加上在残酷的市场竞争、国际竞争中,发达国家、跨国企业对关键数据资源进行垄断,对数字核心技术和创新成果进行封锁,以期进一步获取垄断优势和超额利润,与部分富人和精英享受数字技术带来的增益相比,穷人只能在社会的信息化、数字化潮流中苦苦挣扎,沦为"弱能"的微不足道的"零部件",甚至沦为"智能机器的奴隶",而这无疑会加剧"贫者愈贫,富者愈富"的发展趋势。汹涌的结构性失业潮,伴随着生产的智能化和产业的转型升级接踵而至,无法更新技能、融入社会的"数字穷人"可能彻底丧失劳动的价值,只能接受失业、彻底被边缘化的命运。这种状况被卡斯特形容为"信息化资本主义黑洞":"数字穷人"没有"剥削的价值",被排斥在全球化的经济或社会体系之外,成了"多余的人",被社会无情地抛弃,存在变得荒谬化。人是通过劳动而成为人的,劳动是人的神圣的权力,也是人自我肯定、实现价值、获得尊严的一种活动。这样的被取代、被排斥、被抛弃,这种生活意义的丧失和存在的荒谬化,总有一天会让人在精神上、心理上无法忍受。这可能成为解构社会,甚至颠覆现存社会秩序的破坏性因素。

其次,算法控制引发治理赤字。联合国儿童基金会创新主任托马斯·戴文认为,目前人工智能算法所使用的数据大多来自发达国家,这意味着它们几乎是在"茧房"中运行,嵌入具有偏向性的设定,并主要解决发达国家的需求。用于训练 AI 的数据生产并不平等,主要来自富裕国家和人群,机器对于低收入人群的了解仍然不足,并由此导致智能使用上的歧视和偏见。这种歧视和偏见表现在两个极端,除了智能数据收集上对弱势人群的忽视之外,主要是由于智能技术使用不当,导致弱势人群隐私泄露,从而对弱势人群带来的智能暴力伤害。

数字技术本应该成为人类追求幸福生活与个人自由的手段,但是一旦技术与资本携手形成超级权力，这种技术就有可能变成全方位控制人类的"数字利维坦"。霍布斯提出利维坦的本意即国家成为至上的权力。数字利维坦即数据公司，头部企业，成为一种新的至高权力，个体权利要让渡给它，寻求它的保护。特别是2020年以来，以人工智能、大数据、自动驾驶、数字技术等为代表的新科技，以前所未有的广度和深度渗透到人类社会生活之中，带来了人类社会关系形态的深刻变革，也引发了人们对智能社会未来发展持续不断的探讨热情。目前已基本达成如下共识：数字化技术的发展最终是为了造福人类，因此可持续发展的数字技术应至少包含如下核心要素，即科学、人本、包容、普惠、共享，从而助力于塑造公平正义的全球治理新秩序，共同追求繁荣发展的人类美好未来和人类数字文明新愿景。

第一，需要警惕伴随技术变革而可能增加的不平等风险。然而指出这一点并不意味着我们应该废除数字化技术返回到前现代技术。由于人类所遭受的数字异化是一个无法逆转的过程，因而不能简单地将人类的生存与数字化和算法、智能等技术对立起来，甚至对数字化和算法技术产生抵触和反抗情绪，主张倒退到一个没有被数字玷污的浪漫主义的乌托邦。我们必须同时认识到，数字技术革命带来的翻天覆地的变化，正在形成一种生产方式、生存方式的变革，正在演化出一种人类数字文明的新形态，人们必须以一种新的文明方式去理解世界和把握世界。

第二，要重视地缘政治在网络空间中的发展。互联网平台治理在传统内容的基础上应嵌入互联网治理因素。各国的网络媒体平台，在网络空间这个除"陆海空天"之外的第五空间，形成了多"极点"，在众多"极点"的影响聚合下，形成了新的国际规则体系，构建了不同的网络文化，形成了网络地缘政治中的新型国际关系。在平台治理研究过程中，地缘政治在网络空间中的发展值得重视。聚焦地缘政治的基础地缘体即互联网平台，分析其算法，明晰其基准行事准则，探讨网络空间中的地缘政治格局，有助于确定互联网全球治理的边界,促进全球网络空间的健康、有序、公平发展。

第三,全球数据治理应以实现全球数据共享,开发有助于应对贫困、健康、饥饿和气候变化等重大全球发展挑战的公共产品为目标。鉴于5G和物联网的应用,以及新冠肺炎疫情大流行引发的数字化加速,全球数据治理变得更加重要。如果没有一个连贯的、基础的全球治理框架,数据共享取得的进展可能出现倒退,还可能加剧数据收益分配的不平等。为保证数字技术造福于人类的根本目的,警惕技术与资本携手形成的超级权力造成数字异化,就需要在人类命运共同体理念下,积极倡导全球合作,达成共识,促进负责任的人工智能准则的制定,呈现公共数据共享、人工智能发展安全对于全球风险治理方面的未来意义。是数据共享造福人类,还是数据私有服务于资本盈利,是两种截然不同的文明走向和结局。

第四,推动数字技术使用的民主化。开放数据,释放其价值,创造新的生产力与保障国家数据安全,加强个人信息保护之间的平衡,是全球数字治理需要处理好的核心问题。首先要按照公正原则,完善制度设计,既抑制"资本的逻辑"横行霸道,也防止"技术的逻辑"为所欲为。推动数字技术使用的民主化,对中低收入国家数字技术的专业能力和专业技术建设进行投资;建立治理体系,让第三方评估机构了解算法如何运作,从而保证数字技术的应用是不倾斜于任何人群的。同时,建立健全社会福利和保障体系,对落后国家、地区、企业进行扶持,对数字化进程中的弱势群体进行救助,维护他们的尊严和合法权益。

第五,消除蔑视和偏见,在平等承认的基础上,建立对弱势人群敏感的算法体系,助力人工智能构建可持续和包容的未来,以促进数字技术使用中的文化正义,促进全球治理中对弱势人群的包容性和接纳性。在推动数字技术大规模使用的同时,要制定合适的治理准则以确保相关技术的安全性,降低滥用数据和侵犯个人隐私等风险。要规范对数字技术的社会使用,倡导平等尊重和社会接纳,避免不平等对待和歧视。

习近平强调:"数字经济是世界经济发展的重要方向。全球数字经济是开放和紧密相连的整体,合作共赢是唯一正道,封闭排他、对立分裂只会走进死胡同。"①数据安全风险与日俱增,攸关国家安全、公共利益和个人权利,对全球数字治理构成新的挑战。面对全球数字治理的赤字,各国亟须加强沟通、建立互信,密切协调,深化合作。坚守多边主义、倡导公平正义、携手合作共赢。然而目前全球范围内尚不具备统一规范的数字经济治理框架,各国在数字经济治理上缺少足够共识,相关规则孤立且零散,无法形成有效治理模式与完整治理体系。原有全球治理体系无法充分应对时代新挑战,数字经济领域的国际合作面临政治考量、意识形态和文化安全等多方面的重大考验。②为自觉应对网络时代的风险和挑战,共同构建全球网络安全命运共同体,创造人类数字文明新形态,我国主张积极开展双多边的数字治理合作,推动建立开放、公平、非歧视的数字营商环境,破解当前的全球数字治理赤字,特别是以制定网络空间国际规则,提升全球治理能力,促进经济文化和社会的可持续发展,消除数字鸿沟和数字壁垒为主要目标。

中国积极参与相关议题的讨论与治理体制的建设工作,并基于中国数字经济发展实践建言献策,积极维护发展中国家群体的正当权益;秉持共商共建共享的全球治理观,积极主动向世界提供数字治理公共产品,有效弥补现有国际数字经济治理体系存在的缺陷;加快构建数字合作新格局,推动数字经济不断迈向新台阶,让更多国家和人民搭乘信息时代的快车,共享数字技术发展成果。在开启人类数字文明新时代的征程中,中国无疑将发挥更加重要的建设性作用,坚定践行"对话而不对抗、包容而不排他,努力扩大利

---

① 习近平:《团结合作抗疫 引领经济复苏——在亚太经合组织领导人非正式会议上的讲话》,新华网,2021 年 7 月 16 日。

② 参见王毅于 2020 年 9 月 8 日在全球数字治理研讨会上发表的主旨讲话。

益汇合点、画出最大同心圆"的全球治理观,激发数字经济合作的潜能和活力,造福全世界人民。

四、结语

数字技术的加速运用,既可能加剧全球不平等,也可能会成为扭转全球不平等加剧的催化剂。也就是说,如果不能摆脱资本利益的主导和羁绊,数字技术的加速发展和运用无疑会加深已有数字鸿沟,进而造成碎片化和离心化的社会撕裂,最终危及社会发展,危及全球治理秩序,破坏数字技术的良性发展进程;反之,如果在不断创新、完善数字技术运用的同时,始终自觉考虑如何应对可能的风险和不平等挑战,自觉摒弃排斥、控制和竞争的价值观,代之以包容、共享和互惠的价值观,从而减少可能扩大的脆弱性的不平等,则可能导向弥合数字鸿沟、加强全球向心力和凝聚力的数字文明的美好前景。

简言之,数字技术的加速使用,改变着以技术为中介的人与世界的关系,这种发展趋势是强化、加速对弱势群体的边缘化和排斥,还是会促进社会包容和凝聚,将成为数字技术加速使用可能导向的两种不同路径,遵循社会达尔文主义的理念还是命运共同体的理念,以资本为中心还是以人民为中心,是两种不同选择。选择前者,只能将数字技术的发展导向一条"不归路";选择后者,才能保障数字技术的安全发展,实现数字技术造福人类的根本目的。

论习近平生态文明思想的世界意义与贡献

郇庆治[*]

　　一般而言,世界意义与贡献是习近平生态文明思想的理论意义与实践意义的重要构成性方面,[①]尤其是在一个日趋一体化的当代世界中,我们已很难将国际和国内层面截然区分开来,但更多是为了理解和叙述的方便,本文将集中对习近平生态文明思想的世界意义与贡献作简要阐述。概括地说,这里的"世界意义与贡献"是指习近平生态文明思想在世界范围的重要性和影响,尤其是它对于广义的全球生态环境保护治理的理论话语议题和政策制度实践的拓展、引领与推动作用,并且将分别从理论与实践两个维度来展开论述。

一、理论维度:创新与拓展全球绿色话语理论议题

　　从理论层面上说,在笔者看来,习近平生态文明思想至少体现了如下三重意义上的全球性绿色理论话语议题的重大丰富、拓展与创新。

---

　　[*]　郇庆治,北京大学马克思主义学院教授。
　　[①]　崔青青:《习近平生态文明思想的世界意义》,《思想理论教育导刊》,2020 年第 2 期;张海滨:《略论习近平生态文明思想的世界意义》,《环境与可持续发展》,2019 年第 6 期;张永红:《习近平生态文明思想的世界意义论析》,《湖湘论坛》,2019 年第 6 期。

第一,它是面向广大发展中国家的绿色现代化发展理论,尤其是针对如何同时解决"不发展(现代化)"和"非绿色发展(现代化)"的难题。① 回顾第二次世界大战以来发展中国家的经济社会发展历程就可以看到,其主导性或统摄性的理论话语伞形概念明显地分为前后两个时段:一是 20 世纪 80 年代中期之前的"发展(现代化)",二是 20 世纪 80 年代中期至今的"可持续性(生态)"。非常有趣但也完全可以理解的是,在前一个理论话语体系之下,广大发展中国家由于相对不太发达的经济与社会现代化水平,尤其是按照或基于经济指标测算的各种统计数据,成为欧美少数工业发达国家或地区的反衬、批评或帮扶对象;而在后一个理论话语体系之下,广大发展中国家则由于承继或引入了主要来自欧美少数国家或地区的工业现代化发展产业结构与技术体系,而突出呈现为生态可持续性或绿色化程度相对较低,特别是依据能源消费结构中的石化能源或碳排放比例,并再次成为后者的反衬、批评或帮扶对象。尽管对这一结果的根源性解释只能是第二次世界大战后形成并一直延续至今的、欧美少数发达国家掌握霸权的国际经济政治秩序,②但对于大多数发展中国家而言,"经济社会现代化"和"生态环境保护治理"似乎的确是一个"鱼与熊掌不可兼得"的难题。尽管如此,部分受益于从1972 年举行的人类环境首脑会议到 1992 年举行的环境与发展峰会所提供的国际话语语境与政策氛围,广大发展中国家开始逐渐认识到生态环境保护治理的重要性,而基本思路就是将保护与发展、生态可持续性与经济社会可持续性相结合,也就是我们通常所说的努力实现"在发展中保护、在保护

---

① 孙代尧、孙超:《现代化的中国经验与发展前景》,《科学社会主义》,2020 年第 4 期;程洪:《对后发优势理论的反思:发展中国家现代化透视》,《江汉大学学报(人文版)》,2003 年第 2 期。

② 这一理论的最新形态是拉美国家绿色左翼学者的"超越发展理论"或"新资源榨取主义理论",认为无论是"发展(现代化)"话语还是"可持续性(生态)"话语体系下的各种政策实践评判,乃至这些话语概念本身,都源自根深蒂固的西方殖民主义传统,以及在此基础上形成的严重不公平的国际经济政治秩序。

中发展"。因而对于广大发展中国家来说，从"发展（现代化）"向"可持续性（生态）"伞形概念的转换，更多体现为向"可持续发展（生态现代化）"理论话语的转换。

可以说，习近平生态文明思想正是基于这样一种发展中国家时代背景与语境的重大理论成果。一方面，它依托于新中国成立七十多年尤其是改革开放四十多年来的中国特色社会主义现代化建设实践所凝聚起来的绿色政治共识。无论是毛泽东的改善环境、勤俭节约思想，还是邓小平的环境保护基本国策思想、江泽民的实施可持续发展战略思想、胡锦涛的建设"两型"社会思想，都反映了我们基于那个特定时代的、对于社会主义现代化发展中更为合理的人与自然关系的认知追求，并构成了我们对于社会主义现代化国家中的自然生态规律、经济社会发展规律与执政党治国理政规律认识的重要组成部分。比如，2002 年江泽民在党的十六大报告中就已明确指出，实现全面建设小康社会的社会主义现代化宏伟目标，必须使"可持续发展能力不断增强，生态环境得到改善，资源利用效率显著提高，促进人与自然的和谐，推动整个社会走上生产发展、生活富裕、生态良好的文明发展道路"[1]。另一方面，它是依据新时代中国特色社会主义现代化建设的新环境、新目标与新要求所作出的绿色政治概括。其中，新环境既包括国内环境，也包括国际环境。对国内环境新变化的权威阐释，是基于党的十九大报告关于新时代社会主要矛盾变化的表述："我们要建设的现代化是人与自然和谐共生的现代化，既要创造更多物质财富和精神财富以满足人民日益增长的美好生活需要，也要提供更多优质生态产品以满足人民日益增长的优美生态环境需要。"[2]而

---

① 江泽民：《全面建设小康社会 开创中国特色社会主义事业新局面——在中国共产党第十六次全国代表大会上的报告》，人民出版社，2002 年，第 20 页。

② 习近平：《决胜全面建成小康社会 夺取新时代中国特色社会主义伟大胜利——在中国共产党第十九次全国代表大会上的报告》，人民出版社，2017 年，第 50 页。

对国际环境新变化的权威阐述,则正如习近平所说:"生态文明建设关乎人类未来,建设绿色家园是人类的共同梦想,保护生态环境、应对气候变化需要世界各国同舟共济、共同努力,任何一国都无法置身事外、独善其身。"①因而中国将同国际社会特别是广大发展中国家一道,努力"解决好工业文明带来的矛盾,以人与自然和谐相处为目标,实现世界的可持续发展和人的全面发展"②。依此而言,习近平生态文明思想的最主要特点或亮点,就是关于建设人与自然和谐共生现代化的理论,或者说如何推动形成人与自然和谐发展现代化建设新格局。

无论从小部分已实现初步工业化的发展中国家("新兴经济体")所面临的巨大生态环境压力的现状,还是从大多数发展中国家(尤其是"低发展国家")依然面临着的经济增长与环境保护的双重挑战来说,作为一种绿色现代化理论或人与自然和谐共生现代化理论的习近平生态文明思想,③其普遍意义或理论贡献是显而易见的。对于绝大多数发展中国家和地区而言,一方面,没有发展就没有保护,尤其是考虑到当前基于依然严重不公正的劳动分工与交换的国际经济政治秩序。中国的事实再次证明,一个发展中大国只有真正建立起独立而完整的现代化经济技术体系,才不会沦落为欧美少数发达国家的自然资源供给地和高端产品消费市场,也才能逐渐实现对本国生态环境系统及其重要元素的高水平保护。另一方面,没有保护就会失去长期可持续发展的自然生态基础,而自然生态保护治理已成为现代国家与政府的重要管治职责及其治理能力体现。中国的现实经验表明,除了渐

---

① 习近平:《推动我国生态文明建设迈上新台阶》,《求是》,2019 年第 3 期。

② 中共中央文献研究室编:《习近平关于社会主义生态文明建设论述摘编》,中央文献出版社,2017 年,第 131 页。

③ 龙丽波、李梁:《论习近平绿色发展理念的重大理论创新》,《中南林业科技大学学报(社科版)》,2020 年第 3 期;冯留建、张伟:《习近平人与自然和谐共生的现代化论述探析》,《马克思主义理论学科研究》,2018 年第 4 期。

趋完备的国家环境法治体系和日益丰富的环境经济社会政策工具运用,更为重要的是把绿色理念与思维融入现代化发展战略及其贯彻落实的各方面和全过程,不仅从结果上治理生态环境破坏问题,更要从源头上预防生态环境问题发生。正因为如此,党的十九大报告概括指出,以"坚持人与自然和谐共生"为目标指向的中国特色社会主义现代化发展,"拓展了发展中国家走向现代化的途径,给世界上那些既希望加快发展又希望保持自身独立性的国家和民族提供了全新选择,为解决人类问题贡献了中国智慧和中国方案"①。当然,这将是一个充满艰辛曲折的长期性发展过程,而且会始终面临着来自多方面的尤其是欧美少数发达国家的挑战,但作为整体思路无疑是正确的。

第二,它是当今时代的马克思主义生态学或"红绿"性质的社会政治变革理论,尤其是强调通过对资本主义的历史性替代所实现的社会主义政治和生态可持续性考量的制度化结合来应对生态环境挑战或危机。②广义上的马克思主义生态学或"红绿"性质的社会政治变革理论,源自马克思和恩格斯所开创的基于唯物辩证法和历史唯物主义的人与自然关系思想。马克思和恩格斯的核心观点是,资本主义社会的制度条件注定或加剧了包括自然生态环境危机在内的系统性、内源性危机,而这种多重性危机状况终将导致它被全新的社会主义制度即共产主义社会的历史性取代,从而为构建一种新型人与自然和谐共处关系创造经济社会前提。后来的生态马克思主义者或生态社会主义者,在系统挖掘与整理马克思和恩格斯有关著述的基础上,将其阐发转化成为一种体系完整的马克思主义生态学或"红绿"性质的社会

① 习近平:《决胜全面建成小康社会 夺取新时代中国特色社会主义伟大胜利——在中国共产党第十九次全国代表大会上的报告》,人民出版社,2017年,第10页。
② 郇庆治等:《绿色变革视角下的当代生态文化理论研究》,北京大学出版社,2019年,第7~12页。

政治变革理论。其核心观点是,对当代资本主义社会的理论与政治批判包含着一个明确的生态维度,而生态社会主义取向的经济政治变革理应成为未来社会主义革命的标识性侧面或"突破口"。但远比理论分析或设想复杂的是,现实中的社会主义革命并没有最先发生在马克思和恩格斯所特别关注的欧美发达资本主义国家,而率先尝试社会主义经济政治制度变革的苏联东欧国家(包括中国)在实践中都出现了较为严重的生态环境问题。我们虽然可以用社会历史条件和国际形势的复杂多变对这种社会主义变革的非规则性或不彻底性作出解释,但它却无可置疑地表明,即便在那些初步建立社会主义基本制度的国家,也需要考虑更多的是追赶性的经济社会现代化进程可能会导致的生态环境损害或破坏,而且要尽可能地避免所处的资本主义国际环境所带来的生态环境问题处置上的各种体制性压力或诱惑。总之,对于马克思主义生态学或"红绿"社会政治变革理论来说,生态环境危机或挑战不仅要在资本主义基本制度的社会主义政治替代的意义上来理解,还要在资本主义主导国际环境下的社会主义建设现实实践的意义上来理解。

可以说,习近平生态文明思想正是植根于当代中国经验的这样一种马克思主义生态学或"红绿"性质的社会政治变革理论。[①] 一方面,它是社会主义性质的。立足"社会主义初级阶段"概念或论断的中国特色社会主义理论,不仅构成了它得以全面理解的宏大统一的统摄性理论框架,也提供了其主要政治与政策意涵得以充分展现的制度构想基础。换言之,习近平生态文明思想的完整意蕴,必须在中国特色社会主义理论与制度的整体框架下才能得到正确揭示或阐释。也正因为如此,笔者多次强调,习近平生态文明思想其实是一个理论意涵更加清晰的概念化表达,就像我们通常特别强调

---

① 张云飞、李娜:《习近平生态文明思想对21世纪马克思主义的贡献》,《探索》,2020年第2期;陈玉斌、宋其洪、刘友田:《习近平生态文明思想生成的三重理论逻辑》,《社科纵横》,2019年第10期。

的"社会主义生态文明"概念一样。另一方面，它又是生态（主义）性质的。对于生态环境本身重要性的认识，无论是基于对最普惠民生福祉的考量，还是借由对民众优美生活环境与审美娱乐需要的满足，都导向了"尊重自然、顺应自然、保护自然"和"还自然以宁静、和谐、美丽"①的生态主义色彩浓郁的哲学伦理立场和态度。而需要强调指出的是，这里的社会主义抑或生态主义，都不是纯粹或极端意义上的。准确地说，现实中的社会主义只是马克思和恩格斯所意指的作为共产主义社会低级阶段的社会主义社会的初级阶段，而社会主义社会从初级阶段向中高级阶段的成长过渡将是一个充满矛盾与斗争的历史性过程；生态主义并不是学界通常所指称的生态（生命/生物）中心主义或"深生态学"，而是指社会主义制度条件下更容易认识到并切实推进的尊崇与遵循自然生态规律的前所未有高度或程度。与此同时，这里的社会主义和生态主义不再是冲突的甚或对立的。必须承认，古典社会主义实践在生态议题上是有明显缺陷的，其最大的缺憾则是未能充分考虑并满足人民群众对于生态环境质量的基础性需要，而包括国内学界都给予广泛关注甚至推崇的生态中心主义哲学伦理理念和生态自治主义的社会政治实践，则不得不面临大众可接受度过低的难题，因而经过重新界定的社会主义与生态主义的新构型结合就成为一种更有希望的选择。

鉴于欧美发达国家的社会主义变革并不是近期现实的前景，作为一种当代马克思主义生态学或"红绿"性质的社会政治变革理论的习近平生态文明思想，其世界性普遍价值或理论贡献是不言而喻的。当今中国的中国特色社会主义理论与实践，不仅已经顺利度过了苏联东欧社会主义体制突然解体所造成的严重冲击，而且在过去三十多年中实现了经济实力上的大幅

---

① 习近平：《决胜全面建成小康社会 夺取新时代中国特色社会主义伟大胜利——在中国共产党第十九次全国代表大会上的报告》，人民出版社，2017 年，第 50 页。

度提升与社会政治制度体系的进一步稳固,而欧美发达国家近十年来危机不断的状况,尤其是 2020 年新冠肺炎疫情大流行及其应对,则事实上变成了中国特色社会主义制度与道路合法性和正确性的强有力"背书"。也正因为如此,习近平生态文明思想所体现的"红绿融合"生态突破意义才显得更加意境深远。无可置疑的是,当今世界马克思主义生态学或"红绿"性质的社会政治变革理论研究的重心已经转移到中国,而习近平生态文明思想或社会主义生态文明理论(观)则是它的权威性呈现。① 对此,习近平明确指出:"在我们这个 13 亿多人口的最大发展中国家推进生态文明建设,建成富强民主文明和谐美丽的社会主义现代化强国,其影响将是世界性的。"②概言之,这种当代中国的"红绿融合"思维与进路所包含和传递的关键信息是,一方面,"红色的"才是真正"绿色的",即社会主义经济政治制度是可以更好地避免和应对现代生态环境问题的适当社会制度框架,至少相对于现代资本主义制度而言是如此;另一方面,社会主义社会必须谨慎处理好绿色议题,即社会主义的政治本质和阶段性发展都要求与时俱进地把生态环境保护治理纳入越来越高级别的社会政治议事日程,并逐渐显示出只有社会主义社会才可以实现或做到的生态民主审议规约与主体意识行动自觉。

第三,它是当代中国版本或风格的环境人文社会科学理论,尤其是促动着将"环境人文社会科学"形塑为"生态文明建设人文社会科学"③。经过半个多世纪的不断努力,作为对现代生态环境议题进行理论回应及其主要成果的(生态)环境人文社会科学,已发展成为一个数量庞大的新兴交叉边缘

---

① 刘希刚、耿以侠:《习近平生态文明思想对马克思主义生态文明观的创新发展》,《南海学刊》,2018 年第 4 期;郇庆治:《社会主义生态文明观阐发的三重视野》,《北京行政学院学报》,2018 年第 4 期。
② 习近平:《推动我国生态文明建设迈上新台阶》,《求是》,2019 年第 3 期。
③ 郇庆治:《环境政治学视野下的绿色话语研究》,《江西师范大学学报(哲社版)》,2016 年第 4 期。

学科群或谱系。① 毫不夸张地说，任何一个传统人文社会科学学科——从经济法律到哲学美学、语言艺术，如今都拥有由于生态环境关切或考量而形成的人文社会科学分支学科，并且往往会因为所采取的不同哲学伦理立场与观点而出现不同的研究方向或论域，比如哲学中的生态哲学和环境哲学、美学中的生态美学和环境美学、经济学中的生态经济学和环境经济学，等等。而在这种繁荣外观的背后，当代环境人文社会科学的发展还受制于如下两个方面的约束因素，一是主流（母体）学科的主导性甚或独断性话语体系的排斥或禁锢，二是欧美少数国家依然占据着的对于这些主流（母体）学科的从学术评判到话语表达甚至语言形式的霸权地位。

　　就前者而言，如果说生态经济学或资源环境经济学和环境法学在环境人文社会科学学科群中获得了相对较快的发展，特别是体现在经济社会政策影响和教育资源配置等方面，但它们在各自的母体学科即经济学和法学中的处境依然有些不尽如人意甚或窘迫，而生态哲学和生态伦理学在大哲学学科中的地位则显得更为弱势或尴尬——时常面临着哲学性或学理性不足的批评。尽管这些新兴学科确实存在着不够独立与成熟意义上的问题，但主流（母体）学科的体系性歧视和排斥显然是更为重要的阻碍因素，并且正变得越来越具有关键性。就后者来说，无论是现代人文社会科学还是当代环境人文社会科学的形成与发展，都是在欧美工业化国家的统摄甚至霸权之下进行的。这意味着，尽管它们之间也的确存在着由于观察视角与研究范式差异所带来的理论张力，但更为明显或"顺理成章的"，则是基于欧美社会现实、话语语境甚至言说形式所形成的"西方中心（至上）主义"表征，以及对于广大发展中国家和民族的自主思考乃至话语表达的过滤或屏蔽效

---

　　① 张玉林：《中国的生态—环境问题研究：八个学科纵览》，《南京工业大学学报（社会科学版）》，2018 年第 1 期；郇庆治：《生态文明建设与环境人文社会科学》，《中国生态文明》，2013 年第 1 期。

应。因而对于广大发展中国家来说，所谓的现代人文社会科学和当代环境人文社会科学，既不是全球普遍性的，也并非真正是独立自主性的，而是有着强烈的欧美国家宰制或霸权色彩，也就往往难以深刻分析与有效解决自身经济社会现代化发展过程中的生态环境问题。

可以说，作为完整理论体系的习近平生态文明思想的重要成就之一，就是提供了一个当代中国版本或风格的环境人文社会科学的理论学说或学科形态。而从政治学的视角来说，我们则可以称之为"生态文明建设政治学"①。具体而言，它包括如下三个构成层面或步骤：一是研究论域转换。通过将"生态文明及其建设"而不再是"生态环境保护治理"确定为最高伞形概念，"生态文明建设政治学"极大地丰富与拓展了所涵盖和讨论的视域范围，把经济、社会与文化等诸多方面的多种元素纳入其中，而不再局限于自然生态保护和资源节约管理方面的政治与政策。二是话语体系转换。如果说生态环境保护治理更多体现为一种狭义空间范围内的约束性思考与实践，那么生态文明建设就更多呈现为一种更为广阔范围内的主动性思考与实践。比如，绿色发展或绿色现代化、社会生态转型、社会主义阶段性变革等，都可以并无违和地成为生态文明建设话语体系中的重要支撑性概念。相应地，生态文明建设政治成为一种进取性的、面向未来的新政治。② 三是主体视角转换。十分重要的是，生态文明建设是在新时代中国特色社会主义现代化建设的宏大背景与语境下展开的，而生态文明建设话语则是中国共产党及其领导下政府的绿色政治意识形态和环境治国理政方略。

---

① 郇庆治：《新文科建设视域下的生态文明研究》，《城市与环境研究》，2021 年第 4 期；李垣：《生态文明建设"浅绿"与"深绿"：基于环境经济学和环境政治学的解读》，《湖北行政学院学报》，2015 年第 6 期；郇庆治：《环境政治学视角的生态文明体制改革与制度建设》，《中共云南省委党校学报》，2014 年第 1 期。

② 马洪波：《生态文明建设与社会价值观念变革》，《中共中央党校（国家行政学院）学报》，2020 年第 6 期。

换言之，生态文明建设的话语与实践有着鲜明清晰的"中国标识"或"中国印记"，而这对于中国学界最终完成从面向欧美国家的"虔诚学习者"向面向中国实践的"自主研究者"的主体视角转变，是非常重要的。对于如何形成中国特色中国风格中国气派的哲学社会科学，习近平强调，要把握住如下三个主要方面："体现继承性、民族性""体现原创性、时代性""体现系统性、专业性"，而要把握好这三个方面，就必须首先做到以自主立场和自信态度"立足中国、借鉴国外，挖掘历史、把握当代，关怀人类、面向未来"。① 完全可以认为，已在很大程度上把当代中国的"环境政治学"定格为"生态文明建设政治学"的习近平生态文明思想，正是这样一个鲜活实例。

对于当代环境人文社会科学的发展而言，以新时代中国特色社会主义生态文明建设为目标指向的习近平生态文明思想的世界性意义或理论贡献，至少同时体现在学科范式、思维方式和实践变革潜能等层面上。就前者来说，任何现实的环境人文社会科学学科的真正成熟与发展，都必须基于实现主体视角与研究范式上的深刻变革，其核心问题是如何从本国本土的实际状况出发来分析现实、思考对策，使环境人文社会科学成果更多呈现为一种立足当地人文精神与社会体验的感知理解和学理阐释；就中者来说，尽管全球视野下的理论分析就像马克思和恩格斯的资本主义批判分析一样是正确的和（更加）需要的，但对于普遍性环境人文社会科学学科形态或理论范式的信奉与追求，仍在相当程度上受制于自由主义资本主义全球化理念与价值观的表现，在现实中则会有意无意掉入欧美少数发达国家的"帝国主义"经济政治与话语陷阱，因而像"生态文明建设政治学"这样的体制外促动所带来的思维方式变革就显得尤为重要和弥足珍贵；就后者来说，历史一再证明，真正推动理论革新与前进的最强大动力还是实践，而最能够发挥其社

---

① 习近平：《在哲学社会科学工作座谈会上的讲话》，人民出版社，2016 年，第 15～25 页。

会影响力的理论则是那些与时代实践需要相适应或契合的理论,而习近平生态文明思想明显属于这样一种理论——当代中国特色社会主义生态文明建设的成功实践,在重构绝不仅限于国内人与自然关系现实的同时,也必将会在同等程度上重塑这些学科理论本身。

二、实践维度:倡导与推动全球生态文明建设

从实践维度上说,习近平生态文明思想在倡导与推动国际生态环境保护治理合作方面提出了许多重大制度与政策建议,使当今中国逐渐成为全球生态文明建设的重要参与者、贡献者和引领者的同时,也在发挥着日益扩大的世界性影响。

第一,推进以联合国平台为中枢的国际生态环境保护治理合作。始于1972年斯德哥尔摩人类环境会议的国际生态环境合作,以1992年举行的里约环境与发展首脑会议为标志,进入了一个新的历史阶段。一方面,基于可持续发展理念与战略共识的反贫困、气候变化应对、生物多样性保护、荒漠化防治、海洋生态环境保护等全球性公共议题,成为联合国机构框架下的国际合作重点。另一方面,发达国家与发展中国家之间围绕着"共同但有区别责任原则"而展开的合作博弈,成为这些国际合作实践中的常态化形式或表现。可以说,全球气候变化应对和可持续发展国际合作是关注程度最高的两大议题领域,也更为充分地展示了其中所存在着的各种难题和矛盾。总体而言,以消除绝对贫困和推进经济社会可持续发展为政策重点的可持续发展国际合作,不仅所达成的政治共识认同度较高,而且取得了较为理想的落实效果,比如在世界贫困人口总数的减少方面;相比之下,以温室气体特别是二氧化碳排放量削减为中心的全球气候变化应对,虽然获得了更高的社会关注度并耗费了巨大的人力物力资源——从1997年《京都议定书》到2015年《巴黎协定》,但到目前为止所取得的成效并不能令人满意。

　　我国政府对于生态环境保护治理的国际合作一直坚持积极的立场与态度，同时也坚决维护包括自身在内的广大发展中国家的经济社会现代化发展权利。我们不仅主动参与了包括1972年人类环境会议在内的由联合国主办的环境保护与可持续发展重要会议或相关公约文件的谈判、签署与落实，逐步建立起与之相适应的国内生态环境保护治理法治体系和可持续发展制度与政策促进体系，而且与时俱进地调整和扩充我们对于全球生态环境保护治理的国家贡献、制度创设和话语构建上的发展中大国责任与担当。比如，2002年党的十六大报告主要是从国内层面上强调了全面建设小康社会的目标之一是"可持续发展能力不断增强，生态环境得到改善，资源利用效率显著提高，促进人与自然的和谐，推动整个社会走上生产发展、生活富裕、生态良好的文明发展道路"①。而2007年党的十七大报告依然主要是从国内视角强调了"要完善有利于节约能源资源和保护生态环境的法律和政策，加快形成可持续发展体制机制……加强应对气候变化能力建设，为保护全球气候作出新贡献"②。相比之下，2012年党的十八大报告不仅重申了"为全球生态安全作出贡献"，还强调指出，"坚持共同但有区别的责任原则、公平原则、各自能力原则，同国际社会一道积极应对全球气候变化"③。而2017年党的十九大报告则不仅重申了"为全球生态安全作出贡献"，还明确提出，"引导应对气候变化国际合作，成为全球生态文明建设的重要参与者、贡献者、引领者"，"积极参与全球环境治理，落实减排承诺"，"要坚持环境友好，

---

　　① 江泽民：《全面建设小康社会 开创中国特色社会主义事业新局面——在中国共产党第十六次全国代表大会上的报告》，人民出版社，2002年，第20页。

　　② 胡锦涛：《高举中国特色社会主义伟大旗帜 为夺取全面建设小康社会新胜利而奋斗——在中国共产党第十七次全国代表大会上的报告》，人民出版社，2007年，第24页。

　　③ 胡锦涛：《坚定不移沿着中国特色社会主义道路前进 为全面建成小康社会而奋斗——在中国共产党第十八次全国代表大会上的报告》，人民出版社，2012年，第39页、第40~41页。

合作应对气候变化,保护好人类赖以生存的地球家园"。① 总之,经过几十年的不懈努力,我国已经由国际生态环境政治的追随性参与者逐渐成为举足轻重的制度与话语构建贡献者。②

习近平对于国际生态环境保护治理合作高度重视、热情推动。早在2008 年 6 月,他就在国际能源会议上讲话指出,中国坚持走科学发展道路,坚持节约发展、清洁发展、安全发展,实行可持续的能源战略……中国是国际能源合作负责任的积极参与者,努力为促进世界能源可持续发展、维护世界能源安全做出积极贡献。③ 党的十八大之后,习近平在包括 2015 年联合国可持续发展峰会和气候变化巴黎大会等在内的一系列重大国际场合发表讲话、谈话或致信,表达了中国政府对于应对全球气候变化、推进可持续发展等重大议题及其国际合作的基本立场与大力支持。比如,他在第七十届联合国大会一般性辩论时的讲话《携手构建合作共赢新伙伴 同心打造人类命运共同体》中指出:"建设生态文明关乎人类未来。国际社会应该携手同行,共谋全球生态文明建设之路,牢固树立尊重自然、顺应自然、保护自然的意识,坚持走绿色、低碳、循环、可持续发展之路。"④习近平在气候变化巴黎大会开幕式上的讲话《携手构建合作共赢、公平合理的气候变化治理机制》中指出:"中国在'国家自主贡献'中提出将于二〇三〇年左右使二氧化碳排放达到峰值并争取尽早实现……虽然需要付出艰苦的努力,但我们有信心

---

① 习近平:《决胜全面建成小康社会 夺取新时代中国特色社会主义伟大胜利——在中国共产党第十九次全国代表大会上的报告》,人民出版社,2017 年,第 24 页、第 6 页、第 51 页、第 59 页。

② 郇庆治:《2019 年生态主义思潮:从中国参与到中国引领》,《人民论坛》,2019 年第 35 期;郇庆治:《中国的全球气候治理参与及其演进:一种理论阐释》,《河南师范大学学报(哲社版)》,2017 年第 4 期。

③ 《习近平出席国际能源会议全面阐述中国政府对当前能源问题的看法、中国的能源政策和关于国际能源合作的主张》,《人民日报》,2008 年 6 月 23 日。

④ 中共中央文献研究室编:《习近平关于社会主义生态文明建设论述摘编》,中央文献出版社,2017 年,第 131 页。

和决心实现我们的承诺。"①在全国生态环境保护大全上的讲话中则进一步强调："我国已成为全球生态文明建设的重要参与者、贡献者、引领者，主张加快构筑尊崇自然、绿色发展的生态体系，共建清洁美丽的世界。要深度参与全球环境治理……形成世界环境保护和可持续发展的解决方案。要坚持环境友好，引导应对气候变化国际合作。"②因而可以说，上述论述是我国进入新时代的国际生态环境合作国家战略及其推进的根本遵循，同时也对这些全球性进程本身产生了重要的推动作用。

第二，促进以发展中国家为核心的全球绿色发展互惠合作。毫无疑问，广大发展中国家的绿色发展水平及其合作——努力实现经济发展与生态环境保护治理这双重目标之间的内在契合一致或有机统一，是全球绿色发展水平及其合作的关键和难点之所在，而作为习近平生态文明思想重要内容及其践行的当代中国绿色发展成果与经验可以发挥重要的示范和引领作用。③

从新中国七十多年的历史来看，我国与亚非拉发展中国家的双边或区域合作更多是围绕着经济社会现代化发展和文化交流展开的，对于生态环境方面议题的考量相对较少或重视不够。这既与合作方同样作为发展中国家所持有的生态环境保护意识和相应的制度政策架构密切相关，也与我们自身的理论认识水平和经济技术先进程度有一定关系。而在过去半个多世纪中，随着生态环境保护治理成为一种全球性社会政治关切，无论是我们自己，还是在广大发展中国家，生态环境保护或生态可持续性已经逐渐上升为一种不容置疑的"政治正确"，而这就在很大程度上重塑了我们与广大亚非

---

① 中共中央文献研究室编：《习近平关于社会主义生态文明建设论述摘编》，中央文献出版社，2017 年，第 135～136 页。

② 习近平：《推动我国生态文明建设迈上新台阶》，《求是》，2019 年第 3 期。

③ 张海滨：《略论习近平生态文明思想的世界意义》，《环境与可持续发展》，2019 年第 6 期。

拉发展中国家开展国际合作的话语语境与制度框架。① 一方面,我们需要更加注重理论概括与交流传播当代中国的生态文明建设或绿色发展经验,除了让发展中国家的伙伴朋友看到经济增长带来社会文化各方面发展的"中国奇迹",还要让他们确信这是一条走向或契合经济、社会与生态可持续性的"绿色发展之路";另一方面,我们在国际交往中需要特别强调对于各种形式的绿色政策与制度规范的尊重和遵循,不管它们是来自包括联合国机构在内的国际组织还是来自合作方辖区内的地方社区组织,旗帜鲜明地表明彼此合作的目标是对这些制度规范的践行丰富而不是任何意义上的违背或僭越。

党的十八大以来,我国与广大发展中国家之间的"绿色发展"国际合作主要关涉如下三个方面,而习近平都作出了十分重要的理论阐述和政策建议。一是全球气候变化应对上的"南南合作"。在这方面,中国既要代表绝大部分发展中国家维护我们的经济社会现代化发展权利,要求"发达国家在应对气候变化方面多作表率","应对气候变化不应该妨碍发展中国家消除贫困、提高人民生活水平的合理需求",也要责无旁贷地主动承担"符合发展中国家能力和要求"的"最大努力"("国家自主贡献"),同时还要"认真落实气候变化领域南南合作政策承诺,支持发展中国家特别是最不发达国家、内陆发展中国家、小岛屿发展中国家应对气候变化挑战"("中国气候变化南南合作基金")。②

二是可持续发展特别是针对反贫困的国际合作。鉴于我国仍将长期维持的发展中大国地位,我们开展绿色发展国际合作的总体性立场是,"中国将继续承担应尽的国际义务,同世界各国深入开展生态文明领域的交流合

---

① 郇庆治:《人类命运共同体与资源环境安全文化构建》,《太平洋学报》,2019 年第 1 期。
② 中共中央文献研究室编:《习近平关于社会主义生态文明建设论述摘编》,中央文献出版社,2017 年,第 132 页、第 135 页、第 132～133 页、第 136 页。

作，推动成果分享，携手共建生态良好的地球美好家园"，而这也适用于我们与大部分发展中国家之间的国际合作。当然，随着我国经济社会现代化整体水平的不断提高，尤其是对于那些极端贫困的低发展国家和地区，我们也将需要承担越来越大（多）的国际援助责任。而即便在后一种情况下，我们也会更多致力于向受援国家和地区交流传播中国的生态脱贫或绿色发展经验，而且不会为直接性援助强加任何意义上的经济政治先决条件。"中非合作要把可持续发展放在第一位。我们将为非洲国家实施应对气候变化及生态保护项目，为非洲国家培训生态保护领域专业人才，帮助非洲走绿色低碳可持续发展道路。"①

三是绿色"一带一路"建设下的绿色发展体系共建合作。该政策建议既是 2013 年提出实施的"一带一路"倡议的不断完善与细化，从而把生态环境保护和绿色发展理念纳入其中，"通过'一带一路'建设等多边合作机制，互助合作开展造林绿化，共同改善环境，积极应对气候变化等全球性生态挑战"，"我们要着力深化环保合作，践行绿色发展理念，加大生态环境保护力度，携手打造'绿色丝绸之路'"，②也在逐渐成为我国推进全球生态文明建设的重要抓手，"要推进'一带一路'建设，让生态文明的理念和实践造福沿线各国人民"，其核心是使绿色发展或生态文明建设取向成为"一带一路"建设的亮点或底色。③ 由此可见，习近平的上述论述，不仅清晰地阐释了新时代中国可持续发展国际合作的政治与外交原则，而且对于全球层面上的尤其是发展中国家之间的绿色发展合作制度与政策创新具有重要的规约引领作用。

---

① 中共中央文献研究室编：《习近平关于社会主义生态文明建设论述摘编》，中央文献出版社，2017 年，第 127 页、第 137 页。
② 同上，第 138 页。
③ 习近平：《推动我国生态文明建设迈上新台阶》，《求是》，2019 年第 3 期。

第三,推动构建基于国际新秩序理念与目标的人类(地球)命运共同体建设。对于 21 世纪的人类社会而言,日渐成为共识的是,人类文明的未来进步甚或存续将取决于我们作为一个整体对待大自然的态度以及相应的经济社会制度选择,也就是能否最终走向一个人类(地球)命运共同体。对此,联合国开发计划署 2020 年发布的《人类发展报告》30 周年纪念版明确指出,随着人类和地球进入一个全新的地质时代,即人类世或人类纪,现在所有的国家都应重新设计各自的发展道路,为人类给地球施加的危险压力负起责任,作出改变;除非立刻采取积极大胆的举措,减少人类生活对自然环境造成的压力,否则人类的发展与进步将停滞不前。① 这一新思路或战略抉择包含着两个关键性元素:一是承认接受正在越来越清晰地展现出来的地球整体的自然生态边界或"天花板效应"。也就是说,随着现代化工业生产方式和大众性消费方式的世界范围内扩展,自然资源的开发供给和生态环境的吸纳支撑正在日益呈现出一个全球性容限难题,而个别国家和地区的局部性自然生态富庶并不能掩盖地球作为整体的生存延续窘境。二是认识到尽管人类社会的经济政治制度区分,尤其是资本主义与社会主义制度的分野仍然是重要的,但现实中更为紧迫的则是二者的和平共处与相向而行,从而携手应对所共同面临着的自然生态挑战或地球家园危机。换言之,人类社会正在经历一场由于人与自然关系严重困境而引发的全面深刻转型。

也正是在上述意义上,始于 2012 年党的十八大报告的习近平对于这一议题所作的重要论述,不仅是我国推进全球生态文明建设战略及其实施的理论指引与实践遵循,还构成了国际社会致力于人类(地球)命运共同体建设或构建人类(地球)命运共同体努力的系统哲学论证与制度战略构想。②

---

① UNDP, *Human Development Report 2020*, New York: UNDP, 2020.
② 郇庆治:《生态文明建设与人类命运共同体》,《中央社会主义学院学报》,2019 年第 4 期。

就理论阐释层面而言，其核心性问题是充分理解如下三个"共同体"之间的内在关联或一致性，即"山水林田湖草是生命共同体""人与自然是生命共同体""人类命运共同体"。① 如果说第一个共同体更多强调的是一种基于现代生态学知识的科学认知，第二个共同体更多强调的是一种基于哲学伦理学知识的人文价值认知，那么第三个共同体更多强调的则是基于当代社会科学知识的经济政治认知，即我们必须作出的经济社会制度与政策体系上的重大抉择。总之，"我们要构筑尊崇自然、绿色发展的生态体系。人类可以利用自然、改造自然，但归根结底是自然的一部分，必须呵护自然，不能凌驾于自然之上。我们要解决好工业文明带来的矛盾，以人与自然和谐相处为目标，实现世界的可持续发展和人的全面发展"②。

就制度战略构想层面而言，2015 年 9 月在第七十届联合国大会一般性辩论时发表的题为"携手构建合作共赢新伙伴 同心打造人类命运共同体"的讲话中，习近平首次作出了"五大支柱"的意涵完整阐释：政治上要建立平等相待、互商互谅的伙伴关系；安全上要营造公道正义、共建共享的安全格局；经济上要谋求开放创新、包容互惠的发展前景；文化上要促进和而不同、兼收并蓄的文明交流；环境上要构筑尊崇自然、绿色发展的生态体系。③ 而党的十九大报告则把"推动构建人类命运共同体"明确界定为习近平新时代中国特色社会主义思想的核心意涵及其基本方略之一，呼吁"各国人民同心协力，构建人类命运共同体，建设持久和平、普遍安全、共同繁荣、开放包容、

---

① 习近平：《决胜全面建成小康社会 夺取新时代中国特色社会主义伟大胜利——在中国共产党第十九次全国代表大会上的报告》，人民出版社，2017 年，第 50 页、第 58 页。

② 中共中央文献研究室编：《习近平关于社会主义生态文明建设论述摘编》，中央文献出版社，2017 年，第 131 页。

③ 习近平：《携手构建合作共赢新伙伴、同心打造人类命运共同体》，《人民日报》，2015 年 9 月 29 日。

清洁美丽的世界"①。很显然,无论是就创建目标还是构建进路来说,人类(地球)命运共同体都只能是一个有机统一的整体和协同推进的过程。很难设想,缺少了其他议题维度支撑的人类社会或地球会呈现为一种具有生态环境友好或清洁美丽质性的"共同体"。

事实也是如此。进入 21 世纪以来国际社会对一系列重大紧急事件的低效或失当应对一再表明,"人类命运共同体"构建的要点和难点都在于现行国际秩序格局的实质性改变或重构。需要强调的是,它包含着两个不可分割的方面:国际社会与自然界的关系和国际社会内部关系,而且后者的不平等非民主现状明显地制约着前者进行社会生态公正的结构性变革努力。以 2020 年爆发的全球新冠肺炎疫情应对为例,人类社会同患难共命运的迫切需要与世界主要国家及其政府的无政府主义甚或严重不负责任的政治行动之间形成了鲜明的对照。② 当然,它所表明的并不是对人类命运共同体理念和战略本身正确性的质疑,而是我们需要更充分估计与面对前进道路上的困难和挑战。

三、结语

习近平生态文明思想的世界意义与贡献,首先在于它所拥有的广义上的生态环境保护治理理论与实践上的世界性重要性或影响。也就是说,作为当代中国特色社会主义生态文明建设宏伟实践的理论引领与根本遵循的习近平生态文明思想,其现实与未来影响无疑是超越国界或全球性的。当然,笔者认为,我们也可以作一种更狭义的直接性归纳,即把习近平关于全

---

① 习近平:《决胜全面建成小康社会 夺取新时代中国特色社会主义伟大胜利——在中国共产党第十九次全国代表大会上的报告》,人民出版社,2017 年,第 58 ~ 59 页。
② 郇庆治、刘琦:《大疫情之后社会主义生态文明建设的愿景、进路难题及其挑战》,《中国地质大学学报(社科版)》,2021 年第 3 期。

球生态环境保护治理议题，尤其是围绕全球气候变化应对和推进可持续发展国际合作的阐述，概括为"习近平全球生态文明建设思想"①。相应地，它不仅可以大致划分为理论与实践两个层面——前者主要指其中所包含的推动全球生态文明建设的理念、目标和原则，而后者主要指所对应的战略选择、制度构想与政策举措，而且可以将其世界范围内的理论与实践意义或贡献作出略微不同的表述：对于全球环境治理的核心价值理念来说，它所彰显的是人类命运共同体、人与自然和谐共生和绿色发展等重要理念的理论引领与实践遵循意义；对于全球环境治理的体系架构来说，它所彰显的是必须同时在话语体系、制度平台和政策落实机制等诸方面进行符合生态文明原则要求的改革或重构；对于全球环境治理的主体构成来说，它所彰显的是，当代中国正在发展中国家代表和现代工业文明转型探路者的双重意义上，成为一个未来可期的世界领导者角色。

（本文发表于《国外社会科学》2022 年第 2 期）

---

① 丁金光、徐伟：《共谋全球生态文明建设是习近平生态文明思想的重要组成部分》，《东岳论丛》，2020 年第 11 期；黄高晓：《论习近平全球生态文明建设思想》，《广西社会科学》，2018 年第 6 期。

四、21世纪国外社会主义思潮与中国特色社会主义比较研究

21 世纪语境中如何理解新加坡式
"社会主义"道路探索？

王凤才　江文璇*

在 21 世纪语境中，如何理解新加坡式社会主义道路探索，是一个具有重要理论意义的社会现实问题。要想解决这个问题，第一步先要了解新加坡的历史，尤其是要了解新加坡的两个社会主义阵营，即费边社会主义①与左翼社会主义；第二步讨论新加坡人民行动党与费边社会主义的关系；第三步讨论新加坡"社会主义阵线"与左翼社会主义的关系；最后对新加坡式社会主义道路探索进行评析。

一、新加坡的两个社会主义阵营

新加坡有过长期被殖民的屈辱历史。14 世纪，新加坡隶属于拜里米苏拉（Parameswara，1344—1424）建立的马六甲苏丹王朝，1528 年被葡萄牙殖

---

　*　王凤才，复旦大学马克思主义学院特聘教授、哲学学院教授。江文璇，复旦大学马克思主义学院博士生。

　①　"费边社会主义"（Fabian Socialism）产生于 19 世纪末爆发了资本主义危机的英国，代表人物包括西德尼·韦伯及其妻子贝特丽丝·韦伯，以及乔治·伯纳德·萧等。主要思想是在英国通过非暴力改革建立一个没有资本主义压迫剥削的、福利制度的、公正平等的社会主义国家。尽管马克思主义是其思想渊源之一，但它与马克思主义的最大差异就在于，他们的社会变革道路是渐进式的，而非暴力式的。当然，功利主义、古典政治经济学、社会进化论等思想，也融合进了他们的思想之中。

民，19世纪初成为英国殖民地，1942年被日军侵占。二战后，新加坡被英国接管。1963年与马来亚联合邦、砂拉越、北婆罗洲（现沙巴）共同组成马来西亚联邦，才完全脱离英国统治。1965年，新加坡脱离马来西亚联邦成为主权国家。

作为"亚洲四小龙"之一、全球国际化的发达国家之一，新加坡的经济模式被称为"国家资本主义"，它以政局稳定、政府廉洁高效而著称。在政治上，新加坡沿用英国管辖时期的议会制，但自建国以来实际上是人民行动党一党执政；在文化上，新加坡是一个多元文化、多民族的移民国家，促进民族和谐是其基本国策。

然而20世纪中叶至80年代中期，新加坡在寻求地区自治、独立建国与经济发展的过程中，出现过两个不同的社会主义阵营：一是以李光耀为代表的温和改革派的费边社会主义阵营，二是以林清祥为代表的左翼社会主义阵营。

在思想层面上，新加坡式"社会主义"的产生有多层支援意识。其一，作为马来亚的政治和经济中心，新加坡在1957年之前长期被殖民主义国家占领，殖民统治者在新加坡实施严苛的强权管制，对反殖民主义者采取监禁和驱逐措施。作为殖民地，新加坡的社会文化危机凸显了国家干预在社会政治治理中的重要性。其二，因为受到中国新民主主义革命胜利和社会主义建设的影响，社会主义思想在新加坡传播开来。其三，以理性和科学为核心的现代性话语是新加坡社会运动的内在意向，它表达着不同政治团体和学生团体的使命。其四，处于法西斯主义极权统治背景下的法兰克福学派批判理论，成为处于殖民主义极权统治下的新加坡左翼社会变革的另一支援意识。例如，前批判理论时期，格律贝格（Grünberg）领导的法兰克福社会研究所关于社会主义史与工人运动史的研究①，以及法兰克福学派第一代批判理论家马尔库塞关于非压抑性文明可能性与现实性的讨论等思想，20 世纪50 年代在欧美大学校园传播开来，引发了许多新社会运动；还有"性解放运动""女性主义运动"等，这些影响了留学于西方的新加坡左翼成员们，为新加坡工会运动、工人运动和学生运动指明了方向。

在现实层面上，独立前的新加坡曾是马来亚的经济和政治中心，因而新加坡式"社会主义"道路探索离不开马来亚共产党的影响。在英国殖民主义长期暴力统治下，马来亚产生了反对帝国主义和殖民主义的共产主义运动。1930 年 4 月 30 日成立的马来亚共产党，以马克思主义、列宁主义、毛泽东思想为指导思想，目标是通过组织工人运动、协助工会开展地下非武装活动以反对英国殖民政府，从而实现马来亚的民主统一。20 世纪 50 年代，马来亚共产党是东南亚共产主义运动的中坚力量。这对新加坡式"社会主义"道路探索产生强烈刺激。

二战后，新加坡经历了一个相对开放的政治多元化和意识形态杂糅的时期，在意识形态迷雾中构建自身的理论意向和现实逻辑是每个党派触动和改变现实社会的前提条件。在新加坡当时的社会历史与思想文化背景下，社会主义思潮脱颖而出。那个时候，新加坡主要有两个社会主义阵营：一个是温和改革派的费边社会主义，这是人民行动党内部李光耀集团的意识形态，主要受英国哈罗德·拉斯基②的费边社会主义的影响，主张通过温和改良道路来批判、改革资本主义，建立一个公平、正义、机会平等的现代社会；另一个是以林清祥为代表的左翼社会主义，主要是受东方共产主义意识

① 王凤才：《从批判理论到后批判理论——对批判理论三期发展的批判性反思》（上），《马克思主义与现实》，2012 年第 6 期。

② 哈罗德·拉斯基（Harold Laski，1893—1950），英国政治学家、工党领导人之一，费边社会主义和政治多元主义的重要代表人物。

形态的影响,主张通过和平方式建立一个议会政府,目标是在民族独立、民族自治的基础上建设一个以工人阶级为基础的、没有压迫和剥削的、自由而解放的社会主义社会。

新加坡这两个社会主义阵营之间的关系非常复杂,既有共通性,又存在着矛盾和对立。最初,费边社会主义与左翼社会主义,由于共同的左翼立场和斗争目标曾经达成暂时的合作,这是因为两个社会主义阵营的共通性:其一,两个阵营的主要领导人和成员均为华人,对儒家文化传统和中华文明价值观有先继性的认同;其二,两个社会主义阵营最初都具有左翼立场,即反对殖民主义的政治意向,力求实现新加坡独立和地区自治。然而后来它们分裂成两个矛盾和对立的阵营,这主要有以下三方面原因。

第一,作为指导思想的意识形态不同。费边社会主义作为一种源于英国的民主社会主义思潮,受到英国殖民主义者的暗中扶持,这也导致后来该阵营对马来亚共产党持敌对态度;而左翼社会主义的运动与发展,都离不开马来亚共产党的支持。

第二,在社会变革道路问题上,费边社会主义阵营一直坚持改良主义、非暴力的渐进路线,而左翼社会主义则经历了从通过建立议会政府的和平方式到最终转向暴力革命的斗争路线。

第三,在国家治理、民主发展与经济发展的顺序问题上,费边社会主义将经济发展置于民主发展之前,左翼社会主义则呈现截然相反的意向。

所有这些,都呈现出两个社会主义阵营所代表的利益群体的差异——费边社会主义代表了新加坡中产阶级的利益,左翼社会主义则主要代表了工人阶级和中下层群众的权益。

二、人民行动党与费边社会主义

(一) 新加坡人民行动党政治立场的转变

20 世纪 40 年代,新加坡社会主要矛盾是殖民主义与新加坡人民之间的矛盾,因而反抗殖民主义、争取民族独立是当时有志之士的共同目标,从而也成为新加坡左翼社会主义与费边社会主义进行政治联盟的前提条件。1954 年 11 月,新加坡这两个社会主义阵营联合成立左翼政党——人民行动党,它以"非共非暴力的民主社会主义"为纲领,以"寻求民族独立与解放"为宗旨,反对英国殖民者和既得利益者的压迫与统治,反对殖民者所控制的宪法,号召建立一个平等、自由、团结、幸福、安全、繁荣的国家。[①] 在《伦德尔宪法》[②](Rendel Constitution)的支持下,人民行动党成为新加坡左翼运动的旗帜。

为进一步巩固执政能力并整合人民行动党内部的意识形态,李光耀主张新加坡与马来亚等地区合并为统一的马来西亚联邦(简称"新马合并"),这得到了英国政府支持;而以林清祥为代表的党内激进左翼反对此时进行"新马合并"。1961 年 7 月,林清祥、方水双、兀哈尔与李绍祖四位激进左翼领导人被人民行动党开除党籍。经过新、马、英三方协商以及全民投票,马来西亚联邦得以成立。然而马来西亚联邦成立后,新加坡州政府与马来西亚中央政府之间产生冲突,中央政府在公民待遇与税务制度方面的不公引起新加坡各方不满,政治和经济问题上不可调和的分歧使人民行动党和联盟党政府的关系恶化,新加坡脱离马来西亚势在必行。最终,1965 年 8 月 9 日新加坡独立建国,新加坡共和国自此建立。

---

① 李光耀:《李光耀律师解释建党宗旨》,《南洋商报》,1954 年 11 月 22 日。
② 由英国殖民官员伦德尔负责起草的宪法。

当时,作为一个刚刚脱离了殖民统治的新兴国家,民族矛盾在新加坡社会矛盾中的地位下降,人民行动党面临新的亟须解决的现实问题——如何在脱离马来西亚联邦的情况下独立建设与发展新加坡? 如何缓和新加坡内部逐渐暴露的社会阶级矛盾? 此时,人民行动党的基本目标从"新马合并"转为社会经济发展,同时继续开展对激进左翼人士的肃清运动,以巩固人民行动党在新加坡执政党的统治地位。此后几年间,在新加坡确立起了一党统治地位,并从中左翼政党转变为右翼政党。由此可见,人民行动党政治立场的转变与新加坡社会主要矛盾转变及人民行动党本身地位的改变直接相关。

(二)新加坡费边社会主义的理论与实践

尽管在 20 世纪 60 年代人民行动党的政治立场发生转变——从中左翼政党转变为右翼政党,但人民行动党仍然具有明显的马克思主义特征,因为其"所有创始人都深深地信奉经典的教义,即幸福的工人,正义的斗争,必然胜过资本主义和殖民主义的新社会的纯洁性,以及世界革命事业的正确性"[1]。此时,李光耀领导的人民行动党试图在资本主义与共产主义之外,建立一种可以替代共产主义方案的社会主义制度,即费边社会主义。

作为新加坡费边社会主义的主要代表,李光耀以一种实用主义方式将费边社会主义理论本土化。1947 年,在伦敦经济学院政治学教授哈罗德·拉斯基的课上,李光耀被费边社会主义理论所吸引。1950 年 8 月,李光耀从英国返回新加坡,试图以费边社会主义作为其参与政治活动的政治理念,这主要是因为费边社会主义的两个理论主张符合当时新加坡的社会历史状况:①费边社会主义主张的公正、平等思想是当时尚处于殖民统治下的人民

---

① 拉德·A.汉纳:《新加坡的成功与严谨·第二部分:美国大学实地训查团报告》,《东南亚丛刊》,1968 年第 8 期。

所亟须的政治诉求；②费边社会主义承认资本主义必然被社会主义所代替，但反对暴力革命，而是主张采取一种渐进式的改良主义来批判资本主义，从而建构社会主义社会。

作为人民行动党执政的主导意识形态，费边社会主义在新加坡有一套完整的实践体系，这主要体现在以下三个层面。

在政治层面上，主张建立一个"刚强勇猛的社会"。新加坡费边社会主义承继了英国费边社会主义的基本政治意向，即反对暴力革命，主张走温和式的改良主义道路。其基本纲领包括"追求经济上和社会上的公正，追求公开社团中的信仰"；主张"一人一票制"的选举制度，"追求通过自由选举而定期审查政府的人民权利"；在政府治理方面，认为只有在国家稳定、经济发展的基础上，才可以逐步实现民主政治。1965 年，人民行动党确立了"一党专政"的政党制度，以严格立法限制贪污受贿，建设自上而下且廉洁高效的政府是其政治特色；此外，"拒绝那种执迷于通过种族、宗教和语言上的团结一致来求取国际和平、繁荣和公正的粗俗教条"。① 在外交上，一贯保持中立地位，以保障国家经济不受国际局势动荡的影响。

在经济层面上，20 世纪 50 年代中期至 50 年代末，以社会主义经济发展理念为核心，着力转变殖民地时期残留的自由企业制度，实行中央计划和控制的经济体制，大力推动经济转型。在人民行动党看来，社会主义的本质标志在于国家控制而非实行公有制，但公有化仍被视为新加坡经济发展的第一推动力，同时还主张，要加快发展工业和转口贸易。不过，在 60 年代中期开始逐步建立自由市场，强调私营企业在贸易发展中的重要地位；引进国际金融机构、建立国际银行，以吸引更多的外资企业在新加坡建厂；成立经济

---

① 参见 S. 拉贾拉南的《草创的亚洲革命》，即 1966 年 6 月在维也纳召开的社会主义青年代表大会第八届国际青年联盟上的讲话。

发展委员会,为外资企业提供税收优惠;同步推进的还包括建立公平的再分配制度,以抵消经济快速发展带来的财富分配不公问题。

在社会层面上,采取了三种举措:一是着力建立社会基础保障服务。例如,推行政府公共住房计划,以使新加坡居民"居者有其屋";建立中央公积金制度,以及医疗保险制度等。与此同时,拒斥西方民主社会主义的福利制度,认为这种制度会滋生民众懒惰性,造成资源浪费,不利于一个积贫积弱、自然资源匮乏的第三世界国家实现经济增长。因此,社会各阶层都应充分发挥积极性和能动性,"各尽所能,各取所需",①从而建设一个机会平等、公平正义、繁荣富裕的社会主义国家。二是在教育方面,扩建教育机构,大力培训技术从业人员;推行共同语言和双语教育,以促进民族团结与对外交流。三是在文化价值观方面,自20世纪70年代开始,开始主张有选择性地建立以儒家思想为核心、以家庭社会为基础的"亚洲价值观",提倡"以礼待人""爱人""尽孝"等,试图以儒家思想塑造新加坡文化价值观,借此排除西方意识形态对新加坡社会经济文化发展的影响。

我们可以这样说,20世纪70年代之前,李光耀在新加坡所传播和实施的费边社会主义是欧洲社会主义运动和马克思主义思想相融合的产物,本质上是一种民主社会主义。然而就像李光耀所说,20世纪70年代新加坡实施的国家计划和国营公司的办法没有带来经济上的改革,②因为费边社会主义与人民行动党的经济建设纲领相悖。这样,转变经济制度就成了新加坡的必然选择——转向自由市场制度,即在一个"社会主义政府"所提供的资本主义自由企业制度下发展经济。鉴于此,1976年,新加坡人民行动党被开除出"社会主义国际"(Socialist International)。这就预示着费边社会主义道

---

① 李光耀:《一个更平等和公正的亚洲社会》,1965年5月6日在亚洲社会主义会议开幕式上发表的讲话。

② 李光耀:《李光耀40年政论选》,现代出版社,1994年,第570页。

路探索在新加坡终结,也宣告了民主社会主义阵营在新加坡彻底退场。

三、"社会主义阵线"与左翼社会主义

(一)"社会主义阵线"的形成与基本立场

在"新马合并"问题上,与李光耀积极支持的态度不同,林清祥、李绍祖等人持反对态度,认为这次"虚假的"新马合并只是"英国人在幕后策划的阴谋,目的是借用反共的马来亚政府来镇压、摧毁新加坡的左翼"①。由于人民行动党党内矛盾激化导致党的分裂,被开除党籍之后,林清祥、方水双、兀哈尔与李绍祖于 1961 年 8 月联合其他退出人民行动党的议员成立"社会主义阵线"。1961 年 9 月,"社会主义阵线"召开党发起人大会,选出党的第一届领导人并通过党章,李绍祖担任党主席,林清祥任秘书长。这一党章规定了"社会主义阵线"的建党目标:"第一条,废除殖民地主义,建立一个疆域包括马来亚联合邦与新加坡的统一独立的马来亚国;第二条,基于出生于或效忠于马来亚的成人的普遍选举权,建立一个民主的马来亚政府;第三条,实现一个确保社会繁荣、稳定和公正的经济制度;第四条,动员各民族各阶层人民建立一个马来亚国族。"②由于"社会主义阵线"的建党目标符合当时的工人阶级和中下层民众的切身利益,因而获得了民众的广泛支持,从而也引起了人民行动党的退党潮。林清祥宣称,"社会主义阵线"目前的目标是打倒早已经违背人民利益的现政府,即人民行动党政府,并通过赢得大选组织一个代表大多数人民愿望的新政府;长远目标是"建立一个没有人剥削人,没有人压迫人的社会主义社会"③。

---

① 韩山元:《新马史话一千年》,新加坡世界科技出版公司,2006 年,第 100 页。
② 《"社会主义阵线"党章及其规则》,http://xingmarenmin.com/projects/01% 20% E7% A4% BE% E9% 98% B5% E5% 85% 9A% E7% AB% A0.pdf。
③ 林清祥:《林清祥分析今后斗争方向》,《阵线报》,1962 年第 52 期。

"社会主义阵线"成立后，新加坡左翼社会主义的政治立场越来越激进——林清祥领导的早期左翼社会主义运动一直坚持和平议会的政治路线；李绍祖领导的"社会主义阵线"走向了街头暴力革命路线，故可以称为激进左翼社会主义运动。鉴于此，政治立场转变后的人民行动党对"社会主义阵线"进行了严厉打击。1963 年 2 月，人民行动党开展"冷藏行动"①——以"共产主义运动"为名，未经审讯便逮捕"社会主义阵线"重要领导人和大量左派人士，重创了"社会主义阵线"的组织力量，使之无法派出得力干将参与选举，导致该年选举失败。但"社会主义阵线"愈挫愈勇，决定从抵制议会的斗争转向街头革命斗争。1965 年新加坡共和国成立后，李绍祖领导下的"社会主义阵线"将人民行动党当作主要斗争对象，重申自己的宗旨，即动员马来亚人民大众反对美英帝国主义统治，反对"假合并"的"马来西亚"，以便实现一个包括新加坡岛在内的真正独立、统一和民主的马来亚②，即不仅要继续反殖民主义、帝国主义，而且要反对李光耀领导的人民行动党，因为它本质上是一种"反人民、反工人、反民主"③的法西斯主义，将以李光耀为代表的费边派社会主义视为右倾机会主义，同时也批判了苏联的修正主义，这足以表明"社会主义阵线"已经成为新加坡的主要反对党。

(二)新加坡左翼社会主义的理论与实践

新加坡左翼社会主义是左翼社会主义阵营反对殖民主义、帝国主义的意识形态。以新加坡自治为拐点，分为三个发展时期。

1.殖民时期(20 世纪 40 年代至 50 年代中期)

林清祥领导的左翼社会主义阵营，主要从事工会运动并初步建构社会

---

① "冷藏行动"(Operation Coldstore)系 1963 年 2 月 2 日新加坡政府开展的一场大规模的警方诱捕行动，共逮捕或拘留反政府的左翼人士 131 人，包括"社会主义阵线"领导人林清祥等，目的是巩固和加强人民行动党的一党统治。

②③ 李绍祖：《社阵第二届党代表大会政治报告书》，新加坡阵线报出版委员会，1967 年，第 1 页。

主义理念。自 20 世纪 40 年代起,新加坡就掀起了轰轰烈烈的左翼社会主义运动,这场运动的主体就是早期左翼社会主义阵营,主要包括学生、知识分子、工会活动家,他们的思想意识主要是受马来亚共产党和马克思主义的影响。1948 年,阿卜杜勒·拉扎克·侯赛因、莫里斯·贝克、吴庆瑞等同学在伦敦创立"马来亚论坛"(The Malayan Forum),论坛创立的目的是为建构"一个独立的、社会主义的马来亚和新加坡"而鼓与呼,即为之作舆论和思想理论方面的准备——这可以看作新加坡左翼社会主义理念的萌芽。

2. 革命时期(20 世纪 50 年代中期至 50 年代末)

包含在人民行动党成长过程中的左翼社会主义,在反殖民主义的实践基础上建构社会主义理论图景。1953 年,马来亚大学左翼知识分子成立了"社会主义俱乐部"(the socialism club)。这是一个政治俱乐部,其成员大多是受过英国教育的知识分子,他们自称为"大学社会主义者"。因而他们一方面进行殖民主义批判,同时为工人和学生提供声援;另一方面又深入到社会现实中,认为解决殖民地社会危机和生活境况的秘密在于,在民族自治基础上实行强有力的国家干预以公平分配社会财富——这可以视为新加坡左翼社会主义理念的推进。

与学生活动家不同,左翼社会主义领袖林清祥成功地将战后新加坡的不同政治力量整合成一个强有力的社会主义阵营。为了声援和支持新加坡工人罢工运动、维护工人应有的权益,1954 年 4 月,林清祥和方水双等人联合各个分散的工会组织成立"新加坡各业工厂商店职工联合会",林清祥被推选为秘书长。在林清祥的领导下,同年发动了百余次罢工,次年联合会成员增加至三万人,将新加坡工人运动推向高潮。这不仅极大地提高了工人阶级的革命斗争觉悟,也迅速壮大了新加坡左翼社会主义运动队伍,为左翼社会主义提供了强大的群众基础。

1954 年,左翼社会主义与费边社会主义联合成立人民行动党,这是当时新加坡左翼运动主要力量。人民行动党竞选纲领表明，在政治层面上，要建立一个多语种的、全部民选的、主权的立法议会；在经济层面上，实施税率改革，同时争取马来亚贸易自主权；在社会层面上，废除劳工法令中不利于工人阶级利益与权益的条款。

20世纪50年代，新加坡左翼社会主义思想落实到现实层面呈现出双重向度：一是对外而言，反抗英国殖民主义者在新加坡的殖民统治，实现马来亚的民族独立、社会民主与人民自由；二是对内而言，主张通过和平方式建立议会政府，他们的社会主义政治图景即实现国家与人民的自由与解放。因此，"必须唤醒与团结所有最受压迫、最受损害的人，团结起来奋斗到底"。① 即在工人阶级联合与团结基础上，建立一个"没有剥削、压迫，没有贫穷、疾病，人人可以平等、自由与充分发挥个人潜能，各尽所能、各取所需的社会的实现"②。由此，新加坡左翼社会主义理念在革命时期完成了初步建构。

3. 后革命时期(20世纪六七十年代)

李绍祖领导的"社会主义阵线"，在批判人民行动党的基础上将革命矛头转变为街头暴力斗争。毫无疑问，在人民行动党内部，起主导作用的是费边社会主义者。1959年，新加坡成为自治州，由此实现民族自治从而进入后革命时期，革命时期暂时被掩藏的社会阶级矛盾重新显现并进一步激化，现代化建设问题在后革命时期的新加坡日益凸显。自20世纪60年代起，左翼社会主义的革命理念与李光耀政府的保守理念日益相悖，在政治立场和社会目标方面的分歧日益加剧，"新马合并"成为导致左翼社会主义与费边社会主义分道扬镳的最终原因。1961年，从人民行动党内部分裂出来了"社会主义阵线"，这成为左翼社会主义理论与实践的转折点。

---

① ② 林清如：《林清如〈答问〉遗稿片段》，《人民之夜》，2014年2月8日。

在实践层面上，为了进一步反对人民行动党的右倾机会主义执政措施，维护新加坡中下层工人、穷人的权益，宣传自己的激进左翼社会主义思想和政治理论，"社会主义阵线"出版发行了一系列书刊。例如，新加坡"社会主义阵线"机关报《阵线报》(1961 年 11 月 15 日创刊)、《党讯》(1964 年 1 月 1 日首发)、《区讯》(1966 年 9 月 15 日发刊)等。尤其值得一提的是《新青年》，其是 1966 年由社阵中央宣教出版委员会创刊的华文月刊，目的是"教育群众，提高干部群众的政治水平及思想认识，从而促进反帝反殖民事业和民族解放事业的发展"①；它还重点刊登了中国革命战争的历史经验，以及毛泽东关于马克思主义的哲学文章、语录，以期指导该阵营社会主义运动的发展。然而左翼社会主义实践一再遭受严厉打击，即使出版了系列刊物，其理论不但没有实施的基础和空间，也没有形成一套完整的实践体系。

首先，客观原因在于，左翼社会主义因其激进社会主义理念一方面与英殖民主义冲突，致使英国政府暗中对其打压；另一方面又与人民行动党的费边社会主义理念相悖，从而遭受人民行动党的打压。除此，新加坡激进左翼社会主义运动仿效亚洲工人运动、社会主义运动形式，但在新加坡，工人阶级力量薄弱，工人阶级革命意志不强，既不具备阶级革命的发生条件，更不具备武装斗争的条件。

其次，从主观方面看，新加坡激进左翼社会主义没有建立一个坚强的、稳定的、先进的政党以组织、团结、引领工人运动，其工人运动保持在早先的无产者、无政府状态。前期，以林清祥为代表的左翼社会主义虽然完成了社会主义理念的理论建构，但在实践上为政治联盟的团结而一再向右翼党派妥协；后期，李绍祖领导的激进左翼社会主义在实践上走向极左路线，从议会选举中退出就等同于退出新加坡政治舞台，放弃之前所采取的和平议会

---

① 社阵中央宣教出版委员会：《创刊号》，《新青年》，1966 年 7 月 1 日。

道路转向街头暴力革命并发起了抵制国会的斗争，这是新加坡激进左翼社会主义衰败的直接原因，也是新加坡左翼社会主义政治发展的分水岭，由此，在20世纪70年代逐渐退出历史舞台。1988年，"社会主义阵线"加入新加坡工人党，这表明"社会主义阵线"在新加坡的政治实践宣告失败。

四、结语

新加坡在寻求地区自治、独立建国与经济发展的过程中，出现过两个不同的社会主义阵营：一是以李光耀为代表的温和改革派的费边社会主义阵营，二是以林清祥为代表的左翼社会主义阵营。在20世纪40年代到50年代末，尽管两大阵营之间存在着矛盾和对立，但由于当时的社会主要矛盾是殖民主义与新加坡人民之间的矛盾，加之它们有共同的左翼立场和政治目标，即反抗殖民主义、争取民族独立，这样就有了新加坡左翼社会主义与费边社会主义进行政治联盟的前提条件。50年代，左翼社会主义与费边社会主义联合而成的人民行动党，成为当时新加坡左翼运动主要力量。但这一合作是暂时的，随着人民行动党在60年代政治立场从中左翼政党转变为右翼政党，林清祥、李绍祖等人被开除出党；但他们并不是坐以待毙，而是积极应战，又于1961年成立"社会主义阵线"以对抗日益保守的人民行动党。就是说，"社会主义阵线"成立后的左翼社会主义阵营的政治立场越来越激进——林清祥领导的早期左翼社会主义运动一直坚持和平议会的政治路线；李绍祖领导的"社会主义阵线"走向了街头暴力革命路线，故可以称为激进左翼社会主义。不过，好景不长。70年代，"社会主义阵线"逐渐退出历史舞台。1988年，"社会主义阵线"加入新加坡工人党，这表明"社会主义阵线"在新加坡的政治实践宣告失败。

自20世纪70年代起，在新加坡式"社会主义"道路探索过程中，占主导地位的还是人民行动党，它的立场和主张是：共产主义与资本主义是两条相对立的道路，新加坡既不选择共产主义道路，也不选择资本主义道路，而是试图走符合新加坡国情的、超越共产主义和资本主义之外的第三条道路，建立一个独立的、民主的、非共产主义的社会主义社会，即新加坡式"社会主义"。① 人民行动党宣称，这种制度是在政治上实行社会主义、在经济上坚持自由市场，目标是"让每一个人都有机会在一个稳定和有秩序的社会里取得进步，并且能够在这样一个社会里过美好的生活"②。

在这种自由经济制度下，政府的主要职能转变为制定明确的国家和经济方针，建设公共基础设施、组织和管理社会秩序，建立健全公平自由的贸易市场，以技术性产业替代人力资源型和自然资源型产业；同时，为人民提供舒适的住房、体面的工作并提高居民收入和生活水平，以此解决殖民时期和封建时期遗留下的大规模失业和生活条件低下等问题，从而保障人民的工作积极性和动力。在此基础上，人民行动党逐步建立起执政的权威。然而这种新加坡式"社会主义"，就其基本特征而言，在文化上意识形态上思想资源杂糅，不仅混杂着民主社会主义、马克思主义，也包含了儒家思想以及本土文化资源，在政治上表现为威权政府和家长式的中央集权制度，在经济上实行自由主义市场经济制度。因而就其实质来说，新加坡式"社会主义"不过是一种披着"社会主义"外衣的国家资本主义。

诚然，在新加坡式"社会主义"道路探索过程中，新加坡确实取得了令人瞩目的成就。例如，1959—1975 年，新加坡的国民生产总值从 6.43 亿美元增长到 57.73 亿美元；20 世纪七八十年代，成为"亚洲四小龙"之一。2000 年，人均国内生产总值仅次于中国香港；2013 年，人均国内生产总值居"亚洲

---

① 1976 年，在人民行动党被开除出"社会主义党国际"之后，为了论证其变革后的制度仍然是"社会主义"制度，李光耀率一众新加坡政治学家出版了《行之有效的社会主义：新加坡道路》(Socialism That Works：The Singapore Way) 一书，为自己的体制进行辩护。

② 李光耀：《李光耀 40 年政论选》，现代出版社，1994 年，第 570 页。

四小龙"之首，达5.2万多美元。这也充分显示出自由经济制度转变对社会经济的重要推动作用。然而亚洲金融危机以后，尤其是21世纪以来，在资本主义自由市场经济机制下，新加坡社会财富分配不公、财富差距过大、种族冲突、工人罢工、劳动力短缺、性别歧视等综合性危机问题日益严重，即使新加坡现任总理和人民行动党秘书长李显龙在住房、医疗和教育方面从强调个人承担为主转变为政府津贴为主，也只是对社会危机的滞后性补救与社会矛盾的阶段性缓和。就是说，人民行动党构思的新加坡式"社会主义"不能从根本上解决社会危机。新加坡式"社会主义"道路探索的经验教训，对中国的改革开放与社会主义市场经济建设具有借鉴和警示意义。

（本文发表于《学习与探索》2022年第8期）

西方市场社会主义的演进逻辑、创新意蕴及启示

金瑶梅　　张金诺*

长期以来,在国外马克思主义的理论阵营中,以奥斯卡·兰格、约翰·罗默及戴维·米勒等人为代表的西方市场社会主义,以其学理性与现实性紧密结合而彰显独特性。西方市场社会主义的学者们致力于探究"市场"与"社会主义"相辅相成的最佳途径,通过建构一系列指向鲜明的理论模型,尝试为资本主义社会描绘一种可能的社会主义图景。以苏东剧变这一历史事件为分界线,可以将西方市场社会主义分为传统西方市场社会主义与当代西方市场社会主义。当代西方市场社会主义者系列理论模型的出现,表征了西方市场社会主义依据时代变迁和现实状况的变更,进行自我反思、自我调节、自我创新之后的成功转型,这一新发展阶段的全面开启,同时向世人庄严宣告:社会主义敢于直面各种挫折和挑战,从来不会过时,无论对于广大发展中国家还是发达资本主义国家而言,社会主义、共产主义作为人们孜孜以求的理想型社会形态,依然具有强大的生命力。西方市场社会主义的相关理论创新意蕴丰富,尤其是当代西方市场社会主义的创新观点,可以为我国进一步完善社会主义市场经济体制,建设社会主义现代化强国提供有

---

* 金瑶梅,上海理工大学马克思主义学院教授。张金诺,上海理工大学马克思主义学院博士生。

益启示。

一、西方市场社会主义的演进逻辑

国内外学者对于西方市场社会主义主要发展阶段的划分,可谓仁者见仁,智者见智,目前尚难以达成普遍共识。粗略追踪其演变轨迹,可以将其大致分为如前所述的两个主要发展阶段。传统西方市场社会主义诞生于学术大讨论的过程之中,当代西方市场社会主义则与世界社会主义运动发展过程中的重大历史事件密切相关。当然,当代西方市场社会主义并不是在苏东剧变之后凭空出现的,它诞生于传统西方市场社会主义的基础之上,从大的时间跨度来看,它是传统西方市场社会主义依据新的历史语境审时度势地开展自我理论变革之后的新发展阶段。通过对传统西方市场社会主义和当代西方市场社会主义的发展演变过程进行一番回溯和梳理,可以进一步厘清西方市场社会主义诞生的来龙去脉、前因后果,并使其发展演变的逻辑理路更加清晰化,有助于我们全面了解西方市场社会主义。

（一）传统西方社会主义的历史轨迹

一般而言,西方市场社会主义以 20 世纪 30 年代兰格提出"兰格模式"为诞生标志,这一点到目前为止一直为学术界所公认。众所周知,在 20 世纪 20 至 30 年代,围绕社会主义能否进行有效的资源配置这一问题,以兰格为首的肯定派与以哈耶克的老师路德维希·冯·米塞斯为首的否定派之间爆发了一场旷日持久的激烈争论,进而形成了鲜明的立场对垒。米塞斯否认社会主义经济体制进行任何经济测算的可能性,而兰格则持相反观点。"兰格模式"是这场理论交锋的直接产物,这一模式的提出源于为传统社会主义进行辩护。针对米塞斯、哈耶克及皮尔逊等人所提出的社会主义制度下没有市场和货币,因而无法对产品进行正确估价,进而导致经济计算失去方向,资源无法实现合理配置的质疑之声,兰格强而有力地给予了自己的回击,一系列掷地有声的理论辩护终结了嘈杂的质疑声,在捍卫社会主义制度的同时揭开了西方市场社会主义对于"市场"和"社会主义"两者之间关系进行深层次思考的序幕。"兰格模式"又被称为"计划模拟市场模式",具体而言,即认为传统社会主义可以通过不断地使用"试错法"来进行价格核算,中央计划当局正是运用这一方法不断调整价格,使其升高或降低,并最终形成各种要素的正确均衡价格。由于这一模式主张通过模拟市场经济中竞争的力量来实现资源的合理配置,因此还被称为"竞争性社会主义模式",兰格本人则将其称为"社会主义竞争的解决方案"。无论是传统西方市场社会主义还是当代西方市场社会主义,倘若我们将历史回溯到原点就不难看出,西方市场社会主义从来就不是一种仅仅聚焦于经济领域、思考纯粹的经济问题的理论,它还聚焦于敏感的意识形态领域,有着旗帜鲜明的政治立场,在它身上映射出资本主义制度和社会主义制度这两大根本性政治制度的较量,更彰显了西方市场社会主义者守护社会主义的决心和情怀。

毋庸置疑,"兰格模式"开辟了一条探讨市场与社会主义能否兼容的新道路。自"兰格模式"提出之后,后继的传统西方市场社会主义者无一例外继承了兰格对于社会主义的信心,并且在后续开展的理论争鸣中一以贯之地为社会主义制度辩护。沿着这一逻辑理路不难发现,作为传统西方市场社会主义代表性人物的波兰学者 W. 布鲁斯和 K. 拉斯基、捷克学者奥塔·锡克、匈牙利学者亚诺什·科尔内等人的相关研究成果的公开发表,构成了传统西方市场社会主义发展演变中的重要节点。在和新自由主义者围绕市场与社会主义的关系问题进行这场旷日持久的思想交锋过程中,传统西方市场社会主义者一开始就没有逃避理论拷问与现实挑战,而是毅然选择了在各种质疑声中拿起理论武器保卫马克思主义、社会主义,也许在争论初期他们在某种程度上略显被动地回答问题、应对挑战,但是后来则开始变被动为主动,不仅拿出强有力的论据驳斥质疑者,而且另辟蹊径阐述社会主义制度下的资源合理分配问题，通过大量精辟的论证为世人答疑解惑，为社会主义在现实中的发展进行理论层面的生动诠释及推波助澜。他们将对手带来的压力转化成了寻找自身新的理论创新点的动力。事实证明，真正的社会主义的信仰者从来不惧怕任何怀疑与挑战。

以 W. 布鲁斯和 K. 拉斯基的理论为例，他们的理论探究被称为"导入市场机制的计划经济模式"，主要阐述社会主义的经济模式、社会主义经济体制的改革、社会主义经济运行与政治结构的关系等，旨在以经济决策上的分权等手段来弥补社会主义计划经济过于僵化的弊端。他们与兰格一样，在探讨经济问题的同时表达了坚定的政治立场："根据我们对马克思主义的理解，社会主义对资本主义在道德上的优越性和经济上的优越性是比肩而立、相互补充的。"这句话一定程度上反映了他们对马克思主义经典著作的深入解读及对社会主义的执着情怀。

传统西方市场社会主义在理论层面的发展演变相应地引起了"现实的社会主义"在经济体制领域的变革，其中的佼佼者为前苏东地区的南斯拉夫和匈牙利。在以这两个国家为典型代表的一系列经济改革创新活动的有力推动下，实现了传统西方市场社会主义从理论到实践的形态转变，在此过程中勾勒形成的实践逻辑愈来愈清晰，并日益凸显理论与实践的紧密结合。以苏东地区最早开启市场社会主义实践模式的南斯拉夫为例，它一开始照搬苏联的经济体制模式，但是不同的具体国情使这种生搬硬套在实施一段时间之后即遭遇发展瓶颈，尤其是在发生苏南冲突之后，更加坚定了南斯拉夫走独立自主探索市场与社会主义相结合的改革创新之路。南斯拉夫采取的有效方式是强化"自治"在社会主义制度中的重要作用，一方面在经济领域强调社会主义经济的民主性、工人参与企业管理的必要性及可能性，另一方面在政治层面进行重大改革，包括精简机构、实行党政分开、限制兼职及加强司法对行政的监管力度等。从 1971 年开始，南斯拉夫在实践传统西方市场社会主义的过程中形成了社会主义制度下的社会自治模式。这一模式更加符合南斯拉夫当时的具体国情,与现实发展需求相一致,为社会主义制度增添了生机与活力。

以匈牙利为例,从1968年开始,匈牙利走上了一条探索计划与市场两者结合的改革之路,并取得了良好的效果,在国内外产生了深远的影响,以不争的事实印证了传统西方市场社会主义者对新自由主义者的回击。匈牙利的创新实践包括:扩大社会主义制度下的企业自主权、改进国民经济计划体系、改革价格体系等。有学者如此评论道:"匈牙利的市场社会主义,从本国的国情出发,在社会主义公有制为主体的框架内,实行灵活多样的经营方式,大力引入市场机制,调动各方面的积极性,使经济在短期内获得快速发展,人民生活水平大幅度提高,许多经济指标超过了当时的一些发达资本主义国家,被世界舆论看作'经济振兴的信号灯'。"[①]总体来看,南斯拉夫和匈牙利的有益探索大大推进了传统西方市场社会主义理论在实践领域的充分运用,反过来也推动了以实践为根基的理论自身的进一步丰富。

(二)当代西方市场社会主义的发展演变

从所属的理论流派来看,无论是传统西方市场社会主义还是当代西方市场社会主义,它们同属于西方市场社会主义这一理论流派,只是依据重大的历史事件——苏东剧变而进行划分的两个不同发展阶段。苏东剧变使世界社会主义运动遭遇了发展至今最为严峻的考验。在反思苏联模式的社会主义、重构社会主义未来发展图景的过程中,西方市场社会主义结合历史语境的变换,寻找到了新一轮的理论生长点,由传统西方市场社会主义进入当代西方市场社会主义阶段。当代西方市场社会主义的出现,印证了西方市场社会主义的与时俱进性,并在世界社会主义运动遭遇诋毁和唱衰之时,裹

---

① 纪军:《匈牙利市场社会主义之路》,中国社会科学出版社,2000年,第3~4页。

挟着自我反思、自我创新的态势，在理论纷争的焦点领域重新出场。

提到当代西方市场社会主义，罗默可谓是大家公认的一位富有代表性的重量级学者。他在其著名的《社会主义的未来》一书中，不仅颇有学术考量地将西方市场社会主义的发展演变概括为五个大的阶段，而且在这本书的开头就开宗明义地表明了自己的政治立场——为社会主义而斗争。他这样说道："苏联和东欧的共产主义制度的崩溃支持了一些旧论点，也产生一些新论点，认为社会主义不论在当今世界或作为一种理想都不能存在。我则希望阐述理由证明，社会主义仍然是一种值得追求的理想，而且在现实世界也是可能的。我认为，赞成社会主义经济的论点需要在构成社会主义成分的基本观点方面进行某些修正。毋庸讳言，苏联模式的社会主义社会是垮了，但这并不意味其他的、尚未尝试的社会主义形式也应该为它殉葬。"①

暂且不论罗默作为当代西方市场社会主义者所建构的"虚拟证券的市场社会主义模式"，单单就其政治立场的彻底性、政治态度的鲜明性和社会主义理想的坚定性而言，在实践层面的社会主义运动面临各种此起彼伏的讽刺声、质疑声之时，其对社会主义理想和事业的高度肯定，犹如一股劲风吹散了笼罩在人们心头的阴霾。罗默试图印证这样一点：尽管现实生活中像苏联那样的社会主义中央计划模式遭遇了失败，但是不能抹杀设计出一种普遍运用市场的可行的社会主义。为了实现社会主义公平、公正等价值目标，满足每一个个体的利益诉求，他设计了一种在公民中确保相当公平地分配企业利润的可能机制，为了使这一可能的机制能够顺利运作，必须要将所有银行都收归国有，并将银行作为调节经济的主要部门。此外，国家要把各个公司的全部股票收上来进行重新分配，建立旨在约束企业经理的股票市场，以便每个成年公民都相应地拥有一份股份，从而使他们能够有权获得

---

① ［美］约翰·罗默：《社会主义的未来》，余文烈等译，重庆出版社，1997年，第1页。

一份所持有股票公司的分红。

罗默所建构的市场社会主义理论新模式颇具特色,给处在困境中的西方左翼学者指明了另一条诠释市场与社会主义关系问题的新路径。继罗默之后,当代西方市场社会主义的研究领域迅速成为西方左翼学者辛勤耕耘的"热土",这些学者包括普拉纳·巴德汉、戴维·米勒、戴维·斯韦卡特、詹姆斯·扬克、克里斯托弗·皮尔森、马克·福勒贝及雅克·德雷泽等人。

在这些左翼学者之中,米勒堪称是当代西方市场社会主义中除了罗默之外的另一位佼佼者。他所建构的理论模式被称为"合作制市场社会主义模式",这一理论模式和 20 世纪 80 年代英国工党提出的"市场主导的市场社会主义"有所不同,更加偏重平等、公平等社会主义价值目标的实现。从某种程度上可以说,米勒的理论模式和罗默的理论模式都彰显了对社会主义价值目标的不懈追求。米勒认为市场社会主义对平等、公正、自由和民主等重要价值目标的凸显优于资本主义,也强过苏联模式的"国家社会主义"和西欧盛行的民主社会主义或者说社会民主主义。他还曾经表示,自己之所以要建构这样的理论模式,"就是要证明市场社会主义仍然忠实于社会主义的基本目标"①。"合作制市场社会主义模式"即以工人合作社为基本经济组织形式的经济体制模式,主张资本所有权社会化,生产企业以工人合作社的方式构成,每个合作社实施民主管理,与企业相关的所有事务由工人投票决定,每个工人都享有平等的投票权,大家决定着企业的生产和发展。米勒这一理论模式充分强调了劳动者对企业的管理权和主人翁地位,但是存在企业能否高效运行的隐患,对于这一点他自己也充分认识到了,强调合作社经济适合于家庭手工业,并只适合于五百人以下的生产规模。从中不难看

---

① David Miller, A Vision of Market Socialism: How It Might Work And Its Problems, in Frank Roosevelt and David Belkin(eds.), *Why Market Socialism: Voices From Dissent*, M. E. Sharpe Inc. 1994, p. 247.

出，米勒的"合作制市场社会主义模式"推崇劳动者自己积极投身到企业的日常管理中去，使工人对企业的生存和发展更加具有自主意识，有助于削弱马克思在《1844年经济学哲学手稿》中提到的四种不同形式的劳动异化状态，也有利于劳动者在劳动解放中最终寻找到人类解放的突破口。

除了米勒，在当代西方市场社会主义的学者队伍之中主张"劳动者管理型市场社会主义"的也大有人在。举例来说，马克·福勒贝持有相同视角，近年来活跃于当代西方市场社会主义的前沿阵地，提出了"劳动者管理企业的间接融资模式"，这一模式赋予了银行以很多的职能。他同样关注平等问题，在比较了柯亨与罗默的理论之后，阐述了对机会平等的评价："柯亨、罗默等人提出的机会平等理论是起跑线理论……他们主张应当使个人在平等的条件下来进行选择，由个人承担选择结果的做法是公平的，无论这一做法是否会导致不公平的结果。"①福勒贝与米勒一样，在研究市场社会主义之时，在涉及效率和公平这两者的关系问题时更加侧重于后者，更加维护劳动者的权益和社会的公正、公平性。与他们相比，罗默虽然也曾关注过平等、公正等问题，但还是更加注重研究社会的经济效益问题。

二、西方市场社会主义的创新意蕴及启示

通过大致回顾和梳理西方市场社会主义的产生缘由及发展历程，可以看到这一理论流派具有许多理论的闪光点，甚至在整个国外马克思主义的阵营中都显得独树一帜。在经年累月的思想激荡和理论争鸣中诞生、发展并日益丰富和走向成熟，使西方市场社会主义本身的研究不断呈现"你方唱罢我登场"的热烈态势，也使我们对其的研究始终要保持"历时态"的追踪视

---

① Marc Fleurbaey, Equality of Resources Revisited, in *Ethics*, Chicago: The University of Chicago Press, October, 2014, vol.113（1）:83.

角。国外甚至有学者围绕西方市场社会主义者的争论本身撰写了著作,比如美国学者伯特尔·奥尔曼写了《市场社会主义——社会主义者之间的争论》一书,产生了广泛的社会影响。西方市场社会主义者内部之间以及他们和其他理论流派的学者之间的争论有多"白热化",由此可窥见一斑,这种态势也汇聚成了一股强大的内驱力促使西方市场社会主义不断进行理论探索和理论创新,从而焕发出勃勃生机。西方市场社会主义的理论探讨有关国计民生,很多理论模式的建构与现实社会经济的发展关联度高,同时兼具理论思考的深度,对其所蕴含的创新意蕴进行充分挖掘及深入剖析,有助于我们在向第二个百年奋斗目标大踏步前进的过程中获取宝贵启迪。

(一)西方市场社会主义的创新意蕴

不管是传统西方市场社会主义者还是当代西方市场社会主义者,他们一般都既熟知经济学的相关计算公式,又对社会主义抱有真挚的情感,或者略微夸张一点可以说,大多数西方市场社会主义者兼具经济学家的头脑精明和政治家的敏锐性。经济学、政治学及社会学等交叉的学术背景、多角度的学术视野,使整个西方市场社会主义的学术观点精彩纷呈,其中蕴含的创新之处主要有以下三点:

第一,强调市场与社会主义的兼容性。如前所述,有关市场与社会主义这两者之间关系问题的争论,直接催生了西方市场社会主义,可见两者关系的重要程度。比较而言,传统西方市场社会主义侧重于对社会主义根本属性及主要特征的关注,强调在社会主义计划经济体制的基础上一定程度地接纳市场元素,而当代西方市场社会主义则由于特殊的历史契机,更加关注市场机制如何主动地融入社会主义制度之中,也就是更加偏重研究市场机制的有效性。无论是传统西方市场社会主义者还是当代西方市场社会主义者,他们对待市场的态度都与新自由主义者崇尚"市场万能论"有着本质的区别,也与传统社会主义者拒斥市场的立场有着截然不同之处。从总体上来看,他们将市场机制视为提升社会经济发展效能的必要手段,期望借助于市场机制的灵活性及其在资源配置方面的有效性来缓解或消除单一计划经济固有的僵化弊端,进而为社会主义制度下社会经济的快速发展推波助澜。西方市场社会主义由于自身在不同发展阶段呈现的差异性问题而导致对市场的认识过程逐步展开,但是面临"市场与社会主义能否相容"这一关键性追问之际,往往会义无反顾地表示肯定。正是对市场机制有保留的肯定而非彻底接纳或全盘否定,才促使西方市场社会主义在西方右翼学者的责难与传统左翼学者的质疑声中保持了自身的理论定力及张力。

第二,主张生产资料的社会所有制。尽管不同的西方市场社会主义者在建构自己的理论模式时总是各具特色,但是他们对社会所有制的认同却保持了很大的一致性。为了有力驳斥以哈耶克为代表的新自由主义者对"私人所有权"或者说"各自所有权"的推崇备至和对传统社会主义的苛责,西方市场社会主义强烈主张应当建立生产资料的社会所有制,以此区别于新自由主义、苏联模式的社会主义、民主社会主义或者说社会民主主义。英国学者克里斯托弗·皮尔森将社会所有制称为"阿喀琉斯之踵",他这样说道:"的确,市场社会主义可以被概括地描述成为'社会所有制加市场',(如果有区别的话)正是这种承诺把他们同传统形式的社会民主主义区分开来,同时也为自己作为一种'激进的'替代性方案提供了证据。"①这段话充分揭示了社会所有制对西方市场社会主义的重要性。在西方市场社会主义者看来,社会主义的公有制不单单囿于生产资料的国有制和集体所有制,而应当是一种社会所有制,社会所有制是社会主义作为一种独特的社会经济体制的主要支柱,关涉社会主义公有制和市场机制能否兼容的问题。简言之,社会所有制将社会主义公有制和市场机制紧密结合在一起,主张资源配置由

① [英]克里斯托弗·皮尔森:《新市场社会主义》,姜辉译,东方出版社,1999年,第160页。

市场来调节决定,而生产资料的所有权则为全社会共同拥有。W. 布鲁斯和 K. 拉斯基在自己的理论模式中探究了社会所有制这一基本问题并指出,在社会主义条件下的人类解放,也就是使人类免除压迫和不公正,已成为把生产力从资本主义过时的生产关系的束缚中解放出来的一个条件和不可或缺的因素。与此同时,社会主义生产关系代替资本主义生产关系也成为人类解放的一个条件和不可或缺的因素。按照他们的观点,这两个同样不可或缺的条件或者说因素叠加在一起就构成了生产资料的社会所有制,由此看来,他们和很多其他的西方市场社会主义者一样,青睐于社会所有制。

第三,凸显社会主义的共同价值目标。与资本主义对特定利益集团的极力维护不同,社会主义的基本属性即主张在全体社会成员中实现平等、公平及正义等共同的价值目标,这一基本属性传承自托马斯·莫尔已降的众多空想社会主义者。西方市场社会主义者很好地继承了社会主义的这一系列价值目标。无论是前面提到的罗默还是米勒,都秉承了这一点。举例来说,进入 21 世纪之后,米勒结合世界局势的新变化和劳动者阶层的新诉求,更加强调他对社会主义共同价值目标的关注。在《我们有关市场社会主义的未结束的争论》一文中,他回顾了自己与柯亨围绕社会主义的平等、公正等问题展开的争论,并指出:"1989 年,关于市场社会主义的争论有一个政治焦点,即在苏联解体之后社会主义是否还有未来这一重要问题;另一个地区性的问题是英国工党的公共服务宗旨是否应当趋向于以更加热情的态度对待市场……在有关市场社会主义的争论中已经出现了一些关键性问题,比如社会公正的原则是否能够直接地适用于法律和公共政策等。"①从这段话中可以看出,米勒作为英国牛津大学纽菲尔德学院的社会学与政治学教授,

① David Miller, "Our unfinished debate about market socialism", *Politics*, *Philosophy & Economics*, Sagepub. Co. UK, 2014, vol. 13(2):135.

并不像其他很多当代西方市场社会主义者那样关注经济效率问题，而是更聚焦于实现社会主义的共同价值诉求。

以上简单阐述了西方市场社会主义的三大创新之处，当然，西方市场社会主义之所以能够在世界社会主义运动遭遇重大挫折之时掀起新一轮的对"可行的社会主义"的研究高潮，其本身的创新之处远不止提及的三点，还有很多的创新意蕴有待深入诠释。

（二）西方市场社会主义的启示

研究西方市场社会主义仅仅停留在其理论本身是远远不够的，应当全面探究其建构的理论模式的可行性及建构理论模式所用到的理论辨析工具，并在此基础上充分挖掘其对中国进一步完善社会主义市场经济体制以建设富强的社会主义现代化国家所具有的启迪。正如有学者概括的那样："实事求是地说，尽管中国是世界上迄今为止把社会主义与市场经济有机结合起来的最为成功的典型，然而对于社会主义与市场经济相结合的道路的探索，却不是首先从中国开始的。在中国进行经济体制改革、走向社会主义市场经济的过程中，国外市场社会主义为我们提供了重要的经验与教训，在理论上和实践上都给予我们有益启示。"[①]相关有益启示主要有以下三点：

第一，正确看待市场机制在大力推动社会主义社会经济发展过程中的重要作用。总体来看，西方市场社会主义对待市场机制的态度是开明而积极的，虽然在初始阶段传统西方市场社会主义对于市场机制的接纳程度相对比较有限，但是理论发展的大趋势是越来越重视市场机制的作用。从 W. 布鲁斯和 K. 拉斯基的"导入市场机制的计划经济模式"到亚诺什·科尔内的"宏观控制下的自由市场模式"，再到詹姆斯·扬克的"实用的市场社会主义模式"及戴维·斯韦卡特的"经济民主的市场社会主义模式"等，这些理论

---

① 余文烈等：《市场社会主义：历史、理论与模式》，经济日报出版社，2008年，第404页。

模式的变化发展从某种程度上反映了西方市场社会主义对市场机制的认识过程,这一认识并非一蹴而就,毕竟"市场与社会主义可以兼容"与"市场与社会主义怎样兼容"是两个不同的问题。如何把握好市场与社会主义这两者之间的"度",是摆在西方市场社会主义和中国社会主义市场经济面前的共同难题。西方市场社会主义,尤其是当代西方市场社会主义,对于市场机制能够有效配置资源的高度重视,给中国建立和完善社会主义市场经济体制提供了启示。我国自1978年拉开改革开放的序幕之后,经济社会发展的现实需求呼唤市场机制的"出场"。自党的十四大召开之后,我国不断促进市场与社会主义的紧密结合,这一点超越了其他所有社会主义国家。党的十八届三中全会更是强调市场在资源配置中起决定性作用,同时更好发挥政府作用。

第二,正确看待公有制和其他多种所有制经济的关系。绝大多数西方市场社会主义者主张生产资料的社会所有制,他们希望以此来弥补单一公有制经济带来的不足。值得一提的是,当代西方市场社会主义者为了克服苏联模式的社会主义在所有制方面的固有弊端,试图通过强化生产资料的社会所有来实现分权的目的,以避免出现国家垄断和像资本主义社会那样的生产资料主要由少部分资本家绝对占有。尽管西方市场社会主义者推崇的社会所有制常常被新自由主义者调侃为一种折中的方式,这一折中做法的目的是避免来自新自由主义和传统社会主义的双重责难,但却在很大程度上彰显了混合经济的主要特点。可以说,西方市场社会主义主张的社会所有制为那些视野里只有公有制经济的人开拓了另一种新的视角,也为我国加快经济体制改革,在坚持公有制经济主体地位不变的前提下,使其他多种经济成分发挥好对公有制经济的重要补充作用提供了可贵的启示。习近平指出:"长期以来,我国非公有制经济快速发展,在稳定增长、促进创新、增加就业、改善民生等方面发挥了重要作用。"①这充分肯定了非公有制经济的地位。

第三,强调经济民主,追求社会的平等、公平及正义等。很多西方市场社会主义者之所以主张社会所有制,原因在于他们认为社会所有制有助于实现社会在分配领域的公平或公正,使社会福利人人得以共享。西方市场社会主义者讨论的议题常常与经济利益直接相关,涉及每个社会成员的利益分配问题,在此过程中他们特别重视平等、公平及正义等社会主义共同价值目标的实现。他们看到了市场在资源配置上的高效率,但是并没有止步于此,而是将市场视为实现社会主义共同价值目标的必要手段,最终目的是凭借市场的灵活性与有效性来实现公平竞争、公平分配,促进社会的民主化进程,尤其是尽早实现经济的民主化。比如戴维·斯韦卡特的"经济民主的市场社会主义模式",主张每个生产型企业应当由其工人进行民主管理,工人对企业的一切生产活动负责,按照民主决策的相关程序投票决定企业的重要事宜。有学者如此评价道:"斯韦卡特从效率、经济增长、自由、平等和自治等多方面对'经济民主'市场社会主义进行论证,详细分析了同资本主义制度相比所具有的众多优势和特点,令人信服地论证了资本家可以而且应当在市场社会主义中发挥积极的作用,阐述了'经济民主'市场社会主义是能够克服资本主义基本矛盾的一种理想的社会主义形式,这些观点对于我们建设社会主义市场经济体制具有重要的借鉴意义。"②的确如此,西方市场社会主义的相关主张对于身处社会主义制度之下的我们而言,是相当难能可贵的。我国当下已经顺利实现第一个百年奋斗目标,正在向第二个百年奋斗目标行进,只有全民一心致力于建设一个富强、民主、文明、和谐、美

① 《习近平谈治国理政》(第二卷),外文出版社,2017年,第260页。
② 景维民、田卫民等:《经济转型中的市场社会主义——国外马克思主义的分析与实践检验》,经济管理出版社,2009年,第122页。

丽的社会主义现代化强国,才能更好地实现社会主义追求的平等、公平及正义等共同价值目标。

综上所述,通过大致回顾西方市场社会主义的发展演变,剖析其创新意蕴,揭示其对我国社会主义市场经济的启示作用,可以推进我们对国外马克思主义的学理性研究,并使我们能够从中挖掘可以借鉴之处,从而结合国际视野推进我国社会主义市场经济的理论创新与实践发展。与此同时,我们也要注意到西方市场社会主义的理论"短板","毕竟西方市场社会主义者绝大多数是'学院派',他们致力于进行各种西方市场社会主义的理论模式建构,而在现实世界中却较少'用武之地',其中的原因既有客观方面,也有主观方面"[1],以便扬长避短、为我所用。

(本文发表于《国外社会科学前沿》2022 年第 10 期)

---

[1]　金瑶梅、汪浏洋:《我国对西方市场社会主义的研究述评》,《上海理工大学学报》(社会科学版),2019 年第 3 期。

21世纪共产主义复兴的激进化姿态

——评左翼学者巴迪欧的共产主义理论

李　健[*]

　　解读西方左翼的共产主义理论,巴迪欧是不可或缺的重要一环。国内学者主要侧重于从整个左翼思潮的大背景出发考察其理论基础、基本特征和价值旨归。但是随着相关研究的不断深入,巴迪欧共产主义理论的评价性研究成为亟须正视的问题。可以肯定的是,他遵循西方左翼学者的基本思路,以一以贯之的姿态在批判资本主义的同时诉诸复兴共产主义,这对于恢复共产主义的本真内涵具有现实意义。但他在回归马克思和恩格斯创立共产主义初衷的同时,也在一定程度上重释了共产主义,保留了鲜明的政治哲学色彩。同时,共产主义主要诉诸观念与行动两个层面,即希望在维持观念与行动内在张力的同时,通达一种现实的革命运动,但是这种解读却不可避免地留有一些理想化色彩。更重要的是,由于巴迪欧的共产主义搁置了历史唯物主义这一重要视角,在回答共产主义何以可能等实质性问题上依然没有处理好理论与现实的关系问题。因此,弄清楚他在哪些方面回归了马克思,又在哪些方面背离了马克思,可以帮助我们澄清长期以来西方学界

---

　　* 李健,复旦大学马克思主义学院讲师。

对于共产主义的误解,为21世纪复兴共产主义提供了全新的思考方向和评判视角。

一、从"回归"与"重释"的视角评判巴迪欧的共产主义理论

在新自由主义的号角吹响后,面对福山历史终结论的责难,以及苏东剧变等事件的发生,以巴迪欧为代表的西方左翼学者面对回答共产主义该何去何从的问题。进入21世纪以来,随着新一轮的金融危机,政治难民等问题的出现,共产主义再次回到人们的眼前,成为对抗资本主义世界的有力武器。巴迪欧遵从共产主义的历史演进逻辑,将共产主义划分为三个阶段:一是19世纪马克思和恩格斯创立共产主义观念的时期,二是20世纪列宁的共产主义实践时期,三是21世纪共产主义复兴的新时期。他认为当前时代应该重新回到马克思和恩格斯创立共产主义观念的时期,试图从以下三个层面接近共产主义的本真义,为新时代共产主义复兴提供新的理论资源。

(一)强调人类解放维度,回归共产主义的初心

共产主义是一种关乎人类命运和历史走向的观念。简单来说,就是对于共产主义观念的追求,它以全人类的解放作为价值目标,以建立新的制度类型作为实践目标。在这一点上,巴迪欧无疑是马克思主义的继承者。他保留了共产主义的原初含义,强调要恢复的共产主义不能仅理解为马克思主义早期所提到的劳动异化的克服与人的类本质的复归,或是理解为成熟时期马克思主义所描述的高度发达的物质财富基础上的自由人联合体,而首要的是一种柏拉图意义上的、具有基础性力量的观念。

更准确地说,共产主义可被视为指向未来维度、具有普遍性色彩的解放话语。"共产主义在原则上……是一种特殊性的终结,是一种国际主义的而

非特殊性的。"①它意味着一种向同一性的回归,这种回归并非狭隘的民族意义上的,是实现具有国际主义特征的普遍的人类解放。因此,共产主义没有国别、地域和民族的区分,力图达到一种没有矛盾的理想状态。反过来说,这表明共产主义并非一蹴而就的,甚至说它的实现会经历一定的挫折。以苏联模式的失败为例,巴迪欧认为它的失败不单是一种多重因素复杂作用下的结果,更重要的原因在于,苏联模式始终没有把社会主义实现的基础建立在集体联合和个人独特性这种双重视角的辩证关系之上。用马克思的话来说,共产主义的目标是实现社会中每个人自由而全面的发展。以此而言,巴迪欧强调的共产主义与马克思在《1844 年经济学哲学手稿》中提出的"类本质"具有一致性,这里的"类本质"不是个人的发展,而是立足联合体意义上的每个人的发展。他并不建议将其解读为一种原教旨的或人道主义的马克思主义,因为这种人道主义的马克思主义以异化作为分析的核心问题,忽略了马克思和恩格斯后期所建立的科学体系,其结果是容易演变为一种意识形态的虚妄。更甚的是,共产主义与《资本论》中对于资本主义发展状况的政治经济学描述同样密切相关,他认同阿尔都塞将其理解为科学意义上的共产主义这一解读方式,但是并不直接将共产主义定义为一种科学的共产主义,因为这种强行割裂人道主义与科学主义的做法使得人们对于共产主义始终存在一种误解。② 基于这一点,共产主义定义为介于人道主义和科学主义之间的关于人类解放的东西,它既是一个运作的点,也是一个不断生成的过程。这种共产主义强调的是打破旧有观念,建立新的观念,其目的是回到马克思和恩格斯创立共产主义观念的初衷。

---

① Alain Badiou, Peter Engelmann, *Philosophy and the Idea of Communism——Alain Badiou in Conversation with Peter Engelmann*, London:Polity Press,2015,p.76.

② S. 塞耶斯、曲轩:《关于共产主义的观念》,《马克思主义与现实》,2017 年第 5 期。原文是:"传统上,马克思主义者区分了两类共产主义观:空想共产主义和'科学'共产主义。正如笔者将要阐释的,像巴迪欧这样的思想家并不乐意属于其中的任何一类。"这个判断无疑是中肯的。

(二)反对资本主义私有制,对集体所有制形式进行探索性尝试

共产主义的主要任务在于"消灭私有制"。虽然巴迪欧与马克思和恩格斯在论述角度和方法上有所不同,但殊途同归,他们都将矛头指向私有制这个根本性维度。因为归根结底,所有制问题是整个共产主义回归的核心问题,它是划分共产主义和资本主义的基本标准。

巴迪欧认为,我们这个时代的关键词是"私有化"。如果不直接批判资本主义私有制这个"高尔丁死结",那么资本主义体系将很难攻破。"资本对集体组织和国家权力部门的侵占,正在像压路机一样摧毁我们的社会。"①在马克思主义的经典论述中,推翻资本主义统治的关键是废除个人财产,实现生产资料的集体所有。这种集体所有制并非仅指旧苏联社会主义国家的历史经验,也并非注定是一种失败。但是由于集体所有制的历史实践曾经在苏联那里遭遇过挫折,这就意味着我们所要采取的所有制形式更多的是一种"实验"模式。这种实验是一种渐进性的创新,它是"局部的、渐进的、多层次的实验,而不是像过去那样,通过从单一的、暴力的私有财产转移到国家所有这种过渡的方式"②。可以看出,巴迪欧虽然把握住了生产资料的所有制形式这一根本性维度,也拒斥了苏联模式的弊端,但是在提出如何实现等问题上就显得过于模糊,这说明他所强调的集体所有制很明显还停留在一个探索性的理论阶段。

当然,巴迪欧主张回归共产主义的本真义,但这种本真义不能仅将其理解为消灭私有制、实现集体所有制的形式,更恰当的表述应该是一种共产主义与资本主义的对抗性关系。因为"坚持这一观念,坚持这一假设的存在,并不意味着它的第一种表现形式,即聚焦于财产和权力的形式,应该如此所

---

① Alain Badiou, *Marcel Gauchet*, *What is to be Done?—A Dialogue on Communism, Capitalism, and the Future of Democracy*, London: Polity Press, 2016, p. 116.

② Ibid., p. 119.

然地被维持。事实上，我们被赋予了一个哲学的任务，甚至是一个义务，那就是帮助这一假设的新的存在形态面世"①。换言之，这里的目标并非仅仅是一种经济层面的确认，而是证明共产主义存在的合法性。因此，坚持资本主义与共产主义的对抗性关系，对集体所有制形式进行了一定的初步探索，这成为他的共产主义理论立足现实状况的主要依据。

（三）主张与国家保持距离，致力于新型关系下的政治联合

在巴迪欧的语境中，理想的人类社会从本质上是远离国家的。因为在资本主义社会中，国家总是跟民主原则联系在一起，民主作为资本主义议会制国家的主要范畴，担当着国家的特有标准，成为拥护资本主义的坚实根基。共产主义如果从政治层面来讲，就是抛开国家层面，诉诸一种真理政治。

这里，共产主义不是一个哲学名称而是一个政治名称。进一步而言，共产主义是一个不断地趋向于真理的辩证过程。在《世界的逻辑》中，他指出"除了身体和语言之外，还存在真理"②。这个真理可以理解为恢复共产主义的政治性维度。在后现代语境下，诉诸政治真理存在的时代条件可以概括为四点：一是它植根于普遍的历史活动，不是外部的东西，而是内在于历史和政治的结合。这种普遍的历史运动，巴迪欧赞同毛泽东将其概括为群众路线的说法。二是共产主义者要树立下一步该怎么办的观念。这个怎么办问题直接决定着共产主义作为一种现实运动实现的可能性。三是它必须遵循一个国际主义的逻辑，即最终趋向于一种集体的联合，这里强调的是"全世界无产主义者，联合起来"③。四是共产主义必须维护全球化的视野。因为它是一种在资本主义之外创造的一种新的可能性，只有在全球化视野中

① Alain Badiou, *The Meaning of Sarkozy*, London and Newyork, 2008, p. 115.
② Alain Badiou, *Logics of Worlds*, London：Continuum, 2009, p. 4.
③ 《马克思恩格斯文集》（第二卷），人民出版社，2009 年，第 66 页。

才有可能实现。

　　当然,即使以上条件在新的时代背景下已经基本具备,但是距离马克思和恩格斯所强调的国际主义的集体联合还有一定的距离。在目前情况下,巴迪欧建议不应该盲目采取积极革命的策略,而是应该把这种政治实践以政治试验的形式展现出来,即通过罢工、示威等形式争取新的权利,以此创造一种政府与工人的新型政治关系。因为现在的问题不是一个阶级推翻另一个阶级,不是取代已有权力,而是一种新的关系的生成。这就是说,现在的政治性试验不是一种暴力的方式,而是一种非暴力的、无组织和无纪律的分散形式,这种分散性体现为联合工人阶级以外的小众群体开展一系列的边缘化行动。例如,他特别重视移民问题,认为这些移民在全球化进程中起着很重要的作用。现在很多国家如法国、美国等国家都通过加强边境安全来限制移民数量,这些举动对移民形成很大的威胁。相反,这些边缘性群众在被政府压制的情况下,容易与国家保持距离,并时刻保持着行动的准备。因此,这种政治试验往往在一种无根的底层阶级中展开,通过激进行动来达到一种普遍性政治诉求的目的。更重要的是,这些边缘性群众的行动不在于拥有历史真理,而在于他们是连接政治集体中的主体,所起的作用主要是为历史介入一种新的政治形式。

二、从观念与行动的视角评判巴迪欧的共产主义理论

　　进入21世纪以来,共产主义复兴成为左翼眼中激进话语的代名词。巴迪欧和奈格里、齐泽克一样,认为共产主义复兴意味着可以通过某种联合方式实现一种状态,这种状态兼有观念与行动的双重意味。换言之,共产主义有两个维度:一个是人的观念维度,一个是现实道路的行动维度。

（一）复兴共产主义观念①，诉诸不可能性中的可能性

与马克思和恩格斯不同的是，他不仅坚持共产主义是一种"消灭现存状况的现实的运动"②，还坚持共产主义是消除异化状态之后的现实再现，是一种不可能性中的可能性。他自己的解释是："共产主义的观念，真的就是对可能性的信念，而不是对既有东西的想法。"③

这种观念真正开启于马克思的《共产党宣言》，巴迪欧无疑继续了这一事业，在某种程度上，《共产主义假设》④这篇文章是模仿《共产党宣言》写就的。21世纪的共产主义要创造一种完全不同于以往的历史和政治秩序，它不是国家权力的管理，不是一种社会制度，首要的是一种针对既定现实的打破和绝对之新的创新与应用。它指的是一种观念的东西。更重要的是，重启共产主义观念具有现实意义。因为21世纪的共产主义有两个特点：一是它不是作为形容词，而是作为名词存在。"共产主义不再是修饰党和国家的一个形容词，而是一个作为主体的名词。"⑤斯大林主义所认为的共产主义，是通过国家共存的方式，要求无产阶级去摧毁旧世界的代表机构。但是对于马克思主义而言，共产主义可称为一种自由人联合体，它主要指向一种可能性向度，而非强调国家构建问题。二是它是一种关于真的理念。"共产主义的观念是这样一种观念，它是在政治情景中发生的，真理的政治程序同个体之间的关联，即一种真正无限的人的联合，每一个个体都通过共产主义的

---

① 关于"观念"一词，巴迪欧在《关于共产主义的理念》一文中有过交代，指出"观念"一词包括三个基本要素，即真理的过程、历史的归属和个人的主观化；在《哲学宣言》中将"观念"解读为一种"多重性的柏拉图主义"；在《世界的逻辑》中，将"观念"表述为一种原则，即真实的生活是按照理念的实际生活构想的，可称为"辩证唯物主义"，这跟当今的民主唯物主义原则相对立。

② 《马克思恩格斯文集》（第一卷），人民出版社，2009年，第539页。

③ Alain Badiou, *Philsophy and Event*, Malden: Polity, 2013, p. 14.

④ 2008年发表在《新左派评论》，英文标题是"Alain Badiou, The Communist Hypothesis", *New Left Review*, 49, Jan – Feb, 2008。这篇文章是2007年用法文出版的《当我们说起萨科齐时我们意指什么?》(*De quoi Sarkozy est – ill en om?*) 一书的精要。

⑤ ［法］阿兰·巴迪欧：《柏拉图的理想国》，曹丹红、胡蝶译，河南大学出版社，2015年，第24页。

观念,在生成之中的真理的政治身体中,去实现自己的无限。"①

但是马克思和恩格斯所阐述的共产主义是建基于历史唯物主义基础上的,一是时代的经济发展决定着社会结构的变迁,成为构成该时代政治和精神的基础;二是阶级斗争的历史和立场是始终不变的,处于被剥削的阶级始终处于反抗和争取解放的历史阶段,这种反抗的结果要实现的不仅是一种政治解放,根本意义上是一种人类自身意义上的解放。这里,巴迪欧的问题在于,他始终将共产主义的出现理解为一种断裂状态下出现的点,或是强调它在不可能性中的可能性。用阿尔都塞的话来说,这种思考方式预设了"一种历史,它是在场的……鲜活的……向未来开放的……不确定的、不可预见的,甚至是尚未完成的"②。从这种意义上来说,共产主义观念包括两方面内容:一是它从共产主义朝向未来的真理向度而言的,主要强调的是一种思想的抗争,即同资本主义大他者和不断净化共产主义观念的斗争;二是共产主义可以解读为一种永恒的理念。它虽然不具备实质性的、可以被应用于任何地方的特征,但是可以在每一个具体的历史境遇中被重新创造出来。其实,当巴迪欧提出共产主义观念这一设想后,很多学者指责这种思想带有不切实际的幻想,其仅仅是一种康德意义上的理性的观念,而不是一种具有可感的直观物对应的观念。随后巴迪欧公开放弃或弱化了自己的康德主义立场,坚持共产主义设想的可实现性。即便如此,他对于共产主义的回归只能说是一种观念意义上的回归,他所强调的科学性在某种程度上被自己发展为一种偶然性,这会将共产主义置于神秘化的境地。

(二)展现行动的激进姿态,弱化无产阶级的革命性维度

共产主义不是对乌托邦主义的怀旧,而是思想应用于现实而不断努力

---

① [法]阿兰·巴迪欧:《柏拉图的理想国》,曹丹红、胡蝶译,河南大学出版社,2015年,第25页。
② Althusser, *Philosophy of the Encounter:Later Writings* 1978 – 1987, Verso, p. 264.

的尝试。当然，马克思主义主要致力于对无产阶级力量的生成和资本主义社会关系的内在批判，而巴迪欧则是将重点放在扩大无产阶级范围和自发的革命行动上，这里的行动主要体现为事件行动。

在马克思主义的经典表述中，共产主义意味着作为革命力量的无产阶级的重新联合。巴迪欧同朗西埃、哈特和奈格里一样认为，无产阶级依然是承担社会革命的主要力量。同时，他们在不同程度上解构了无产阶级，甚至在某种程度上认为无产阶级是一种"虚空"（void），这种"虚空"意味着除了无产阶级这个名称以外，不再具有任何具体内容，主要强调无产阶级是一种普遍性的概念。重要的是，巴迪欧通过一些政治尝试扩大了无产阶级的范围，弱化了无产阶级的革命作用。这里起着革命性的力量不是无产阶级，而是事件。无产阶级被置换为主体，并在事件发生后生成。他虽然依然使用"无产阶级"这一词汇，但这里它的作用与其说是革命主体，不如说是事件主体，它的意义在于凸显一种断裂时的革命意义。即是说，这里保留的是无产阶级作为事件性发生的这一重要维度，这种无产阶级的联合在历史层面上表现为一种群众运动，它是不可预测的，甚至是不可计算的。但是这种事件确实存在，而且会对共产主义进程产生重大影响。因此，现在的问题不是去接受社会应该所是的样子，而是寻找另一种可能性。这种可能性的最终结果是通过一种泛化无产阶级概念，模糊无产阶级群体的形象去诉诸全人类的解放。这里的革命性体现为事件而非无产阶级，相反无产阶级的行动和范围受制于偶然性的事件。进言之，巴迪欧强调的革命力量需要事件的激发，事件成为一种革命性的颠覆力量。但在马克思主义那里，革命性的颠覆力量是无产阶级的集体化行动。因此，如果说在马克思主义那里，共产主义是一种社会革命的现实运动的话，那么在巴迪欧这里，共产主义就是蕴含于事件层面的激进行动。

（三）在观念与行动的变奏中保持内在张力

巴迪欧提出将共产主义视为观念与行动的统一体，为超越资本主义提供一种新范式。这里的共产主义既是一种批判性姿态，更是一种新历史情境下的新方案，是对马克思共产主义理论的进一步发展。

共产主义复兴主要涉及两个关键点：一是共产主义观念的重新激活，二是观念为革命行动厘清空地。即是说，"共产主义的政治的核心，绝对不是国家权力的官方意识形态，而是人民群众认识与行动之间的连续性操作"①。巴迪欧指出，马克思主义当中始终没有遭到损伤的部分是实践问题，但他没有沿用历史唯物主义的逻辑思路，而是借助毛泽东的调查学说和拉康的三界说改造了实践，将其解读为革命行动，希望在一种政治哲学的分析话语中对实践问题作出合理化解释。在1927年《湖南农民运动考察报告》中，毛泽东重申调查的原则是遵从一种具体情况具体分析的方法。巴迪欧将这种具体情况指定为情势，它不同于特定的要素，而是多个要素的集合。"'没有调查就没有发言权'，这句话，虽然曾经被人讥为'狭隘经验论'的，我却至今不悔；不但不悔，我仍然坚持没有调查是不可能有发言权的。"②这种说法本质上是一种行动哲学，即试图在保持其固有创造性中与思辨哲学划清界限。他赞同共产主义观念来自实践这种说法，但是又不能将其简单地归结为实践，而是说"它不是关于存在的方案，而是对发生作用的真理的揭示"③。可以看出，巴迪欧所讲的实践主要是借助拉康三界说中的不可能之真，突出断裂对于总问题研究的重要意义与价值。正是在这中断里寻找理论观念与政治行动的可能性，在确定性和非确定性之间展开了一个新的空间，并试图保

① Alain Badiou, *Qu'est - ce que j'entends par Marxisme*? Paris：Les editions sociales，2016，pp. 69 - 70.

② 《毛泽东选集》（第三卷），人民出版社，1991年，第791页。

③ A. 巴迪欧、王逢振：《关于共产主义的理念》，《马克思主义与现实》，2016年第6期。

持两者之间的内在张力。因为"哲学是一种思想－行动，借助于操作上的裂缝，借助于可以让其理解的对象，让其变得真的空隙来使哲学范畴发挥作用"①。所以他不是以确定的方式，而是以非确定性的方式为马克思主义的革命思想带来一种颠覆性的阐释。他的论述结论是通过调查分析和填充空乏的努力不断趋近于一种真，这种努力本身就是一种政治行动。

三、从历史唯物主义的视角评判巴迪欧的共产主义理论

从历史唯物主义的视角审视巴迪欧共产主义的理论并进行科学定位，可以澄清对于共产主义的误解和正确看待西方左翼的共产主义理论。在一些基本的描述中，巴迪欧逼近了马克思主义的本真义。当很多后现代主义者诉诸否定性的叙事方式，他无疑走向了更加坚定的一面，继承了马克思和恩格斯共产主义的革命话语及其实现形式。但是他的共产主义始终没有立足历史唯物主义根基，从现实的物质关系出发，而是选择从反历史主义的视角，强调共产主义的激进性。而且复兴共产主义意图在于回到马克思和恩格斯创立共产主义理论的初心，但是他的共产主义将观念和行动撕裂开来以后依然没有找到通往共产主义的现实路径。

（一）作为一种形而上学唯物主义②，保留了最低程度的唯物主义

在《圣保罗》中，巴迪欧这样指出："唯物主义从来都只是由客观来确定主观的一种意识形态。"③对客观性的坚守可视为坚持唯物主义立场的一条基本原则。他坚持物质的客观性，是一种"拒斥超验性维度，坚持内在性原

---

① ［法］巴迪欧：《小万神殿》，蓝江译，南京大学出版社，2014 年，第 55～56 页。
② 巴迪欧在阐述共产主义的时候坚持了真理和事件的客观性维度，是一种最低程度的唯物主义范畴。可参考夏莹教授在《旁观者与行动者的反辩证法：如何理解唯物主义及其当代复兴》（《江苏社会科学》，2017 年第 2 期）中的相关论述。
③ ［法］阿兰·巴丢：《圣保罗》，董斌孜孜译，漓江出版社，2015 年，第 84 页。

则的形而上学的唯物主义"①。但这已经是最低的唯物主义范畴,因为这种观点除了物质以外什么都没有。即使作为一个真理(共产主义),它也是除了把握物质之外,什么也不是。

但是巴迪欧所讲的真理很难进一步从马克思的物质世界中得出。"直接的物质的生活资料的生产,在一个民族或一个时代的一定的经济发展阶段,便构成基础,人们的国家制度、法的观点、艺术以至宗教观念,就是从这个基础上发展起来的,因而,也必须由这个基础来解释,而不是像过去那样做得相反。"②恩格斯认为,马克思的主要贡献在于他以政治经济学批判的研究方法分析整个资本主义经济体系和分配体系,并将其与共产主义的实现联系起来。而巴迪欧则相反,他区分辩证唯物主义与民主唯物主义的目的只是确定了真理的存在、真理的客观性等问题,依然没有将真理的实现纳入历史唯物主义的视野。他坚持从政治哲学层面对共产主义进行解读的方式是无法将形而上学和物质两方面统一在一个系统上的。因为在最低限度坚持唯物主义的基础上,他主张在偶然的事件和主体的结合过程中实现真理,这在后现代语境下着实不易,但他同样走进了自己的政治哲学矩阵。他试图从中找到实现共产主义的根基,但这种偶然状态下实现的真理(共产主义)未免有些理想化色彩,甚至说是一种形而上学唯物主义。形而上学唯物主义和历史唯物主义是两个不同的概念,形而上学唯物主义的立足点是抽象的物质,历史唯物主义的立足点是具体的物质。当然,真正的认识是不可能停留在抽象的物质层面的,而总会与具体的事物和经验联系在一起并深入到本质中去。正如马克思写道:"历史的全部运动,既是这种共产主义的现实的产生活动,即它的经验存在的诞生活动,同时,对它的思维着的意识

---

① 夏莹:《旁观者与行动者的反辩证法:如何理解唯物主义及其当代复兴》,《江苏社会科学》,2017 年第 2 期。

② 《马克思恩格斯文集》(第三卷),人民出版社,2009 年,第 601 页。

来说，又是它的被理解和被认识到的生成活动。"①很显然，巴迪欧明白了思维着的生成活动，而没有认识到经验存在的诞生活动对于共产主义的重要性。仔细阅读马克思和恩格斯的《德意志意识形态》，我们会发现"历史唯物主义"中的"唯物主义"，其真实所指并非仅是唯物主义和唯心主义之间的派别差异，更本质的理解是一种"经验的观察"，而且这种"经验的观察在任何情况下都应当根据经验来揭示社会结构和政治结构同生产的联系，而不应当带有任何神秘和思辨的色彩"②。因为"在思辨终止的地方，在现实生活面前，正是描述人们实践活动和实际发展过程的真正的实证科学开始的地方"③。巴迪欧将共产主义实现的希望放在事件这种偶然性身上，完全没有谈到经济因素在政治革命和历史发展中的决定性作用，其本质是通过一个高度抽象的方式来理解唯物主义。共产主义观念依旧局限于一种认识论层面，但是基本的理论问题是不能够以抽象的方式得以解决的。这种理解的问题在于，他在试图摒弃关于意识或思维的任何一种唯心主义思辨的同时，保留了浓厚的关于真理的形而上学抽象。

（二）建基于反历史主义的视角，将辩证唯物主义作为分析方法

在对待共产主义这一基本问题上，巴迪欧立足现实的物质基础，但在阐释路径上，却以反历史主义的视角来看待。尤其是在开启新的革命方向方面，他认为辩证唯物主义比历史唯物主义更具有创造力。

他所认为的历史主义具备两个特征：一是历史是开放的、非连续性的断裂，二是将历史视为推动现实发展的永恒动力。但是他所谓的共产主义从本质上是反历史主义的。在现实生活中，历史依旧是断裂的且不可决定的，其中构建的共产主义真理没有脚立地。正如卢森堡曾经提出的，如何实现

---

① 《马克思恩格斯文集》（第一卷），人民出版社，2009 年，第 186 页。
② 同上，第 524 页。
③ 同上，第 526 页。

资本主义向社会主义(共产主义)的转变,这种转变的关键不是一种非决定论,而是一种决定论,起决定作用的还是经济关系。① 因为依据马克思的分析框架,共产主义的实现围绕两方面展开:一是资本主义和社会主义(共产主义)的矛盾关系展开,二是共产主义和无产阶级的依存关系展开。如果缺失这个基本判断,对于共产主义的分析就是一种外部反思,即没有深入到历史的本质性那一度,看到物质生产的决定性作用才是推动历史发展的最终动力。进一步说,马克思主义的历史叙事是科学揭示历史发展的内在规律及其未来趋势,内在规律简单来说是,"唯物辩证法应用到历史领域,从而创立了历史唯物主义"②。而巴迪欧将辩证唯物主义作为分析共产主义的方法论基础,强调它是关于形式断裂的学说,是一种纯新的再创造。他为什么反其道而行之,原因在于他试图将辩证法从历史领域抽离出来,置于一个纯粹思维的领域。这种观点无疑又将辩证法退回到黑格尔,丢掉了马克思对于辩证法的伟大创造。这里的矛盾之处在于他认为马克思存在多面性,包括历史哲学视域中的关于思辨的马克思、《资本论》视域中的关于政治经济学批判的马克思和政治哲学视域中关于革命解放的马克思。当他认为将马克思进行黑格尔化的解读有用的时候,他就会回到黑格尔那里。但与黑格尔不同的是,他不赞成黑格尔的正反合命题,反而以一分为二的勇气主张历史应该是断裂的,这种断裂意味着新事物的生成。这在一定程度上保持了共产主义理论的内在张力,却将辩证法置于更加思辨的境地。

(三)缺乏历史唯物主义的基本立场,依旧没有找到通往共产主义的现实路径

21世纪的西方左翼学者从本质上延续了马克思的革命路径,他们对于

① [德]罗莎·卢森堡:《卢森堡文选》,李宗禹编,人民出版社,2012年,第39页。
② 俞吾金:《从康德到马克思:千年之交的哲学沉思》,北京师范大学出版社,2017年,第15页。

共产主义的解读看似激进，其路径却更加偏向于一种折中的、缓和的斗争方式。虽然巴迪欧坚持了共产主义的原初内涵，但这种共产主义仍旧没有将观念与行动统一起来。

关于如何将观念与行动统一起来并指向共产主义这一维度，巴迪欧提出的解决方法是将观念与行动的关系融合于运动之中。"在我的哲学中，我试图提供真实运动，即接近无限的运动的另一种来源，为的就是不陷入分析与辩证的冲突之中。"①通过运动的方式保持观念与行动之间内在张力的解决方式，究其本质还是一种分裂。更重要的是，用运动的观念解决两者关系，却失去了一种根基，就是回到以物质关系为基础的现实生活。这里，共产主义成了一种永恒的理念，它的实现方式就是从共产主义出发的运动过程。即是说，观念是最重要的东西，它既可以作为一个标准尺度，也可以作为一个认识途径，而进行实践的关键是确定一种观念。即便如此，观念背后依然起作用的是生产关系和交往关系。"统治阶级在物质资料生产上的领导权决定着其相应的精神生产上的领导权。这一点决定了：不管人们是否意识到，精神生产总是在无所不在的宏观政治权力的支配下进行的。换言之，占支配地位或主流地位的话语本质上就是权力话语。"②

巴迪欧立足运动的角度将共产主义视为一个无限趋近于真理的运动过程，这里的共产主义只是一个名称，没有任何具体内容。进一步而言，他始终没有从历史唯物主义的视角，从物质生产现实的视角理解共产主义，反而更多地是走向了一种政治的激进性。他的理由是，政治和经济分属于不同的领域，传统的马克思主义（主要指苏联马克思主义）将经济因素强行地塞入政治领域，这其实是不恰当的做法。他所强调的是，政治在某种程度上优

① Alain Badiou，Peter Engelmann，*Philosophy and the Idea of Communism—Alain Badiou in Conversation with Peter Engelmann*，London：Polity Press，2015，pp. 38 – 39.

② 俞吾金：《从康德到马克思：千年之交的哲学沉思》，北京师范大学出版社，2017年，第528页。

先于经济的说法,这明显是在与苏联正统马克思的"经济决定论"划清界限。正因为如此,他的理论是一种缺乏经济根基的行动上的呐喊,这导致他将不可避免地走向为了争取政治权利而被迫采取一种激进姿态的保守立场。①更确切地说,他始终没有从资本主义生产方式本身出发,而是选择了从共产主义观念这一设想出发,这种以未来反观现在的做法非但没有切中资本主义的要害,反而为共产主义的实现增添了几分神秘感。这样一来,共产主义的实现似乎就不是历史领域要实现的事情,而就是要诉诸一种政治宣言了。

四、结语

巴迪欧举着复兴马克思和恩格斯共产主义思想的旗帜,试图介入共产主义的目的不是打破马克思主义的计划,而是恢复共产主义的尊严。但是相比马克思和恩格斯而言,他无疑保守了很多。因为观念和行动统一起来的基础是事件而非革命,这进一步反映了考察思想和现实关系的基础不是历史唯物主义,是以一种断裂的视角诉诸偶然性维度,这样容易陷入一种空想性观念和激进化行动的双重变奏之中,虽然说不上是一种观念论的反复,但至少在现实革命性和批判性维度上都保守了很多。因为共产主义从来就不仅仅是一种观念,而是将观念当成肉身的现实运动。对于共产主义的理解应该始终将其放在时代的大背景下,不能脱离社会经济的发展条件。而且这里的问题不在于共产主义是什么样子的,而是在于理解它的前提条件,即思考马克思的共产主义是建立在什么样的基础之上的。历史唯物主义作为最根本性的范畴,其原因在于"这种历史观和唯心主义历史观不同,它不是在每个时代中寻找某种范畴,而是始终站在现实历史的基础上,不是从观

---

① 《共产党宣言》,人民出版社,2014年,第9页。原文是"工人阶级被迫局限于争取一些政治上的活动自由,并采取中等阶级激进派极左翼的立场"。

念出发来解释实践，而是从物质实践出发来解释各种观念形态"①。因此，无论是对巴迪欧共产主义理论的评价，还是对整个西方左翼思想进行评价的过程中，都要以甄别的姿态对待，切勿一刀切地否定他们对于马克思和恩格斯共产主义理论的创新，以及在当下重提共产主义的理论勇气，更不能忽视其理论的不足之处和对历史唯物主义基本原则的忽视。

（本文发表于《当代国外马克思主义评论》2021 年第 1 期）

---

① 《马克思恩格斯文集》（第一卷），人民出版社，2009 年，第 544 页。

五、国外马克思主义主要流派研究

英国马克思主义历史研究的政治诉求

乔瑞金　陈　婕[*]

　　英国马克思主义史学是 20 世纪世界史学发展的重要组成部分,也是 20 世纪以来马克思主义历史研究思想的杰出代表和创新研究的典范。英国马克思主义史学是伴随着苏联社会主义建设取得长足进步而资本主义世界陷入空前的社会危机,越来越多的英国学者改变了对马克思主义的怀疑、敌视态度后兴起和勃发的,并以于 1938 年成立的英国马克思主义历史学家小组的组织形式登上世界历史研究的舞台,代表人物有多布、希尔顿、希尔、霍布斯鲍姆、汤普森等一大批青年历史学家。英国马克思主义史学家信仰马克思主义,在系统地学习和研究马克思主义经典作家的著作和结合英国历史的过程中,形成对历史唯物主义的独立理解和英国解释,并运用唯物史观的方法聚焦研究英国历史和资本主义发展史,同时发扬英国经验主义史学传统,坚持历史学是研究历史事实发展过程的科学理念,注重从总体史、社会史和当代史的整体视角,在强调研究底层人民历史的过程中,突出历史研究为工人阶级革命服务的政治意识。希腊学者卢奇安曾经说:"历史只有一个功能或目的,那就是实用;而实用只有一个根源,那就是真实。"英国马克思

---

　　* 乔瑞金,山西大学马克思主义学院教授。陈婕,山西大学马克思主义学院博士生。

主义史学家群体即是以历史的真实为工人阶级革命和在英国实现社会主义政治服务的真实写照。

一、从小人物到人民，发掘人民群众创造历史的动力

英国马克思主义历史学家在马克思主义人民史观思想的指导下，选择了"以'自下而上的历史学'的观点来寻求重建历史研究与历史理论"[①]，这种反映广大人民群众作为社会发展推动力量的历史学即"自下而上的历史学"（history from below）。这种概述包含了两层意思：一是"自下而上"历史观念指导下的历史研究方法或视野，二是新型的历史研究领域。就此种史学观念的基本前提来说，它抛弃那种美化统治阶级或以客观、实用主义目的为出发点的传统史学编纂动机，而是真正关注人民大众的生活经历与思想意识。以霍布斯鲍姆为代表的英国新社会史学家坚信，下层大众与普通民众才是历史发展的主体，才是社会历史发展的真正动力，这也是马克思主义社会历史观的核心内容。他们认识到只有从普通民众的新角度去解释与探索社会的历史，才能加深对过去的认识，才能得到历史本来面目的检验与印证，客观和整体的社会历史才能被重构与再现。唯其如此，史学研究才能真正体现人民群众对历史的创造性作用，才能重构整体社会历史的核心部分。[②]

希尔顿以中世纪晚期的农村和农民作为核心的研究，也取得了一系列成就。这从他20世纪50年代到80年代发表的一系列著作中可见一斑。通过研究，他深有感触地写道："如果从底层往上看，而不是从上头去看社会，

---

① Harvey. J. Kaye, *The British Marxist Historians：An Introductory Analysis*, Cambridge：Polity Press, 1984, p.125.

② 梁民愫：《英国新社会史思潮的兴起及其整体社会史研究的国际反响》，《史学月刊》，2006年第2期。

我们就可能获得对整个社会和国家的较为确切的图景。"①希尔顿在其著作中,还对农民在促进英国农村和城镇行政体制和司法体制的形成和变迁中的作用,予以肯定。不仅如此,他还第一次指出了英国农民在促进近代自由、平等观念的形成方面所起的作用。他指出:"反对封建隶属关系的自由权利的确立,并不像通常认为的那样是资产阶级的一项特殊贡献……而是封建时代的农民阶级的贡献"②,"中世纪农民留给近代世界最重要的虽然难以捉摸的一项遗产就是不向老爷们承担义务,甚至不表示遵从的自由观念"③。希尔顿打破了传统史学中以少数统治者为中心的研究理论和方法,给下层人民以应存的历史地位和重视。④ 萨维尔同样非常强调底层的经历和历史。作为劳工史学家,萨维尔早在1958年就指出:"研究工人阶级的历史,对于矫正当前的怀疑而言是必要的,也是为未来的行动提供一种指南。这种研究不仅仅是为了提醒我们留意过去的背叛行为和失败。更重要的是要正确评价人民大众发展他们的组织机构以及少数人形成社会主义意识的方式……在试着理解英国劳工运动的动力时,我们应该为自己重现过去人们为了更美好社会而奋斗和牺牲的传统。劳工运动的历史就是普通人反抗压迫和不义的故事:他们的成就和失败已经融入我们自己的生命中。他们的看法以及对他们的努力做出适当的理解,就是我们今天的出发点。"⑤深受马克思影响的托尔,其主要成就与贡献则在于对英国人民民主史的研究。托尔把人民民主和人民群众反抗资本主义对劳动人民的盘剥及侵害小商品

---

① 雷金瑞:《当代英国马克思主义史学流派初探》,《兰州学刊》,2001年第5期。

② Rodney Hilton. eds., *The English Rising of 1381*, Cambridge University Press, 1987, p.79.

③ Rodney Hilton, *Bond Men Free*, Cambridge University Press, 1973, p.235.

④ 雷金瑞:《当代英国马克思主义史学流派初探》,《兰州学刊》,2001年第5期。

⑤ John Saville, Labour Movement Historiography, *Universities and Left Review*, (3), 1958, pp. 31–35.

生产者利益的斗争结合起来考察。① 小组成员乔治·鲁德也是"下层史"的有力倡导者和实践者。他主要研究了欧洲近代历史上下层群众的骚乱、暴动、反叛和革命，尤其考察了 18 世纪至 19 世纪英法两国群众的反抗活动。通过将马克思主义理论方法与自己的学术关怀结合在一起，鲁德同情性地探究了英格兰和法国下层民众的社会反抗活动，反驳了一些人对民众及其运动的误解、歪曲和污蔑，力求还原反抗民众的本来面貌。②

霍布斯鲍姆是底层史学的有力提倡者和实践者。他认为人类历史上"非凡的小人物"是主要的历史行动者，"他们能够而且已经改变了文化与历史的样貌"。鉴于底层群众长期遭受史学家的忽视，他决心"将这类人物从被人遗忘的状态中拯救出来"。③ 他提出，史学家的任务之一就是揭示普通百姓的生活和思想，弄清人民对一个理想社会，或者可以忍受的社会现实及其真正要求是什么，他们到底想从这样的社会中得到什么。④ 霍布斯鲍姆的劳工研究正是"底层史学"的真实写照。在霍布斯鲍姆看来，历史书写应该面向大众，而不仅仅针对专家学者和同行。"在我看来，为民众而不是为纯粹的学者撰写历史是非常重要的……尤其在具有某种政治和公共用途的社会科学领域，试着与普通市民交流是必要的。即便在经济领域，亚当·斯密、马克思以及凯恩斯等人也不是完全为教授们写作，历史学领域同样如此……我希望历史书写面向的对象是相当大一部分人——学生、上过中学的人、不需要专门通过考试的普通市民（他们确实想知道过去是如何发展到现在的，也想知道过去在展望未来方面有什么帮助）。"⑤因此，我们可以看

---

① 梁民愫：《社会变革与学术流派：当代英国马克思主义史学渊源综论》，《史学月刊》，2003 年第 12 期。

② 刘耀辉、周洪祥：《身份、意识形态与历史：乔治·鲁德的民众反抗研究》，《马克思主义与现实》，2018 年第 3 期。

③ 刘耀辉：《霍布斯鲍姆的劳工史研究探析》，《社会科学战线》，2019 年第 7 期。

④ 梁民愫：《20 世纪马克思主义史学的英国范式及学术路向》，《史学月刊》，2022 年第 7 期。

⑤ Pat Thane, An Interview with Eric Hobsbawm, *Radical History Review*, (19), 1978, p.114.

到,霍布斯鲍姆的劳工史学不再把研究对象局限于运动、组织、制度和领袖,而是力图恢复工人阶级本身的各个细节。[①]

莫尔顿的作品《人民的英国史》以其宏大的叙事、人民本位的史观和流畅的文笔为特征。莫尔顿坚守人民立场,将英国人民争取平等和自由的历史进程,以简明扼要、通俗流畅的语言讲述出来。莫尔顿在《人民的英国史》中突出农民起义、工人运动对历史进程的推动作用,一改传统辉格史学专注政治精英的传统。例如,在谈及 1381 年农民起义时,莫尔顿提及"英国普通人民才懂得信任统治者的善意,是多么不明智的"。在解释肯特起义的性质时,莫尔顿认为它是中等阶级、商人、乡绅和约曼农反对大贵族暴政的一次真正的人民起义。莫尔顿将西班牙反对拿破仑的战争称为"人民的战争",将工厂法视为"工人阶级不屈不挠的运动争取而来的"。

英国马克思主义历史学家将恢复英国普通人民在文化中的地位视为开展自己研究工作的重要目的,非常注重对普通人民群众及其日常生活的分析与研究。正如希尔顿所说:"资产阶级为了愚弄人民,已经从小学教科书开始篡改英国历史",因此"我们的问题是怎样将英国人民真正的历史——人民反抗和人民作为创造者的历史——归还给他们"。"我们至为重要的特殊作用是通过研究现在与未来在过去的根源来加强这种斗争。我们只有尽量广泛地传播我们理解的历史,才能有效地去斗争。"[②]他认为资产阶级历史学家几乎无一例外地无视被剥削阶级在历史进程中的创造性作用,因此马克思主义史学家要解放和公开英国普通人民辉煌而富有战斗性的过去,[③]从而在意识形态领域占据一席之地。

汤普森更是明确指出了资产阶级与无产阶级在文化战场上交锋的主要

---

① 刘耀辉:《霍布斯鲍姆的劳工史研究探析》,《社会科学战线》,2019 年第 7 期。

②③ Rodney Hilton, The Historians, Groupand British Tradition, CP/CENT/CULT/08/02.

工具——大众传媒："战后英国工人阶级的生存的确不容易,各个国家的发展道路都遭到了不同程度的阻碍与扭曲,共有的特点就是政治组织的少数资本家运用了新的方式掩盖了自身利益诉求的内容与利益赚取的方式。这种遮掩少数资本家野心的工具就是当今流行的大众传媒,大众媒体在对民众的教育中,分解了工人阶级斗争的完整性,割裂了工人阶级道德与整体的斗争方式之间的关系。"①同时期的马克思主义批评家考德威尔也揭露了大众文化隐含的麻醉性意识形态。他认为大众文化是资本主义大生产在文化领域的延伸,其唯一的作用是有效地麻痹群众,使之安于沉闷乏味的生活:"现代的惊险小说、爱情故事、牛仔传奇、廉价电影、爵士音乐,或者星期天的黄色小报,构成了今天真正的无产阶级文学——即伴随着现代资本主义生产所造成的广大人民的不幸和本能贫乏而来的文学……这种艺术,流行各地,千篇一律,荒唐无稽,充满了对被现代资本主义弄贫乏了的本能的轻易满足。"②因此,无产阶级要推翻资产阶级,就必须争夺文化霸权,从而建立自己的文化领地,最终获得解放。③

英国马克思主义历史学家非常善于将英国"人民史观"的传统与自己的研究理论相结合,从而提升马克思主义学说在英国社会的认可度,发挥马克思主义凝聚革命力量的功能。早期马克思主义者诸如多纳·托尔的研究,多是基于广义文化史观和阶级斗争史观的普通"人民历史"观念。托尔那部最为经典性代表作《汤姆·曼及其时代》的重要意义,在于它着力展现"历史不是纸上的文字,不是国王和首相们的活动记载,不仅仅是事件的罗列。历史是普通人民或者说我们的人民的血泪与血汗的悲观史"。在其看来,"掌

---

① E. P. Thompson, Commitment in Politics, *University and Left Review*, (6), 1959, pp. 86 – 89.

② 《考德威尔文学论文集》,百花洲文艺出版社,1995 年,第 21 ~ 22 页。

③ 李凤丹:《继承与发展:英国文化研究与马克思主义文化观的关系阐释》,《理论月刊》,2016年第 10 期。

握历史文明的是长满老茧的劳苦大众的粗大手掌,而不是戴着手套的纤细的贵族阶级的指尖"。为了激发英国民众对自己失去的权利的记忆,托尔重新梳理了英国历史上著名的"诺曼枷锁"理论,以期使"我们更能意识到连续的、民众的爱国传统,这与工人运动联系在一起"。托尔认为,"诺曼枷锁"理论并未从历史上消逝,而是被纳入社会主义的理论中。科学社会主义理论取代了诺曼枷锁的位置,马克思主义吸收了"诺曼枷锁"理论中有益的内容,包括政治的阶级基础、普通人民对英国性的强烈意识、父辈的斗争等。有产的统治阶级在本质上与人民大众的利益不同。托尔最后呼吁工人阶级必须站出来,成为"英国的捍卫者"。

二、从个体斗争到群体斗争,展现工人阶级革命斗争的力量

英国马克思主义历史学家特别注重对本国劳工史的研究,强化对从劳工个人到工人阶级群体进行革命斗争的历史过程的整体把握和内因分析,展现英国工人阶级革命斗争的力量,以此实现引导工人阶级革命方向的根本任务。

在汤普森看来,英国的社会矛盾特别是社会道德发展的扭曲正是资本主义社会中强者对弱者的剥削所导致的。[①] 他重申《德意志意识形态》《共产党宣言》中的基本结论,认为随着资本主义生产方式的出现以及不断扩张发展,越来越多的中下阶层社会成员被逐渐裹胁进入资本主义生产关系之中,成为被剥削的雇佣劳动者。在这一过程中,资产阶级在它已经取得统治的地方把一切封建的、宗法的和田园诗般的关系都破坏了。它无情地斩断了把人们束缚于天然尊长的形形色色的封建羁绊,它使人和人之间除了赤裸

---

① 文吉昌、刘晓:《论爱德华·汤普森工人阶级研究的两个维度》,《苏州科技大学学报》(社会科学版),2019 年第 2 期。

裸的利害关系，除了冷酷无情的"现金交易"，就再也没有任何别的联系了。

而工人阶级正是在这样的情境下诞生的。英国的整个工业史都可以被称为劳工受剥削的血泪史——他们劳动的时间越来越长，却发现自己所得到的越来越少。也许正是因为劳工遭受着如此不公的待遇，英国劳工史研究的传统也由来已久。于是，在英国马克思主义史学派的早期形成过程中，其成员深受老一辈激进自由主义学者创立的英国劳工史研究传统的影响。19 世纪后期，一些人开始关注工业革命问题，其中包括罗格斯、格林以及托尼和哈蒙德夫妇。他们的作品对现代资本主义的经济和社会影响进行了令人印象深刻的控诉。1894 年，韦伯出版了《工会主义的历史》。同年，甘米奇的《宪章运动史》得到重新发行。此后二十年，英国出版了许多论述劳工的作品。科尔、拉斯基以和及比尔斯正是在这种传统中成长起来。[1] 20 世纪 60 年代的社会运动推动了劳工史学的发展，劳工史学家的视野变得更开阔，劳工史学经由各种方式在范围和方法上得到极大扩展——从狭隘的政治、思想意识甚至经济史学扩展到广义的社会史学，与其他社会科学的联系加强了，现在它可以不受约束地借鉴这些学科。[2] 这些劳工史相关的研究成果与方法对马克思主义史学家产生了独特影响。在英国马克思主义理论传统的萌芽勃发期（1930—1950 年），霍布斯鲍姆和汤普森积极参与劳工史研究协会，践行早期劳工史、社会主义史和工人阶级史研究，呈现出由英国传统劳工史转向社会经济史取向的学术路径；在 20 世纪六七十年代的英国经济社会史学会，霍布斯鲍姆主导了激进史学思潮与劳工史学传统的深度结合，使劳工生存状况成为史学家重点关注的研究对象。在马克思主义史学多维领域中，推进有关阶级形成、劳工生活、社会革命、社会反抗和制度变动等议

---

[1] Raphael Samuel, British Marxist Historians, 1880–1980：Part one, *Next Left Review*, 12（3），1980，pp. 3-4.

[2] 刘耀辉：《霍布斯鲍姆的劳工史研究探析》，《社会科学战线》，2019 年第 7 期。

题,获得了普遍意义的著史经验,得出了特定价值的学术结论。[①]

恰是受益于历史书写上"传统与变革"精神,英国马克思主义史学范式经由"系统的创立和运用'从底层向上看'的理论方法"得到实践体现。自此英国马克思主义史家大都重视底层民众在历史发展过程中的重要推动作用,在马克思主义唯物史观的基础上,逐渐扩展并演化为一种强调下层民众历史经验书写与上层社会历史分析视角相结合的英国马克思主义史学范式嬗变。[②]他们试图在恢复底层社会的微观历史及普通大众作为历史创造与史学建构的叙述对象、叙述逻辑及历史地位的同时,强调通过史学认识主体的史学著述,以历史反思的态度,采取参与社会实践的著史方式,大力弘扬马克思主义史学思潮的影响力,彰显史学家在社会民主、政治平等和道德正义等领域的历史意识、历史情怀与史观取向。[③]

在英国劳工史研究的基础上,马克思史学家小组深入地探究了英国工人阶级的历史斗争成就,分析了当今工人阶级的斗争现状,并得出结论:尽管长期遭受着不公待遇,英国工人阶级在争取自由解放的斗争中彰显了坚韧不拔的精神和无限的战斗潜力,工人阶级完全能够担任"英国的捍卫者",也将是人类无产阶级解放事业的唯一希望。

作为第一个进行工业革命的国家,英国的经济发展水平及工业化因为工业革命得到了巨大发展。这对于工人阶级意识的形成、促进劳工规模的壮大等产生了很大影响。同时工人阶级规模的壮大、单一固定的生活模式的形成、工会的形成对于经济也起到了非常大的作用。工人阶级在经济方面的作用是不可被低估的,大量雇主表示工会可能会窒息工业。如早期矿工、棉纺织工人为争夺自身合法权益所进行的罢工运动此起彼伏,特别是罢

---

① ②　梁民愫:《20世纪马克思主义史学的英国范式及学术路向》,《史学月刊》,2022年第7期。
③　梁民愫:《马克思主义在英国的史学源流:史学思潮、代际传承及历史进程》,《史学理论研究》,2018年第1期。

工成功所带来的示范效应是相当惊人的。

此外，英国 19 世纪的制鞋匠也是一个典型的展现工人阶级力量的例子。他们的特征就是政治上有一种激进主义的倾向，无论是在本行业内部的事情，还是在具有普遍意义的社会抗议活动中，这些鞋匠都明显非常好斗。而且这种激进主义意识让他们直接参与到了各种社会运动当中去。在参与英国宪章运动的群体中，鞋匠就是最大的劳工团体。

随后，欧洲的各个国家的政府开始注意到具有系统化组织的工人的政治影响，不得不与这些已经站稳脚跟的工人运动打交道。1894 年，英国首相（即罗斯伯里勋爵）干预解决工人与雇主的争端。随后法国效仿此法。欧洲各国政府日益认真对待工人阶级，究其原因，正是工人的阶级意识日益增长，工人运动成为欧洲各国政府不得不重视的重要力量。

目睹着工人阶级的日益崛起，史学家小组的研究重心也逐渐转移，力图说明工人阶级斗争在历史发展中的关键作用。在霍布斯鲍姆的历史著作中，多次提到"破坏机器的人"并对此作了详细的论述。以往人们普遍认为工人捣毁机器的运动完全是盲目的，是出于一种本能反应，所以最后在这种实践活动中必然以大机器的胜利而终结。霍布斯鲍姆抛弃了这种观点，并运用阶级斗争的分析方法，对劳工捣毁机器的行为进行了全新的阐述。他认为在当前的社会中，至少存在着两种砸坏机器的人：一是对机器没有敌意的人，只是简单地以暴力的方式来向雇主和提供原料的发包商施加外部压力，满足自己的需求；二是对机器有敌意的人，特别是对那些节省劳动力的机器。霍布斯鲍姆详细分析了第二种捣毁机器的行动并提出，工人并不是盲目对机器进行抵制，而是当威胁他们日常生活水平和增加失业危险的时候，才会发生捣毁机器的暴力行动，也就是说工人反对的不是机器，而是对那些影响他们生活的生产关系的有意识的反抗。而且捣毁机器的行为有一定的现实意义，尽管没法阻挡工业资本主义的胜利，但是在小范围内也绝非毫无用处,影响技术的进步也是有可能的。通过对这一现象细致入微的分析,霍布斯鲍姆极大地肯定了工人阶级的斗争意识及其群体中所蕴含着的无限力量。

小组核心成员托尔也认可道:"工人阶级的激进者沿袭了卫斯理宗的组织形式,继承了数世纪以来的非法组织传统。"[1]她将英国的非国教传统与社会底层的激进主义紧密联系在一起,而这一传统的主要承载者是工人阶级,从而强调了工人阶级在英国历史文化传承中的重要地位,看到了工人阶级蕴含着的巨大力量。史学家小组对工人阶级的政治作为抱有极大期待,坚信他们将会带领无产阶级群众走向解放。[2] 在《英国工人阶级的形成》中,汤普森提出,在激烈的阶级斗争中,工人阶级已经获得了革命意识。形成中的英国工人阶级不仅发动了革命,而且是自觉的、有组织的,虽然革命的性质还不是社会主义的。[3] 他认为,英国工人向来具有激进主义的革命传统,他们对通过政治斗争夺取发展权利的过程充满了热情,民族主义的情感凝聚了英国各个阶级和阶层的人群,同时民族主义又促使英国工人阶级内部产生了对劳动的赞美感和喜悦感。此外,民族主义还让英国的工人阶级有了热情和信心,联合起来抵抗资本的入侵与剥削。最终,他旗帜鲜明地提出了自己的任务,也是他对无产阶级未来的期许,这就是在唯物史观和"人民历史"观念的指引下,将普普通通的工人阶级群众"从后世的不屑一顾中解救出来"[4]。

英国马克思主义历史学家们也充分认识到了工人阶级中的知识分子的

---

① John Stephen Enderby, *The English Radical Tradition and the British Left 1885–1945*, *Doctoral Dissertation*, U. K.: Sheffield University, 2019, pp. 243–244.

② [英]霍布斯鲍姆:《打破机器的人》,《过去与现在》,1952 年第 1 期。

③ 张亮、汤普森:《〈英国工人阶级的形成〉的历史语境与理论旨趣》,《马克思主义与现实》,2008 年第 4 期。

④ E. P. Thompson, *The Making of the English Working Class*, Vintage, 1966, p. 5.

突出作用。知识分子是工人阶级的精神支柱,应该始终保持其先进性和纯粹性。这种先进性并非特指知识分子在思想觉悟上高人一等,而是指工人阶级知识分子要有一种共产主义事业的开拓精神。工人阶级知识分子的纯粹性则强调了知识分子对社会责任的担当精神:知识分子并不应该受到国家意识形态的影响而成为统治阶级的工具,更不应该成为某种意识形态霸权的牺牲品。只有具有独立性后,知识分子所创造的思想和理论才能具有独立性,才能更加具有说服力。①

汤普森将工人阶级的中知识分子作为重要的研究对象,"战后英国的政治环境需要更多的自为的工人阶级意识,这种自为的阶级意识的培育与发展离不开工人阶级中的知识分子"②。从汤普森的论述来看,工人阶级的阶级意识与工人阶级知识分子有着密不可分的联系,工人阶级的阶级意识是工人阶级存在与发展的灵魂,战后世界工人阶级若想联合起来必须有坚定的社会主义信仰和共同的工人阶级意识。③由此,他试图在苏联原有阶级意识理论的基础上开创出符合英国共产主义道路的建设方法。英国工人的自为性阶级意识的提炼与培育是整个英国工人阶级特别是工人阶级知识分子们的共同任务。④

英国历史是一部写满了工人抗争与反抗的历史。从议会改革到宪章运动,从个别罢工到组建工会,可以看到工人阶级一步一个脚印地争取原本应该属于自己的权益,看到了工人阶级革命的强大力量与决心,对于唤醒工人阶级现实的革命意识,起到至关重要的作用。

---

①③④　文吉昌、刘晓:《论爱德华·汤普森工人阶级研究的两个维度》,《苏州科技大学学报》(社会科学版),2019 年第 2 期。

②　E. P. Thompson, *The Poverty of Theory and Other Essays*, New York: Monthly Review Press, 1978, p.128.

三、从总结经验到开展革命实践,践行马克思主义的学术底色

　　强调历史研究的实践价值,正是英国马克思主义历史研究的政治诉求和本质特点。究其原因,英国传统经验主义哲学影响深远,其理论观点与研究方法也影响到了英国史学界。自培根、洛克开始,都极为推崇以经验主义的研究方法来研究政治史,英国的历史学家也一直都传承这一良好的学术传统,既不会把理论作为历史研究的重点,也不会忽略理论指导历史学的重要性。英国经验主义传统下的知识分子持续地与理论和实践之间的关系进行探索。他们倾向于将自己知识分子的工作看作以某种方式对工人阶级运动做出贡献。[①] 希尔说道:"作为马克思主义历史学家,我们自然地发现了对马克思主义范畴的强烈的(资产阶级)抵抗。从这个角度而言,我们有理由在这些范畴之内更加精练我们的分析,而不是放弃这些范畴。对于希尔来说,马克思主义历史学家必须保持团结从而击败资产阶级敌人,并维护英国革命遗产。"[②]托尔始终秉承着斗争的历史观,认为历史学家们应该鼓励普通人为反对压迫和统治而进行斗争。她将英国历史的第二个阶段看成由于工业革命产生的最后的阶段,由此,普通人从农民转为工人阶级,"有意识的阶级斗争由此产生"。在萨维尔看来,历史研究从来就不是纯粹的学院活动,过去的重要性在于它是如何阐明现在的,体现在为劳工阶层和社会主义事业的斗争中。希尔顿为专业历史学家和专门研究的重要性进行了辩护。他认为,历史学工作可以是一种有价值的政治实践,即使成效并不直接可见:"观念斗争必须直接和间接地进行,尤其是在大学本身。它能够转变学生、

---

　　① [美]丹尼斯·德沃金:《文化马克思主义在战后英国》,李凤丹译,人民出版社,2008年,第7页。

　　② 同上,第53页。

未来教师和意见形成者的意见。"①

　　针对英国马克思主义史学研究的实践性特点,有学者总结道:英国马克思主义社会史学的"自下而上"的史学观念与年鉴学派或其他非马克思主义的社会史学所主张的大众日常生活史观念,在研究的价值取向上的最大差异就是,"前者是带着阶级斗争观点和社会主义的立场从事劳动大众史的研究,而且把这种研究同实现人类彻底解放的目标联系起来"②。前者从事或追求以人类彻底解放与发展为目标的历史研究,后者日益忽视人类的现实关怀,走向单纯的自然环境与地理结构层面等非人文的"长节拍"现象的探索。③ 历史学家小组的所有研究从未止步于学术本身,而是力图从历史发展规律中剖析出社会发展的根本动力——人民群众,以科学的论述号召他们通过自己的不懈努力实现人类解放的最终理想。而这也生动体现出了历史学家小组的学术底色,那就是实践的马克思主义哲学。

　　实践性是马克思主义实现哲学革命的逻辑起点,也是马克思主义固有的理论品格,在实践基础上的理论创新,是保持马克思主义生命力的根本途径。作为马克思主义指导下的历史学,尽管根据英国国情进行了相应调整,尽管根据时代发展对传统理论灵活地传承,史学家们始终没有摒弃马克思主义哲学的基本观点,那就是实践。"哲学家们只是用不同的方式解释世界,而问题在于改变世界。"对于历史学的研究,也同样适用。如果只是单纯地探寻从前发生过什么,而在未来的实践中不吸取任何教训,那么历史的研究就毫无意义。英国史学家的成就提示着我们,历史唯物主义的本质不是绝对真理的观点体系,而是科学的批判的方法论;尽管马克思和恩格斯没有

---

　　① [美]丹尼斯·德沃金:《文化马克思主义在战后英国》,李凤丹译,人民出版社,2008年,第33页。

　　② 庞卓恒主编:《西方新史学述评》,高等教育出版社,1992年,第34页。

　　③ 梁民愫:《英国新社会史思潮的兴起及其整体社会史研究的国际反响》,《史学月刊》,2006年第2期。

提供可以包治百病的现成的药方,但以他们开创的历史唯物主义为指南,我们可以找到具体地历史地解决马克思和恩格斯未曾研究过、未曾遭遇过,甚至未曾想象过的各种新问题的科学途径。只有不断地将理论付诸实践,再从实践中汲取理论指导,人类才能获得长足的进步。

四、结语

英国马克思主义史学家是马克思主义的坚定的信仰者和践行者。霍布斯鲍姆曾在其著作《论历史》中谈道:"没有马克思我肯定不会对历史产生特别的兴趣,没有马克思我几乎不会把当一位职业学术历史学家作为谋生手段。"①希尔顿在《劳工月刊》撰写书评时写道:"马克思主义是解决历史问题的唯一可行的方法。"②作为马克思主义史学家,小组成员自然始终将马克思主义置于指导地位,将马克思主义作为一种科学的分析问题和解决问题的方法,以期实现科学理论与具体实践相(史学研究)结合。

历史发展有着它必然的规律。英国马克思主义史学家数十年间沥尽心血的研究再次表明,一切历史的研究都是为了指引未来。英国马克思主义的历史研究包含了强力的阶级意识和政治诉求,充分体现出学术工作为工人阶级斗争和实现远大政治目标服务的特点,具有重要的借鉴意义。

---

① [英]艾瑞克·霍布斯鲍姆:《论历史》,黄煜文译,中信出版社,2015 年,第 23 页。
② Rodney Hilton, Dobb as Historian, *Labour Monthly*, 29(1), 1947, pp. 29 – 30.

21世纪俄罗斯马克思主义研究的
主要流派和理论局限

张　静*

根据21世纪俄罗斯马克思主义研究者的理论立场和研究视角,可以将21世纪俄罗斯马克思主义研究学派划分为以奥伊则尔曼为代表的反思学派、以布兹加林为代表的批判学派、以梅茹耶夫为代表的马克思主义文化学派和以康德拉绍夫为代表的马克思主义人道主义学派。

一、反思的马克思主义学派

当代俄罗斯马克思主义研究出现了一些值得重视的动向,尤其是反思的马克思主义学派的形成和发展,对理解马克思主义哲学在俄罗斯的现状和未来发展具有重要的意义。

2003年,经过十二年的准备和思考,奥伊泽尔曼出版了第一本反思著作《马克思主义与乌托邦主义》。这本书主要研究了马克思主义和意识形态的问题、马克思主义和乌托邦主义的问题、辩证唯物主义和历史唯物主义的概念和范畴、社会主义理论、苏联的现实社会主义等内容。俄罗斯学界对奥伊

＊　张静,上海交通大学马克思主义学院副教授。

泽尔曼的这本著作给予了高度关注,该书成为 21 世纪初期俄罗斯马克思主义研究的标志性成果。

2005 年,奥伊泽尔曼出版了第二本著作《为修正主义辩护》,这本著作在俄罗斯哲学界产生了重大影响,不仅标志着反思学派的最终形成,而且也是反思学派的最高成果。该书在第一部分详细论述了修正主义的前史,把修正主义追溯到 19 世纪中后期的德国讲坛社会主义者和英国费边主义对"科学社会主义"的修正,而以彼·拉甫罗夫、尼·康·米海洛夫斯基、尼·弗·丹尼尔逊等为代表的俄国民粹派则是从隐蔽转向公开地修正马克思主义,到 19 世纪末 20 世纪初出现了以彼·伯·司徒卢威、谢·尼·布尔加柯夫、别尔嘉耶夫为代表的合法马克思主义者。该书第二部分详细论述了伯恩施坦对马克思主义理论的系统修正,分析了伯恩施坦从哲学、经济和政治等方面对马克思主义的修正,论述了普列汉诺夫、卢森堡、考茨基对伯恩施坦的批评,以及伯恩施坦对他的批评者的回应。作者认为,20 世纪中后期的德国社会民主党的理论家们发展了伯恩施坦对马克思主义的修正,东欧共产主义和西方马克思主义则是对马克思主义,特别是对"马克思主义-列宁主义"的修正。作者在该书的最后简要论述了法兰克福学派、现代资产阶级意识形态和波普尔的"批判理性主义"。奥伊泽尔曼通过对"修正主义"的辩护,提出修正是对马克思主义真正发展的新结论。

经过十几年的发展,以奥伊泽尔曼、谢苗诺夫、普列特尼科夫、舍甫琴科、巴拉耶夫为代表的马克思主义哲学家逐渐成为反思学派的重要力量,如巴拉耶夫的《理解马克思》、普列特尼科夫的《唯物史观和社会主义的理论问题》、普列杰里的《从马克思主义哲学到马克思哲学》等。普列特尼科夫主要思考唯物史观和社会主义理论问题,认为马克思提出了三形态论(即原生的社会形态、次生的社会形态、再次生的社会形态)和文明的三阶段论(即人的依赖性、以物的依赖性为基础的人的独立性、自由的普遍发展的个人),并且用四种文明范式（即一般历史的范式、哲学人学范式、社会文化范式、工艺范式）概括文明的三阶段论。舍甫琴科主要研究社会哲学和社会思想发展史，反思马克思主义哲学的历史命运，认为马克思社会哲学思想仍然具有现实意义，因为它合乎社会历史发展规律的进程。莫斯科大学哲学系教授、《哲学与社会》杂志主编戈巴佐夫认为，马克思建立的范畴仍然能够可靠地反映现代客观现实和现代社会关系，唯物史观至今仍是分析社会生活的科学范式，因为它真实地反映社会规律和社会运行机制。此外，还有俄罗斯科学院哲学所研究员巴拉耶夫对马克思和施蒂纳哲学思想的比较研究，俄罗斯科学院哲学所研究员苏霍夫和普斯达那科夫对俄国马克思主义传播史的研究。

总的来说，反思学派主要是对马克思哲学的范畴、概念、范式进行比较具体的分析，还没有形成独特的理论体系，他们的反思思想主要局限在某个方面，还是不全面、不深入。他们虽然没有形成固定的组织，他们的基本观点不甚相同，甚至相互对立，但是都具有反思的立场，正是这种共同的对马克思主义的反思态度把他们联结在一起，使他们逐渐聚集，最终形成了以"反思马克思主义"为特征的反思学派，并成为21世纪初期俄罗斯马克思主义研究的主导力量。他们紧密联系现实，结合时代的发展，重新审视和发展经典作家的思想。他们对马克思主义有坚定的信仰，但不是教条地信奉，而是辩证地分析；他们反思马克思主义，但不是武断地背弃，而是理性地辩护。他们不仅重新恢复了马克思主义的生命力，而且找到了马克思主义在当代俄罗斯发展的新途径，也为我们研究马克思主义提供了新的方向。

二、批判的马克思主义学派

苏联解体后，经过十几年的反思阶段，俄罗斯马克思主义在21世纪初期呈现出多元路径的复兴趋势。以布兹加林、科尔加诺夫为代表的后苏联批判的马克思主义学派成为目前俄罗斯规模最大、影响最大的马克思主义学派，并且已经形成独特的理论格局和研究路径。

以莫斯科大学经济学系教授布兹加林、科尔加诺夫为代表的批判学派有多种称谓，中国学界在 20 世纪 90 年代对其冠之以不同的名称：创新的马克思主义学派、马克思主义创新学派、新马克思主义，以及后工业时代的马克思主义等。这些名称主要是研究者根据其研究特点和研究方法赋予的。进入 21 世纪之后，随着该学派不断发展壮大，布兹加林在 2009 年的文章中将该学派命名为"后苏联批判的马克思主义学派"，因此本文以批判学派来称谓这一学派。

批判学派的主要创立者是莫斯科大学经济学系教授布兹加林、科尔加诺夫和沃耶伊科夫。布兹加林在苏共二十八大上当选中央委员会委员，在 20 世纪 90 年代创办了"争取民主和社会主义学者"国际联盟，领导了一系列的左翼政治运动，如"抉择""群众教育""异质全球化"等。布兹加林现在是俄罗斯著名经济学家、左翼社会思想评论家，莫斯科大学终身荣誉教授，在中国也有很高的知名度，曾参加在北京大学举办的第一届世界马克思主义大会，是北京大学、海南师范大学等高校的客座教授。该学派的另一位主要创立者科尔加诺夫也是俄罗斯经济学家，他与布兹加林合作出版多本著作，还单独出版了关于社会主义的一系列著作，是该学派在社会主义理论和实践研究上的代表。该学派在社会哲学和文化哲学上以斯拉文和布拉夫卡为代表。斯拉文在苏联时期曾担任《真理报》政治部主任和编委会成员，现在是莫斯科国立师范大学教授，出版了大量关于社会主义的著作，特别强调人的自由发展的问题。沃耶伊科夫现在是俄罗斯科学院历史经济研究所政治经济中心负责人，主要研究马克思主义政治经济学和当代俄罗斯经济问题等。布拉夫卡现在是莫斯科大学哲学系当代俄罗斯马克思主义研究科学教育中心教授，主要研究苏联文化，其代表作是《苏联文化现象》。

批判学派经过近三十年的发展，已经形成既有理论研究的阵地，也有社会活动的阵地，还有理论教育的阵地。该学派的主要理论阵地是《抉择》杂志和《政治经济学问题》杂志。1991年，布兹加林和科尔加诺夫等人创办社会政治分析杂志《抉择》，成为当代世界著名的左翼杂志。该杂志定期发表左派学者的文章，刊登工人运动代表人物的资料。杂志每年出版四期，其官方网站是 https://alternativy.ru/。杂志的宣言是"对于辩证法而言，永远没有绝对和神圣的东西"，以此来表明杂志鲜明的批判立场和与教条的马克思主义的根本区别。布兹加林从1995年开始成为该杂志的主编，该杂志成为俄罗斯国内定期发行的左翼理论政论杂志，介绍左派学者的观点，刊登工人运动代表人物的资料，为世界各国的左翼学者提供专门版面。

批判学派的理论出发点从总体上看是批判地继承马克思主义的经典理论，重新解读马克思主义，特别是马克思主义历史哲学。他们从反思马克思主义社会结构概念出发，批判性重建生产力和生产关系的辩证关系，从考察马克思的"异化"概念出发，界定马克思主义"人道主义"的实质；从强调传统马克思主义的辩证法出发，运用唯物辩证法分析全球化问题和当代社会经济进程，并由此解决当代世界所面临的问题。这个不断发展的学派具有以下四个特点：①批判地继承经典马克思主义的遗产和20世纪中期国内外人道主义流派的积极成果；②批判斯大林的教条主义，发展和重新审视最近几十年的一系列命题；③与西方学派公开对话，首先是与存在主义和某些人道主义流派；④强调对当代现实的理解。这一流派的大多数学者还是在马克思主义的范式下研究，仍然依赖经典马克思主义。

三、马克思主义文化学派

国内学界通常把从文化学视角研究马克思主义的俄罗斯学者称为文化学的马克思主义学派或者马克思主义文化理论学派，这一学派没有固定的组织、固定的名称,也没有明确的成立时间,但是他们的共性在于将文化哲学与马克思主义相结合思考俄罗斯的现代化问题,其中以斯焦宾和梅茹耶夫为代表。

维·谢·斯焦宾是俄罗斯哲学、科学史、文化哲学等领域的专家。苏联时期主要研究领域是自然科学哲学,20 世纪 80 年代末,斯焦宾开始从文化哲学的角度来审视科学发展史和科学在人类文明进程中的作用,主要代表性的成果有《文化进程中的哲学认识》(1989)、《文化进程中的科学革命》(1990)、《文明前景:从暴力崇拜到对话与协商的转变(非暴力伦理)》。20世纪 90 年代,他主要研究技术文明以及文化在技术文明中的作用,主要成果有《技术文明文化中的科学世界图景》(1994)、《文化对话中的科学、宗教和现代问题——理性和存在主义》(1999)、《技术文明的价值基础与前景》(1999)等。进入 21 世纪后,斯焦宾出版了文化哲学力作《理论知识》,该书的英文版由英国伦敦斯普林格出版社出版。

斯焦宾的文化哲学思想始终以科学哲学为核心,特别是以技术文明为核心。他在 20 世纪 70 年代初就注意到了文化在社会中的重要作用,把文化称为社会历史经验的传播者、转换器和发动机,之后以研究科学发展和社会文化因素为基础构建文化哲学理论,在 90 年代形成了以技术文明论、文化基因论为核心的文化哲学思想。斯焦宾的文化哲学思想极大地推动了俄罗斯文化哲学研究的恢复。早在 1993 年,斯焦宾在他主持制定的《哲学大纲》中就把"文化"列为研究对象。1996 年,在《变革时代与未来取向》一书中系统地阐述了文化基因论、文明类型论、未来文明设想等文化哲学的核心思想。俄罗斯学者桑杜尔在《文化哲学——现状与发展》(圣彼得堡,1998)、维兹根主编的《从生命哲学到文化哲学》(圣彼得堡,2001)、别洛夫的《文化哲学导论》(莫斯科,2008)中都提到了斯焦宾对文化与哲学内在关系的研究。

国内学界通常把瓦季姆·梅茹耶夫作为 21 世纪俄罗斯马克思主义文化

理论的代表。梅茹耶夫是俄罗斯科学院哲学所研究员,文化哲学和社会哲学领域的专家。他从 2001 年开始发表研究马克思主义理论的系列著作:《关于社会主义的对话:对待一种思想的两种方式》(2011)、《文化哲学:经典作家的时代》(2003)、《文化思想:文化哲学的特征》(2006)、《马克思反对"马克思主义":不受欢迎的主题文集》(2007)、《关于文化的现代认识》(2008)、《历史、文明、文化:哲学阐释的尝试》(2011)等,集中体现了他对马克思主义文化理论的研究。

梅茹耶夫一方面运用马克思主义方法论研究文化哲学和俄罗斯现代化的文化和文明问题,另一方面对文化现象和文化问题的分析扩大马克思主义的研究视野。他在对马克思主义的反思中,认为苏联马克思主义不仅与真正的马克思没有共同之处,而且影响我们正确理解马克思的理论遗产。马克思的后继者们把他的学说变成意识形态,实际上与这一学说的本质相矛盾。马克思从来没有期望建立某种意识形态。如何理解真正的马克思呢? 梅茹耶夫认为,马克思更多的是历史学家、社会学家,而不是哲学家,所以应该从历史、社会和文化的角度理解马克思的理论遗产。

梅茹耶夫对马克思主义的创新性研究主要体现在他提出"将文化问题纳入历史唯物主义",并从这个角度解读马克思的学说。他最初是通过文化重新审视马克思的社会和历史学说,认为马克思的学说不仅仅是一种经济和政治理论,也是一种文化理论,并力图在整个文化背景中阐明这个学说的文化意义。"在马克思的学说中最主要的并不是怎样创造一个一切都一劳永逸地解决的理想社会的问题,而在于如何生活在历史、历史时间中,使人能够成为社会的主体,成为自己历史的创造者,从而创造自己本身,马克思称之为共产主义,即人的生产过程及其与他人的关系。"①因此,梅茹耶夫认为"共产主义"与"文化"具有同一性,并且在阐述共产主义理论时运用文化理论赋予"非经济性"活动形式的历史进程以特殊意义。"公共财产"不是经济范畴,而是文化范畴。这个公共财产不是物质财产,而是知识性的文化性的财产,它与私有财产的区别在于,它是不能被分割的,但是它与科学知识具有共同性,即科学知识原则上也是不可分割的。

四、马克思主义人道主义学派

当代俄罗斯马克思主义研究的复兴,为俄罗斯马克思主义伦理学的研究提供了新的空间。以 K. H. 柳布金为代表的俄罗斯科学院乌拉尔分院成为当代俄罗斯马克思主义伦理学研究的代表。他们重视研究马克思主义道德问题、人的主体性问题、道德主体的价值定位等问题,推进俄罗斯马克思主义伦理学的存在主义人类学转向。起初,他们并没有固定的组织名称,也没有被冠之为学派。2015 年,康德拉绍夫发表论文《马克思主义乌拉尔学派要论》,自称为乌拉尔的马克思主义学派(Уральская школа марксизма),标志着这一学派的形成。

人道主义的马克思主义学派主要以柳布金 П. Н. 康德拉绍夫、A. A. 科里亚科夫采夫等为代表。其研究机构主要是俄罗斯科学院乌拉尔分院哲学与法学研究所、乌拉尔联邦大学哲学系哲学史教研室。乌拉尔学派的主要著作也可以分为两部分:一是学派成员共同出版的著作,主要有三本:康德拉绍夫和柳布金合著的《日常生活辩证法:马克思主义分析的尝试》(2015),柳布金、戈利巴金、康德拉绍夫合著的《马克思主义:哲学人类学》(2015,第

---

① [俄]A.C.扎佩索洛斯、A. П. 马尔科夫:《瓦季姆·梅茹耶夫的文化思想》,杜宇鹏译,《学术交流》,2020 年第 4 期。

二版），A. A. 科里亚科夫采夫和 C. B. 维斯古诺夫合著的《马克思主义和多层次的理性》(2016)。二是学派成员独立出版的著作，主要有柳布金的《德国古典哲学和马克思主义哲学的主客体问题》(1981 年第一版，2015 年第三版)、康德拉绍夫的著作《历史本体论：卡尔·马克思的历史哲学研究》(2014)、《卡尔·马克思的哲学：存在主义人类学视角》(2019)。

乌拉尔学派逐渐形成自己独特的研究特点和研究视角。从研究体系上看，他们虽然还没有达到批判的马克思主义学派的规模，但是比反思学派、文化学派具有更加完整的体系；从研究方法来看，他们是将存在主义人类学与马克思主义相结合，具有特殊的建构意义；从研究视角来看，他们以历史哲学和社会存在为总的研究方向，在历史哲学的研究中着重研究马克思哲学的特点、马克思哲学的研究对象、马克思哲学的本质、马克思哲学的构成及解读方式等问题。在对社会存在的研究中，乌拉尔学派从实践范畴说明人的本质，从人类个体的日常生活与社会存在的历史性和现实性的关系入手，揭示后资本主义社会矛盾的当代特点。这一学派力图通过对主体与客体的关系、人道主义、宗教批判、社会关系的新变化等具体问题的研究来寻找解决后资本主义社会新矛盾的方案，并通过俄罗斯马克思主义研究的存在主义人类学转向，考察人与世界的存在关系，寻找主观世界与社会实践之间的平衡，进而揭示社会存在的本质目标。